高校学科研

电子商 务导论

卞保武 编著

中国书籍出版社
China Book Press

图书在版编目(CIP)数据

电子商务导论/卞保武编著.—北京:中国书籍出版社,
2012.7

ISBN 978-7-5068-2976-2

Ⅰ.①电… Ⅱ.①卞… Ⅲ.①电子商务—研究
Ⅳ.①F713.36

中国版本图书馆 CIP 数据核字(2012)第 145911 号

责任编辑/ 李立云
责任印制/ 孙马飞　张智勇
封面设计/中联华文
出版发行/ 中国书籍出版社
　　　　　地　　址:北京市丰台区三路居路 97 号(邮编:100073)
　　　　　电　　话:(010)52257143(总编室)　(010)52257153(发行部)
　　　　　电子邮箱:chinabp@ vip. sina. com
经　　销/全国新华书店
印　　刷/北京彩虹伟业印刷有限公司
开　　本/ 710 毫米×1000 毫米　1/16
印　　张/ 19
字　　数/ 342 千字
版　　次/ 2015 年 9 月第 1 版第 2 次印刷
书　　号/ ISBN 978-7-5068-2976-2
定　　价/ 78.00 元

前　言

　　电子商务是通过公共计算机网络进行商务活动的方式，是网络应用和商务活动的发展方向。电子商务是信息化条件下的新型经济活动，在现代经济活动中的比重日益增长，对经济和社会发展的影响愈加深远。它不仅会改变人们的生活和活动方式，更将带来人们思维方式和行为准则的变化，其影响会远远超过技术和商务的本身。电子商务是各种电子技术在商业领域中的应用，电子商务的出现将冲击传统的商务模式，影响传统的商务流程，形成崭新的电子商务运作模式，为传统的市场营销学、管理组织学等赋予新的内涵。

　　通过本书的学习，学生应当能够认识电子商务的基本概念、原理和方法，掌握电子商务相关内容的科学定义及其发展方向，从而能够清楚地认识电子商务理论的知识体系，提高自身对电子商务现象的认识水平，从而提高自身参与电子商务实践的能力，达到培养具有现代意识、符合市场经济需求、适应国际经济发展趋势、具有开拓进取精神、具备较好专业理论知识和较强实际运作能力的电子商务实用技术人才的目标。

　　本书在保证基本概念、基本技术、基本原理的前提下，精选相关内容，着重介绍电子商务的系统全貌和所涉及的 IT 基本技术及一些重要的商务业务流程，避免了详细程序设计，提出了解决企业电子商务网站转化率问题的方法和措施，明确了基于电子商务用户需求的信息可信度的影响因素和评价方法。本书中内容都是近一两年的最新的理论与技术。本教材力求达到先进性、科学性、通俗性、实用性的有机结合。

　　本书供高等学校电子商务专业作教材使用，也可供国家职业资格电子商务师培训班使用，还可作为从事电子商务系统设计工作的技术人员的参考书。

　　由于电子商务发展迅速，加之编者水平有限，时间仓促，书中不当之处敬请广大读者给予批评指正。

卞保武

目 录
CONTENTS

第一章　电子商务概述

从古到今，随着生产力的发展，商务的形式及具体内容也在不断地变化。例如中国古代原始社会末期以物易物的原始商品交换，后来以货币为媒介的简单商品交换，以致出现商店、钱庄、漕运，再到后来的发达商品交换活动等等；西方19世纪晚期的邮购订货，20世纪60年的汽车运载上门销售，60年代后期的折扣减价超市，70年代前期的电话订购，80年代的电视购物和会员制邮购直销等。历史上由于技术的进步，使交通工具、运输方式产生变化，货物及服务流通分配渠道产生变化，各部门的相互契约关系等也在变化。每次变化，都给聪明的商家和生产厂带来巨大的机会。人类进入21世纪，进入信息社会，进入数字和网络的时代，有远见的企业家更应该意识到历史的潮流所向、未来商务应如何发展。今天，电子商务正以前所未有的力量冲击着人们千百年来形成的商务观念与模式，直接作用于商务活动、间接作用于社会经济的方方面面，正在推动人类社会继农业革命、工业革命之后的第三次革命。对于任何想实现跨越式发展的企业来讲，开展电子商务都是必然选择。

第一节　电子商务的产生与发展

在现代信息社会中，电子商务可以使掌握信息技术和商务规则的企业和个人系统地利用各种电子工具和网络，高效率、低成本地从事各种以电子方式实现的商业贸易活动。从应用和功能方面来看，可以把电子商务分为三个层次，即 SHOW、SALE、SERVE：

SHOW（展示），就是提供电子商情，企业以网页方式在网上发布商品及其他信息和在网上做广告等。通过 SHOW，企业可以树立自己的企业形象，扩大企业的知名度，宣传自己的产品的服务，寻找新的贸易合作伙伴。

SALE（交易），即将传统形式的交易活动的全过程在网络上以电子方式来实现，如网上购物等。企业通过 SALE 可以完成交易的全过程，扩大交易的范围，提高工作的效率，降低交易的成本，从而获取经济效益和社会效益。

SERVE（服务），指企业通过网络开展的与商务活动有关的各种售前和售后的服务。通过这种网上的 SERVE，企业可以完善自己的电子商务系统，巩固原有的客户，吸引新的客户，从而扩大企业的经营业务，获得更大的经济效益和社会效益。

一、电子商务产生的背景

信息技术（Information Technology，简称为 IT）是指 20 世纪后半叶发展起来的两项电子技术，即集成电路技术和数据网络通信技术，为电子商务的发展奠定了技术基础。

20 世纪 40 年代，开始了信息技术革命的新时代，它与工业革命相比发展速度更快，对社会生产力和人类工作、生活方式的影响也都更为深入和广泛。1946 年美国宾夕法尼亚大学研制成了世界上第一台可运行程序的电子计算机，使用了 18 800 多个电子管，5000 个继电器，重达 30 余吨，占地 170 平方米，但每秒仅处理 5000 条指令，制造成本则达到几百万美元。1971 年，英特尔（Intel）公司将相当于当年 12 台计算机的处理能力集成到了一片 12 毫米的芯片上，而价格却只有 200 美元。

电子计算机诞生至今五十多年来，由于构成其基本部件的电子器件发生了重大的技术革命，使它得到了突飞猛进的发展，突出表现为计算机的体积越来越小，而速度越来越快，成本却越来越低。回顾电子器件的变化过程，计算机经历了电子管到晶体管作为逻辑元件，再从晶体管到小集成电路及至今天采用大集成电路或超大集成电路作为逻辑元件，半导体存储器集成度越来越高，内存容量越来越大，外存储器使用各种类型的软、硬盘、光盘和优盘等，运算速度每秒可达几亿甚至上千亿次。

1981 年，美国 IBM 公司研制成功了 IBM – PC 机（Personal Computer，个人计算机），并迅速发展成为一个系列。微型计算机采用微处理器和半导体存储器，具有体积小、价格低、通用性和适应性方面的能力强、可靠性高等特点。随着微型计算机的出现，计算机开始走向千家万户。

20 世纪 60 年代，美国军方最早开发了作为保障战时通信的因特网（Internet）技术，把单个计算机连接起来应用，计算机开始了网络化的进程。进入 70 年代，当时的美国政府和军方出于冷战的需要，设想将分布在美国本土东海岸的四个城市的计算机联系起来，使它成为一个打不烂、拖不垮的网络系统。美国国防部构想的这个系统叫 ARPANET。但当时的计算机厂商们生产的计算机，无论是硬件还是软件都是不一样的，要组成这样的网络，就必须把很多不同的计算机硬件和软件通过某种方式连接起来。于是在 20 世纪 70 年代初出现了一个关于计算机网络互联的共同协议——TCP/IP 协议，这个协议达成之后，ARPANET 取得比较大的扩展，从美国本土联到了其在欧洲的军事基地。

20 世纪 80 年代初，美国科学基金会发现这种方式非常实用，于是把这几个地区的计算机联结起来，并接进了大学校园，参加因特网技术开发的科研和教育机构开始利用因特网，这便是今天 Internet 的雏形。20 世纪 90 年代，当因特网技术被发现可以有极其广泛的市场利用价值，而政府无法靠财政提供因特网服务时，美国政府的政策开始转向开放市场，由私人部门主导。1991 年，美国政府解除了禁止私人企业为了商业目的进入因特网的禁令，并确定了收费标准和体制。从此商业网成为美国发展最快的网络：个人、私人企业和创业投资基金成为美国因特网技术产业化、商业化和市场化的主导力量。

1991 年 9 月，美国田纳西州的民主党参议员戈尔在为参议院起草的一项法案中，首次把作为信息基础设施（National Information Infrastructure，英文缩写为 NII）的全国性光导纤维网络称为"信息高速公路"。美国国家信息基础设施的建成，为人类打开了信息世界之门。美国国家信息基础设施主要由高速电信网络、数据库和先进计算机组成，包括 Internet、有线、无线与卫星通信网以及各种公共与私营网络构成的完整网络通信系统。随着 NII 对公众的开放以及各类网络的联网，个人、组织机构和政府系统都可以利用 NII 进行多媒体通信，各种形式的信息服务也得到了极大的发展。

克林顿 1992 年入住白宫后，为占领世界信息竞争制高点，重振美国经济，提高美国竞争力，维持美国在世界经济、政治、军事等领域中的霸主地位，适时发布了一系列框架性文件，表明了美国占领全球因特网经济制高点的行动纲领。

1993 年 9 月，美国制定并发布了《国家信息基础设施：行动纲领》的重大战略决策。"国家信息基础设施"是"信息高速公路"的正式名称，它的实质是以现代通信和计算机为基础，建设一个以光缆为主干线的覆盖全美国的宽带、高速、智能数据通信网，以此带动美国经济与社会的信息化进程，促进经济的发展。美国的目标是确保其在全球信息基础设施建设的领先地位。

1994 年 9 月，美国在建设本国信息高速公路的基础上，又提出了建立全球信息基础设施（Global Information Infrastructure 简称为 GII）计划的倡议，呼吁各国把光纤通信网络和卫星通信网络连接起来，从而建立下一代通信网络。

1997 年 7 月，美国发布《全球电子商务框架》，明确美国将主导全球电子商务，并制定了九项行动原则。《全球电子商务框架》确立了五大原则：私人部门应作为主导；政府应该避免对电子商务不恰当的限制；当政府需要介入时，它的目标应该是为商务提供并实施一个可预见的、简洁的、前后一贯的法制环境；政府应当认清因特网的独特性质；应当立足于全球发展因特网上的电子商务。

继 NII、GII 之后，在 1999 年初，美国政府又提出发展"数字地球"的战略构想。这是国际信息领域发展的最新课题，以信息基础设施和空间数据基础为依托的信息化发展的第三步战略。

1999 年 11 月 29 日，克林顿政府成立电子商务工作组，由商务部领导，主要负责以下两项事务：

（1）识别出可能阻碍电子商务发展的联邦、州或政府法律与管制；

（2）建议如何改进这些法律以利于电子商务的发展。

美国政府的这一系列政策极大地促进了网络经济的发展。

因此，没有互联网技术就没有电子商务运行的技术环境，没有经济全球化也就没有电子商务应用的市场经济支撑；没有 60 年代 EDI（电子数据交换）在经济活动中的成功应用，也就没有电子商务发展的效益前景；没有知识经济时代高科技，人们思想观念的改变也不可能有电子商务模式创新和发展。

电子商务的产生是技术、经济和知识交融在经济领域应用的一个结晶，也是商务活动在发展过程中的一个必然结果。

二、电子商务的发展

（二）电子商务的发展阶段

按照各个时期有代表性的不同技术，我们可以将电子商务的发展历程划分成四个阶段。

第一阶段：EFT 时代

20 世纪 70 年代，银行间电子资金转账（EFT）开始在安全的专用网络上推出，它改变了金融业的业务流程。电子资金转账是指通过企业间通讯网络进行的账户交易信息的电子传输，由于它以电子方式提供汇款信息，从而使电子结算实现了最优化。这是电子商务最原始的形式之一，也是最普遍的形式。

第二阶段：电子报文传送技术

从 20 世纪 70 年代后期到 80 年代早期，电子商务以电子报文传送技术（如电子数据交换 EDI）的形式在企业内部得到推广。电子报文传送技术减少了文字工作并提高了自动化水平，从而简化了业务流程。电子数据交换（EDI）使企业能够用标准化的电子格式与供应商之间交换 商业单证（如订单）。例如，如果将电子数据交换与准时化（JIT）生产相结合，供应商就能将零件直接送到生产现场，节约了企业的存货成本、仓储成本和处理成本。

20 世纪 80 年代晚期到 90 年代早期，电子报文传送技术成为工作流技术或协作计算系统（也称为群件）中不可分割的部分。Lotus Notes 是这种系统的代表。群件的主要功能就是将现有的非电子方法"嫁接"到电子平台上去，以提高业务流程的效率。

第三阶段：联机服务

在 20 世纪 80 年代中期，联机服务开始风行，它提供了新的社交交互形式（如聊天室），还提供了知识共享的方法（如新闻组和 FIP）。这就为互联网用户创造了一种虚拟社区的感觉，逐渐形成了"地球村"的概念。同时，信息访问和交换的成本已降得很低，而且范围也在空前扩大，全世界的人都可以相互沟通。

第四阶段：WWW

20 世纪 90 年代中期到现在，互联网上出现了 WWW 应用，这是电子商务的转折点。WWW 为信息出版和传播方面的问题提供了简单易用的解决方案。WWW 带来的规模效应降低了业务成本，它所带来的范围效应则丰富了企业业务活动的多样性。WWW 也为小企业创造了机会，使它们能够与资源雄厚的跨国公司在平等的技术基础上竞争。

目前，电子商务出现了许多新的发展趋势，如与政府的管理和采购行为相结合的电子政务服务，与个人手机通信相结合的移动商务模式，与娱乐和消遣相结合的网上游戏经营等等都得到了很好的发展。

（二）电子商务在中国的发展

从 1998 年 3 月我国第一笔互联网网上交易成功起，我国的电子商务已经走过了 8 年的历程，电子商务的模式也从最初的单一模式发展到今天的多样化，B2B、C2C、B2C、G2B 等。从目前的市场发展来看，有两种电子商务模式正在走向成熟：一种是传统的 B2C 模式，其中以当当、卓越为代表，主要是卖书籍、音像产品等，但目前规模仍然不够大。另外一个方向是 B2B 模式，也就是阿里巴巴模式。即在一个平台上个人与个人做生意、公司与个人做生意、公司与公司做生意，这种模式也在逐渐成熟。而拥有庞大用户规模的 C2C 模式还没有形成真正的盈利模式。还有一些电子商务的模式，如企业直接在网上销售自己的产品以及如携程电子商务和电子服务的结合，由于这只是企业的电子化行为，并不能成为电子商务的主流。

2004 年 8 月 28 日十届全国人大常委会第十一次会议表决通过了电子签名法。这部法律规定，可靠的电子签名与手写签名或者盖章具有同等的法律效力。电子签名法的通过，标志着我国首部"真正意义上的信息化法律"已正式诞生，这使电子商务的应用在法律上得到了保障。

2012 年 1 月 16 日，中国互联网络信息中心（CNNIC）发布了《第 29 次中国互联网络发展状况统计报告》（以下简称《报告》）。

《报告》显示，截至 2011 年 12 月底，中国网民数量突破 5 亿；最引人注目的是，在大部分娱乐类应用使用率有所下滑，商务类应用呈平缓上升的同时，微博目前有近半数网民在使用，比例达到 48.7%，成为网民获取新闻信息的重要渠道。

截至 2011 年 12 月底，中国网民数量突破 5 亿，达到 5.13 亿，全年新增网民 5580 万。互联网普及率较上年底提升 4 个百分点，达到 38.3%。总结过去五年中国网民增长情况，从 2006 年互联网普及率升至 10.5% 开始，网民规模迎来一轮快速增长，平均每年普及率提升约 6 个百分点，尤其在 2008 年和 2009 年，网民年增长量接近 9000 万。在 2011 年，这一增长势头出现减缓迹象。

2011 年，使用台式电脑上网的网民比例为 73.4%，比 2010 年底降低 5 个百分点，手机上升至 69.3%，笔记本电脑也略增至 46.8%。随着台式电脑使用率走低，手机终端的使用率正不断逼近传统台式电脑。

今年，总体手机应用发展状况良好。总体呈现出沟通类应用与信息获取类应用领先发展，娱乐与商务类应用发展相对缓慢的特点。其中，手机即时通信和手机微博作为交流沟通类应用的代表，是现阶段推动移动互联网发展的主流应用。

2011 年微博快速崛起，目前有近半数网民在使用，比例达到 48.7%，成为网民获取新闻信息的重要渠道。相比之下，网络新闻用户规模增速仅为 3.9%，使用人数为 3.67 亿，使用率从上一年的 77.2% 下降至 71.5%。近年来网络新闻使用率一直在下降，网民通过互联网获取新闻信息的渠道正在发生转移。

与微博"大爆发"不同，商务类应用在经历了 2009－2010 年的快速增长后，迎来了相对平缓的发展期。《报告》显示，电子商务类应用稳步发展，网络购物、网上支付、网上银行和在线旅行预订等应用的用户规模全面增长。与 2010 年相比网购用户增长 3344 万人，增长率达到 20.8%，网上支付、网上银行使用率也增长至 32.5% 和 32.4%。另外，团购成为全年增长第二快的网络服务，用户年增速高达 244.8%，用户规模达到 6465 万，使用率提升至 12.6%。

此外，《报告》显示，娱乐类应用热度继续回落，网络音乐、网络游戏和网络文学用户规模在 2011 年增长幅度较小，使用率也分别下滑至 75.2%、63.2% 和 39.5%。相比之下网络视频行业的发展势头相对良好，用户规模同比增加 14.6%，达到 3.25 亿人，使用率提升至 63.4%。

2008－2010 年，网络购物用户规模连续 3 年保持 50% 左右的高速增长。2011 年，网购用户总规模达到 1.94 亿人，网购使用率提升至 37.8%，但用户年增长率降低为 20.8%，用户绝对增长量大幅回落。

《报告》显示，2009、2010、2011 年新网民使用网络购物的比例分别为 11.4%，10.8% 和 9.3%，2011 年新网民规模增量出现下降，进一步弱化了新网民对网购规模增长的促进作用。2008－2010 年，政府的大力扶持和电商企业的深化经营有效地推动了老网民的网购行为，释放了较多的消费潜力。而新网民转化为老网民后，需要一定的周期、条件和因素才能成长为网购用户。对比不同网龄网民使用网络购物的比例，可以看到有两个关键的走势拐点。第一个是 2－3 年，当网民网龄进入 2－3 年时，其使用网络购物的比例为 29.7%，与 1－2 年相比提升了 11.8 个百分点；第二个拐点出现在 5 年之后，渗透率达到 59.2%，与 3－5 年相比提升了 19.6 个百分点，该阶段的用户进入到网购使用的更快速渗透区域。

我国未来网络购物用户和市场增长空间巨大，但是中国的社会经济发展水平和互联网普及现状，决定了网络购物实际的增长势必受制于诸多客观因素。制约网络购物用户增长的主要因素是互联网普及水平、人群消费行为模式和商品配送服务能力，即基础条件和供需两面。

从未来发展的预期看，我国互联网渗透逐步加深的势头不可逆转，网络购物供需面持续积极向好，这些都将推动网络购物在未来较长时间实现较为稳健的增长。

电子商务的发展阶段如图 1 – 1 所示。

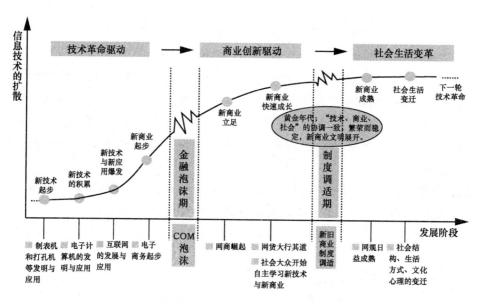

图 1–1　电子商务的发展阶段（阿里巴巴集团研究中心 2009）

（三）电子商务的发展模式

根据英特尔公司副总裁欧德宁的见解，电子商务可以大致可分为三代。

第一代电子商务：企业建立自己的网站，主要是将公司的各种公开信息搬到互联网上，以产品广告和企业介绍为主。简言之，第一代电子商务的主要内容是企业"展示"，客户来"观看"的模式。其主要问题是企业与客户之间缺乏互动，没有有效的沟通途径。

第二代电子商务：企业和客户之间有了沟通手段，企业将互联网服务器与企业内部后端系统连接起来，使客户能够在网上订货，并跟踪发货过程。简而言之：第二代电子商务在"观看"的基础上还可以"订购"网站上所介绍的产品。重要的进步是，客户的介入从单一的市场宣传/销售环节触及到了组装与发货环节。但遗憾的是，客户所能选择的只是成品，不能按照客户的个性化需求来选择不同的零部件搭配和功能组合。这是一种单向的、以企业为重心的沟通方式。

第三代电子商务：第三代电子商务的构想是客户个性化需求能得到充分的满足，客户可按其需求来选择不同的零部件搭配和功能组合，因此客户能参与到生产的设计、制造、组装、试机的各个环节中。一句话客户有生产设计过程的知情、参与、监督的权利。

第二节 电子商务基础知识

美国学者瑞维·卡拉克塔和安德鲁·B. 惠斯顿在《电子商务的前沿》一书中提出:"广义地讲,电子商务是一种现代商业方法。这种方法通过改善产品和服务质量、提高服务传递速度,满足政府组织、厂商和消费者的降低成本的需求。这一概念也用于通过计算机网络寻找信息以支持决策。一般地讲,今天的电子商务通过计算机网络将买方和卖方的信息、产品和服务联系起来,而未来的电子商务则通过构成信息高速公路的无数计算机网络中的一条线将买方和卖方联系起来。"

一、电子商务的定义

电子商务是上个世纪九十年代末才出现的新生事物。由于出现的时间短,再加上这是一个发展极为迅速的领域,业界对电子商务的认识还有待于在实践中进一步发展和完善,因此,目前还没有统一的电子商务的定义。

综观近年来对这一定义认识和演变,各种定义的区别主要体现上电子和商务这两个词的外延和范围上。

电子即电子技术,这是一个覆盖范围极广的领域。无疑,电子技术是现代高新技术的核心,而现代电子技术的核心又是计算机技术和通信技术,而计算机网络是计算机技术和通信技术结合的产物,Internet 则是计算机网络技术到目前为止最为重要的应用。可以说,自上个世纪九十年代中期以来,Internet 是整个电子技术乃至整个高新技术中发展最快的领域之一。

由于 Internet 在整个电子技术中的特殊地位,在对电子商务概念的理解中,一般人认为"电子"指的就是 Internet。当然,也有人认为电子商务中的"电子"是以 Internet 为主要工具,同时也包括了其他计算机网络、通信设备(如电话、传真)等电子手段。甚至还有人认为,电子商务中的"电子"就是现代高新技术,商务活动中使用到的高新技术手段都可以包括在"电子"一词中。

再来看对"商务"一词的理解。

西方学者认为,商务是将社会资源转换为产品和服务,并以盈利为目的向消费者进行销售的有组织的活动。社会资源包括:自然资源、资本、劳动力和企业家。在这一定义中，商务的核心是销售活动。同一般的销售活动相比较，商务活动的规模较大，具有严格的商业协议，并受到相应的法律法规的保护，是一种有组织的活动。

在使用商务这一概念时，实际上也有广义和狭义之分。有人认为，企业的活动都直接或间接地与销售有关，因此除了销售，企业的其他活动也属于商务活动。而有人则认为，商务活动只包括企业的销售产品和服务的活动。

正是由于有了对"电子"和"商务"的不同理解，一些组织、机构和个人从不同的角度出发，对"电子商务"给出了不同的定义。下面列出一些典型定义。

美国政府在其"全球电子商务纲要"中，指出电子商务"是通过 Internet 进行的各项商务活动，包括广告、交易、支付、服务等活动。"显然，在该定义中，对商务活动的定义是很笼统的。

全球信息基础设施委员会（GIIC）电子商务工作委员会报告草案中对电子商务的定义为：电子商务是运用电子通信作为手段的经济活动，通过这种方式人们可以对带有经济价值的产品和服务进行宣传、购买和结算。

联合国国际贸易程序简化工作组对电子商务的定义为：采用电子形式开展商务活动，它包括在线供应商、客户、政府及其参与方之间通过任何电子工具，如 EDI、Web 技术、电子邮件等共享非结构或结构化商务信息，并管理和完成在商务活动、管理活动和消费活动中的各种交易。

IBM 公司对电子商务的理解是，电子商务是在 Internet 的广阔联系与传统信息技术系统的丰富资源相结合的背景下，应运而生的一种在互联网上展开的互相关联的动态商务活动。电子商务又有广义和狭义之分。狭义的电子商务称作电子交易，主要是指利用 Internet 提供的通信手段在网上进行的交易。而广义的电子商务是包括电子交易在内的，利用 Internet 进行的全面的商业活动，如市场调查分析、财务核算、生产计划安排、客户联系、物资调配等。

从上面的各种定义中可以看到，由于人们对"电子"和"商务"两词有不同的理解，因此对"电子商务"的理解也不同。从外延来看，最广义的概念把电子商务定义为利用一切电子手段进行的所有商业活动（包括商务），最狭义的概念则认为电子商务是在 Internet 上进行贸易活动。通俗的电子商务定义可以理解为是以电子作为载体的商务活动总称。

这种定义有二层含义，任何商务活动必然存在一个载体，而电子商务却是使用电子作为媒介的载体；第二层电子商务是一个商务活动。

传统的商务活动在交易的过程中是使用纸质媒介的载体，例如交易合同、文件、凭证、支票、现金等等。

从这种角度理解电子商务这个定义可以较方便地把握住电子商务的特点和本质，并理解给出的各种电子商务的定义。

这里得提一下 E – Commerce（EC）和 E – Business（EB）这两个英语单词，许多中文资料上都把它们统一翻译为电子商务。一般来说，EC 是以商品的买卖为中心，在以 Internet 为平台的商品交换出现之后，西方媒体上最先使用的就是这一词汇，又有人将其译为电子贸易。而 EB 是 IBM 公司在 1997 年率先推出的电子商务概念。IBM 认为，电子商务不仅包括了在线的商品交换，而且还应包括对客户的服务和商业伙伴之间的合作，IBM 甚至认为企业在其按照 Internet 标准构造的企业内部网（Intranet）和企业互联网（Extranet）上从事的业务都包括在 EB 之中。又有人将 EB 翻译为电子业务。有人认为，EB 包括了 EC，而 EC 是 EB 的精华所在。

事实上，EB 和 EC 是历史的产物，Internet 发展迅速，新名词层出不穷，有时候的发展速度甚至快到连取一个恰当的名称都来不及。因此在许多英文资料上，许多作者并没有严格区分 EC 和 EB，有时候甚至是混用。

我们倾向于 IBM 的看法，认为电子商务是以 Internet 为平台所进行的全面的商业活动。这种理解也是人们和社会较为认同的一种通俗理解的电子商务。这里所说的以 Internet 为平台，指的是在商务活动的各个环节，包括谈判、交易、资金支付等都要在 Internet 上进行，其他手段如电话、网下资金支付等仅仅是补充。所谓全面的商业活动，是指包括了企业和个人商业活动的各个环节，而不仅仅是贸易阶段，当然贸易是其中的核心。

也可以这样理解电子商务，电子商务＝"王大妈"（WDM），王（W Walmart.）：沃尔玛仓储连锁，大（D Dell）：戴尔的网上直销，妈（M McDonald's）：麦当劳的标准化服务。

电子商务简单讲就是利用先进的电子技术进行商务活动的总称，它是通过网络，使用先进的信息处理工具，利用电子这种载体，将买卖双方的商务信息、产品信息、销售信息、服务信息，以及电子支付等商务活动，用相互认同的交易标准来实现，这就是人们所说的"在网上进行买卖活动"。

电子商务的各种定义总结如图 1 – 2 所示。

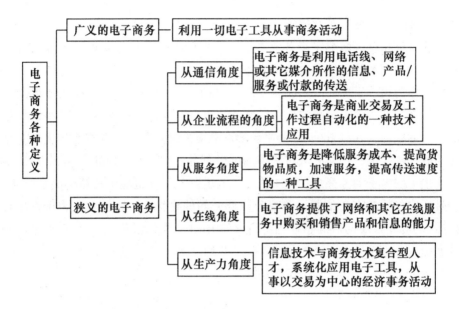

图 1-2　电子商务的各种定义

二、电子商务的特点

电子商务是 IT 技术和商务运行结合而产生的一种新型的商务交易过程，是 21 世纪市场经济商务运行的主要模式，也是新经济涵义下的一种主要经济方式。从某种意义上讲，它是一种在 21 世纪高科技技术背景条件下，发展建立的新型生产关系过程中所形成的必然产生的一种新经济模式。

商务活动中必然包括了信息流、物流、和特殊的信息流资金流的一种整合。这三种流需要一个"通道"（媒介）来传输。同传统商务所使用的媒介相比较，Internet 在传输信息流和资金流时表现出鲜明的特点，这就形成了电子商务的主要特点。

（一）高效率与多选择性特点

作为一种电子通信手段，同邮政通信相比较，Internet 的信息传输速率极快，传输的信息量也很大。由于采用了分组交换技术，极大地提高了网络的使用效率，同电话、传真等电子通信手段相比较，使用 Internet 来传输信息的费用很低。而且，同电话、传真等电子通信手段不同，Internet 上的 Web 站点能够在无人值守的情况下 24 小时运行。

正是由于 Internet 在传输信息时的高速度和低成本，是电子商务具有高效率的特点，它充分体现在时间上和成本的效益上。

从时间上看，通过 Internet，商务活动中需要的信息流能够高速度地传输，无论是买卖双方的信息交换，还是企业内部的信息传递，都可以方便地通过 Internet 来传递。电子商务的应用无疑提高了商业活动的时间效率。此外，计算机能够在无人值守的情况下工作，使得电子商务能够尽可能地摆脱时间的限制。例如，网上的商店可以做到一周 7 天、一天 24 小时开业。

从成本上看，由于使用 Internet 来传输信息的成本很低，电子商务降低了商务活动的成本。例如，用电子邮件来代替信函往来，无疑可以节省企业的办公费用。

Office Depot 是美国的一家专营办公用品的零售商，它旗下有 1000 多家商铺，光商品供应的各类表单就有 1300 万份。在实施电子商务后，表单数量降到 100 万份，成本控制提高了 7%。

（二）商业全球化特点

与电视、报纸等媒介不一样，在 Internet 中，计算机与计算机之间、客户机与服务器之间能够方便地实现信息的双向传输，从而实现信息的快速交换。正是这种有了这种交互性，使得商务活动能够在不同地点的不同人之间非面对面地进行，这就是电子商务的虚拟性，它将传统商务的实体市场的地域性改为网上虚拟环境的全球性，因此，从理论上电子商务的市场是商业全球化的大市场。

而且，在目前的 Internet 中，使用 WWW 技术，能够传输包括文字、声音和图像在内的多媒体信息，这使得相隔遥远的人之间也能够通过计算机来方便地交流，从而使得非面对面的电子商务与现实商务之间的感觉越来越接近。

Internet 是一个覆盖全球的网络，只要是通电话的地方，就能够实现上网。这样一来，从理论上讲，一家企业如果开展了电子商务，该企业就能够通过 Internet 向世界上任何一个地方的客户提供非面对面的服务，从而摆脱了地点的限制，进入全球市场。

当然，电子商务的虚拟性也会带来相应的问题，主要是由于非面对面交易而产生的网上诈骗、抵赖等行为，这就给电子商务技术上的保障提出一新的研发问题。

（三）支付方式网上数字化的特点

同传统商务一样，电子商务过程中也涉及资金支付问题，但是这种支付方式是在网络环境上进行，传递的是网络的数字化资金信息。

随着金融电子化的发展，电子商务中买卖双方的结算行为可以通过 Internet 来方便、高效地进行，这就是网上支付。网上支付需要有银行的参与。在网上支付行为中,买卖双方的资金结算实际上是彼此开户银行账户上资金的增减,因此它传递的是支付的指令信息而不是传统商务交易中的实体货币。买卖双方与各自开户银行之间的联系是通过 Internet 和银行的专用网共同参与完成来进行的,而银行与银行之间的资金清算却是通过银行内的专用计算机网络进行的。

在网上支付中,各种资金信息都是通过计算机网络来进行的,这就对计算机网络的安全性提出了很高的要求,容不得半点差错。此外,由于金融电子化还有待进一步发展,目前许多电子商务活动中也保留了传统的支付方式来作为补充,如货到付款、邮局汇款等。

（四）交易方便快捷性特点

由于是以电子为载体的商务交易,因此,在电子商务的交易完成过程中除物流配送的环节外,一切都在网络环境下进行。因此,信息和资金的传递都以每秒 30 万公里的速度传送,理论上在一瞬间就将交易过程中售前、售中的商务过程完成,具有交易方便快捷的特点。而且即是在售后的商品的信息服务也可通过网上进行,并能做到个性化需求的服务。

（五）消费者个性化需求的特点

由于计算机技术的发展,信息的储存和数据库技术的进步,数据挖掘技术的实现,消费者个性化的信息可以大量地日积月累的储存在计算机数据库中,通过数据挖掘的技术使商家能根据客户个性化需求在商务上满足而加以实现,这种个性化需求的特点只有在技术进步的今天才能在电子商务的模式下得以实现,这就是电子商务满足消费者个性化需求的新特点。

（六）低成本渗透的特点

电子商务在网络环境下减少了交易过程中的很多中间环节,在时间上和空间上节约了交易的成本,因此,它具有低成本核算渗透到各个过程环节中的特点,从经济上实现价值的增值,而成为商务中人们将会普遍采用的一种经济增长的商务模式。

三、电子商务的分类

电子商务按电子商务交易涉及的对象、电子商务交易所涉及的商品内容和进行电子业务的 企业所使用的网络类型等对电子商务进行不同的分类。

（一）按参与交易的对象分类

1. 企业与消费者之间电子商务（Business to Customer 即 B TO C）

企业与消费者之间的电子商务可以说就是通过网上商店（电子商店）实现网上在线商品零售和为消费者提供所需服务的商务活动。这是大众最为熟悉的一类电子商务类型，目前在 Internet 网上有很多这类电子商务成功应用的例子，如世界上最大的网上书店亚马逊书店（http：//www. amazon. com），随着 Internet 网的普遍应用，这类电子商务有着强劲的发展势头。

企业与消费者之间的电子商务引发了商品营销方式的重大变革，无论企业还是消费者都从中获益匪浅。

网上商店的出现，消费者可以足不出户，通过自己的计算机在网上寻找、购买所需的商品，获得商家提供的一系列服务。通往全球的 Internet 网，使消费者购物的选择范围被最大化的扩展；网络多媒体技术可以将商品由内到外进行全面介绍，便于消费者选择；Internet 网上高速度，低费用的信息传递可以让消费者高效、便捷、低成本的完成网上购物过程。尤其值得称道的是，网上购物为现代社会消费时尚的个性化进一步提供了便利，消费者不再是只能被动的购买已生产出的商品，而是可以通过网络向商家提出个人要求甚至可以虚拟出自己想要的商品，商家获取信息，就可能满足消费者独特的消费愿望。

对于商家而言，建立网上商店，完全更新了原有的市场概念，传统意义上的商圈被打破，客户扩展到了全国乃至全世界，形成了真正意义上的国际化市场，赢得了前所未有的商机，另外，网上商店交易成本比传统店堂销售成本大大降低，因为，在线销售可以避免有形商场及流通设施的投资，将依靠人工完成的交易活动转化成数字化的信息传送过程，可以节省大量商流费用，这都带来了经营成本的降低使商家更具竞争力。

2. 企业与企业间的电子商务（Business to Business 即 B TO B）

企业对企业的电子商务是指在 Internet 上采购商与供应商谈判、订货、签约、接受发票和付款以及索赔处理、商品发送管理和运输跟踪等所有活动。企业间的电子商务具体包括以下的功能：

供应商管理：减少供应商，减少订货成本及周转时间，用更少的人员完成更多的订货工作；

库存管理：缩短"订货 - 运输 - 付款（order - ship - bill）"环节，从而降低存货促进存货周转；

销售管理：网上订货；

信息传递：交易文档管理 安全及时地传递订单、发票等所有商务文档信息；

支付管理：网上电子货币支付。

企业间的电子商务又可以分为两种。一种是非特定企业间的电子商务，它是在开放的网络中对每笔交易寻找最佳伙伴，并与伙伴进行从定购到结算的全面交易行为。第二种是特定企业间的电子商务，它是过去一直有交易关系而且今后要继续进行交易的企业间围绕交易进行的各种商务活动，特定的企业间买卖双方既可以利用大众公用网络进行从定购到结算的全面交易行为，也可以利用企业间专门建立的网络完成买卖双方的交易。

3. 企业与政府之间电子商务（Business to Government B TO G）。

企业与政府之间的电子商务涵盖了政府与企业间的各项事务，包括政府采购、税收、商检、管理条例发布，法规政策颁布等。政府一方面作为消费者，可以通过 Internet 网发布自己的采购清单，公开、透明、高效、廉洁地完成所需物品的采购；另一方面，政府对企业宏观调控、指导规范、监督管理的职能通过网络以电子商务方式更能充分、及时地发挥。借助于网络及其他信息技术，政府职能部门能更及时全面地获取所需信息，做出正确决策，做到快速反应，能迅速、直接地将政策法规及调控信息传达于企业，起到管理与服务的作用。在电子商务中，政府还有一个重要作用，就是对电子商务的推动、管理和规范作用。在发达国家，发展电子商务主要依靠私营企业的参与和投资，政府只起引导作用，而在像我国这样的发展中国家中，则更需要政府的直接参与和帮助。与发达国家相比，发展中国家企业规模偏小，信息技术落后，债务偿还能力低，政府的参与有助于引进技术、扩大企业规模和提高企业偿还债务能力。另外，许多发展中国家的信息产业都处于政府垄断经营或政府管制之下，没有政府的积极参与和帮助将很难快速地发展电子商务。另一方面由于电子商务的开展涉及很多方面，没有相应的法规予以规范也是难以进行的，而对于法规的制定，法规实施监督及违法的制裁政府发挥着不可替代的作用。总之，电子商务中政府有着两重角色；既是电子商务的使用者，进行购买活动，属商业行为；又是电子商务的宏观管理者，对电子商务起着扶持和规范的作用。对企业而言，政府既是电子商务中的消费者，又是电子商务中企业的管理者。

4. 消费者之间的电子商务（Customer to Customer 即 C TO C）

这种电子商务形式目前在网上表现的形式是消费者间的二手货的拍卖，随着今后各种技术的进步，以及网上支付形式的变化和电子货币的推广和使用，可以相信在网上的 C TO C 形式的电子商务也像在现实社会中的自由市场上的商品一样会得到同样的发展。

（二）按交易的商品形式分类

如果按照电子商务交易所涉及的商品形式分类，电子商务主要包括两类商业活动。

1. 间接电子商务

电子商务涉及商品是有形货物的电子订货，如鲜花、书籍、食品、汽车等，交易的商品需要通过传统的渠道如邮政业的服务和商业快递服务来完成送货，因此，间接电子商务要依靠送货的运输系统等外部要素。

2. 直接电子商务

电子商务涉及商品是无形的货物和服务，如计算机软件、娱乐内容的联机订购、付款和交付，或者是全球规模的信息服务。直接电子商务能使双方越过地理界线直接进行交易，充分挖掘全球市场的潜力。目前我国大部分的信息服务类网站都属于这一类，但这还不是真正意义上的直接电子商务，因为很多都是免费的服务性质，还没有发展到经济意义上的收费。

（三）按电子商务使用的网络类型分类

根据开展电子商务业务的企业所使用的网络类型框架的不同，电子商务可以分为如下三种形式：

1. EDI（Electronic Data Interchange）电子商务。即电子数据交换。国际标准组织将其定义为"将商务或行政事务按照一个公认的标准，形成结构化的事务处理或文档数据格式，从计算机到计算机的电子传输方法"。简单地说，EDI 就是按照商定的协议，将商业文件标准化和格式化，并通过计算机网络在贸易伙伴的计算机网络系统之间进行数据交换和自动化处理。EDI 主要应用于企业与企业、企业与批发商、批发商与零售商之间的批发业务。相对于传统的订货和付款方式，大大节约了时间与费用。相对于下述因特网方式，EDI 较好地解决了安全保障问题。但由于软件开发、硬件设备和对于加入 EDI 的企业本身的要求过高。使得 EDI 至今仍未广泛普及。

2. 因特网（Internet）电子商务。按照美国 Internet 协会的定义，是一种"组织松散、国际合作的互联网络"。该网络"通过自主遵守计算的协议和过程"，支持主机对主机的通讯。具体来说，因特网就是让一大批电脑采用一种叫做 TCP/IP 的协议来即时交换信息。因特网商务是现代商业的最新形式，也是电子商务的主流模式。它以计算机、通讯、多媒体、数据库技术为基础，通过互联网络，在网上实现营销、购物服务。它突破了传统商业生产、批发、零售及进货、销售、存贮、调运的流转程序与营销模式，真正实现了少投入、低成本、零库存、高效率，从而实现了社会资源的高效运转和最大节约。消费者可以不受时间、空间、国界、厂商的限制，广泛浏览、充分比较，力求以最低的价格获得最为满意的商品和服务。

3. 内联网（Intranet）电子商务。也称为企业内部网电子商务。它是在因特网基础上发展起来的企业内部网，在原有的局域网上附加一些特定的软件，将局域网与因特网连接起来，从而形成企业内部的虚拟网络。它与因特网之间最大的区别在于：内联网内的敏感或享有知识产权的信息受到内联网防火墙安全网的保护，它只允许经过企业授权的访问者介入内部 Web 站点，外部人员只有在许可条件下才可以进入企业的内部网络。内联网（Intranet）将大、中型企业分布在各地的分支机构及企业内部有关部门和各种信息通过网络予以连通，企业各级管理人员能够通过网络掌握自己所需要的信息，利用在线业务的申请和注册代替传统贸易和内部流通的形式，从而有效的降低交易成本，提高经济效益。

（四）按照交易的范围分类

按照开展电子商务交易的范围来分类，电子商务可分为三类：本地电子商务，远程国内电子商务，全球电子商务。

1. 本地电子商务通常是指利用本城市内或本地区内的信息网络实现的电子商务活动，电子交易的地域范围较小。本地电子商务系统是利用 Internet、Intranet 或专用网将下列系统联结在一起的网络系统：参加交易各方的电子商务信息系统，包括买方、卖方及其他各方的电子商务信息系统；银行金融机构电子信息系统；保险公司信息系统；商品检验信息系统；税务管理信息系统；货物运输信息系统；本地区 EDI 中心系统（实际上，本地区 EDI 中心系统联结各个信息系统的中心）。本地电子商务系统是开展有远程国内电子商务和全球电子商务的基础系统。

2. 远程国内电子商务是指在本国范围内进行的网上电子交易活动，其交易的地域范围较大，对软硬件和技术要求较高，要求在全国范围内实现商业电子化、自动化，实现金融电子化，交易各方具备一定的电子商务知识、经济能力和技术能力，并具有一定的管理水平和能力等。

3. 全球电子商务是指在全世界范围内进行的电子交易活动，参加电子交易各方通过网络进行贸易。涉及有关交易各方的相关系统，如买方国家进出口公司系统、海关系统、银行金融系统、税务系统、运输系统、保险系统等。全球电子商务业务内容繁杂，数据来往频繁，要求电子商务系统严格、准确、安全、可靠，应制订出世界统一的电子商务标准和电子商务（贸易）协议，使全球电子商务得到顺利发展。

（五）按资金支付的方式分类

按资金支付的方式分类，分为完全的电子商务和非完全的电子商务二类。

1. 完全的电子商务

是指电子商务交易能在网上进行资金支付这个环节的电子商务，而不是货到付款的方式，这种完全的电子商务是资金流加入到了网上商务的环节中，更提高了效益，减少了中间环节。也是电子商务发展中较高级的一个环节。

2. 非完全的电子商务

是指电子商务交易过程中只有交易中的前期环节在网上进行，即商品的选购，信息的查询、谈判、下单等信息查询和撮合等在网上进行，而没有资金支付的环节加入的电子商务。目前，我国的很多电子商务正是在发展和经历这个不完全电子商务的阶段。

四、电子商务的实现

信息流、物质流和资金流是实现电子商务的三个环节，而三流的整合形式，也是决定电子商务模式的基础。即：信息服务、交易和支付。主要内容包括：电子商情广告；电子选购和交易、电子交易凭证的交换；电子支付与结算以及售后的网上服务等。

信息流和资金流均可以在网上传递和储存，这正是电子商务不同于传统商务的特点所在，而除了数字商品外的物质商品流并不能在网上传递，因此，就有一个物流的配送体系，信息流和资金流传递的快捷和物流运送的差异性决定了电子商务发展模式三流整合的方式，也决定了电子商务实际运作中是否可行和高效的关键。因此，从三流整合的角度和观点去研究电子商务，是电子商务发展模式研究的基础，也是电子商务实现的关键。有些学者认为电子商务是四流的整合，这包括商流，也就是增加交易过程管理的商流，其实商流也是信息流的一种，因此，为简化问题，电子商务的实现归结为三流的整合更恰当。如果不是资金流的特殊，而且带有经济意义上的价值，其实也可以归结为二流的整合，而将资金流归结为一种具有价值的特殊信息流，它的传递和储存要具有安全性，不可更改性、不可否认性和完整性，基于这点资金流单列出来就更为合理些。因此，电子商务的实现是采用三流整合的观点来认识。

电子商务是商务模式的改变，它不能代替传统企业，它仍属于服务领域；电子商务离不开物资的流动，这就需要传统企业的积极参与，特别是配送系统的建立至关重要；资金的网上流动可以通过电子货币和支付工具和支付方式的改变来得以实现。

一般来说，进行电子商务的步骤如下：

1. 信息的收集

通过网络信息收集，对于熟悉网络的人并不陌生。可能你已经习惯了网上那"铺天盖地"的信息。通过网络收集商业信息，重点应该是要到哪里去寻找有用信息。

2. 信息发布及客户支持服务

信息发布和客户支持服务都以网上公司的建设为基础的。通过网上公司站点的建立，了解网上商务活动的基础。

3. 宣传与推广

在网上进行电子商务的交易，重要就是宣传推广自己的公司，树立良好的商业形象，吸引消费者的参与，拓广市场和消费群体这是电子商务交易存在的市场基础。

4. 签订合同

在网上交易双方完成信息的撮合后，双方就可签订电子合同，合同的签订具有法律的效力，一定要有电子签名法的保障。前不久我国人大常委会已经通过了电子签名法的法律条文，这就使电子类的文件和文书类具有了法律的地位保障。

5. 在线交易

最重要的是有银行的参与，才能进行网上支付与结算，怎样进行资金的流通和账户间资金的划拨，这是电子商务在线支付的关键，是实现真正的高效率电子商务的一个关键。

6. 商品运输与售后服务

交易中的支付环节完成后，必须完成商品的转移并提供相关的售后服务，这就要有一个完善的物流配送体系的参与和加入，以保证商品即时、完整地送到消费者手里，以提高电子商务的效率。

五、电子商务的基本原理

交易能进行的过程是：需求双方有信息需求的愿望；信息需求的愿望有转化为行为动机的要求；行为动机有促使交易实现的目的；交易实现有达到欲望满足的需求。

作为行为分析，上述交易实现和完成的整个过程是：

信息需求——→行为动机——→交易实现——→欲望满足

无论是何种交易形式，作为参与交易的各主体他们都有上述的共同行为方式。电子商务是一种现代高科技形式的网上新型的商务活动形式，它同样遵循上述的行为方式，不同的是新的商务交易形式较之旧的它更有上述行为冲动的强烈动机和目的。无论是信息需求、行为动机、欲望满足它较之旧的交易方式将更强烈。因此，分析电子商务的基本原理不能忽略参与电子商务各交易主体的行为模式、愿望和动机的分析。

原理就是机理，通俗讲就是参与这种活动的道理，长处在哪？

目前我国市场的主要交易形式是在建立市场中现场的实物货币的交易方式，因此，作为商务活动的思考都是放在建立区域性的大的专业市场和超级连锁商店销售模式的建立上，而小的则是特色经营和便民销售模式，只有这样才能在目前的市场环境下发展和生存。随之而来的市场就出现代理人、批发商、经销售、服务中介机构等各类为生产和消费服务的中间环节，在这样发展的格局下，竞争越来越加剧，为了降低成本，让利于消费者，必然要减少销售的中间环节。这是市场交易发展的新的趋势，也是市场发展到一定规模的必然，不上规模生意就越来越难作，规模效益变成现代商业生存的基础。竞争给商业带来活力和生机，但竞争的白热化，不断地上规模也会加大竞争的成本，而最终会扼杀竞争，会给市场提供补充和服务的中小经营者没有生存和发展的空间；因为，他们没有充足的资金规模发展。而这必将给现代规模商业的发展带来的新的悲哀。超市和连锁经营的出现，中小商店的不断转换经营方向和清盘现象就是一个最好的说明。

电子商务是以电子为信息载体在网上进行商务活动的一种行为。它是计算机与通讯技术结合，是 20 世纪末在 Internet 技术发展的基础上所出现的一种新型商务活动形式，它具有两个明显的特点：

以电子作为信息的载体，电子的传播速度是每秒钟 30 万公里，传递速度快，瞬间即可完成，没有时间和空间的限制；

商务活动是在网上进行，从区域上已经没有地域的限制，市场的发展和范围及区域是成正比的，规模越大成本就越低，效益就可能越大。

这两个显著的特点是进行电子商务原理分析的基础，交易的商务活动和市场的发展形势有很直接的关系，而市场又与交易的需求信息、媒介及方式有直接的关系。

电子商务的活动是以电子作为其传递的载体，这是一种高技术的信息载体形式，而网络又是联系交易各方的便捷交易平台，在网上交易虚拟平台进行商务活动交易，这将会给参与交易的各方提供广阔的活动场所。随着发展，小公司甚至个人在网上进行电子商务活动，规模可以做到全球的范围，它可以不需要雄厚的资金支持就可以办到，这就给参与者和个人提供商务活动的广阔发展的空间，这正是电子商务发展的无穷得魅力所在。

在网上进行电子商务交易，进行交易的各经济主体或自然人他们在网上有便捷沟通相互需求信息的手段，有不受时间、空间限制的传播速度达光速的交易的中间媒介——电子，有联系交易各方的互联网使交易在地球村内的范围完成的方式，这种手段、媒介和方式使只要在网上进行过电子商务交易的各方更对"信息需求——→行为动机——→交易实现——→欲望满足"有强烈的冲动和追求，更能有效地刺激其交易行为的发生。当然前提是进行交易的主体有使用进行网上交易这种手段的能力；同时，他们也是在这种不断交易实现的满足过程中，成倍增强对电子商务交易冲动刺激的，也不断加强对电子商务有更强烈的交易需求。

由于电子商务交易过程是在网上电子媒介的作用下完成的，因此，它具有瞬时和不受地域限制的新特点，这就决定了交易过程比传统任何一种交易的机会成本小，而且在同一个时间段内比传统交易完成的有效次数成数倍的几何增长，也导致了交易主体的行为动机的刺激冲动速度在相同时间段内也会成数倍的几何增长，如果经营者再辅之以个性化服务的跟踪，则更可以不断刺激消费者网上购物欲望和需求，而这只有利用计算机和通讯这种手段的有效结合才可能在消费者信息爆炸的状况下实现。

例子：曾经在美国著名的亚马逊书店购过书的消费者讲过这样一个亲身经历的实例，他是一个读书爱好者，先在网上的购物只是因为工作忙迫于无赖而为之，在一段时间的购书后，他接到亚马逊书店发来的电子邮件：邮件的大致内容是："先生，从提供服务的过程中我们知道，你对某某新产品一定感兴趣，它的功能和特点是什么等等，我们非常愿意为您提供服务，如果您有空请您游览一下产品的有关信息"。第一次他不在意，反复几次以后，由于所提供的信息确实符合他本人的爱好和需求，于是他就开始不经意地游览了下，结果发现是它多次所寻求的他所喜爱的产品，他讲他目前所用的笔记本电脑就是在亚马逊书店经过这样的方式在网上购买的。这种个性化服务的跟踪，只能在大型计算机客户服务系统的数据库技术中才能完成和实现；电子商务的优点在哪里？这个实例就是一个最好的说明。

从需求、动机、实现、满足的行为原理的角度分析，电子商务的交易也比传统的任何一种交易形式更优，必然是 21 世纪商务交易的主要形式；任何一个经营的主体和任何一个个人，如果在信息化社会中不懂或不进行电子商务，必将成为有新的功能障碍缺陷和不适应社会的人，这就是电子商务对社会带给的新挑战！

六、网络环境下电子商务的特点分析

互联网是网络经济时代的环境平台，这个平台上使用的是信息资源，而电子商务就是在这个平台上开发和利用信息资源的一种主要形式。从构筑客观世界的三要素物质、能量和信息观点出发，电子商务交易形式就是在这种网络环境下对信息资源发掘、开发的一种高效资源利用方式，在网络环境下它能得以发展，主要有以下几个特点：

1. 电子商务交易成本低廉的特点。互联网以光的传播速度将开发和利用信息资源的生产者联系起来，使信息资源传递和分享的成本几乎降为了 0，这样最大效益化地提高了信息使用的效益，这是任何一种交易方式无法与电子商务交易形式在成本效益上比拟的根本原因。

2. 电子商务个性化服务的特点。多元化信息传播的手段，信息资源的分享、复制和存贮低成本和反复性，就能实现对交易对象网上的个性化服务，使信息管理进入了个性化服务的新阶段。

3. 电子商务有能使企业资源重复配置而更趋合理性的特点。在建成的网络环境的平台上，信息传递和使用的无成本甚至低成本使网络联系的各生产要素——人力资源成本的配置可以实现配置的不断合理性，而且市场信息的反馈和导向可使企业在不断的生存环境中更加适应所处环境的需要。

4. 电子商务能实现机构协同和优化的特点。从事电子商务交易的各组织结构通过信息的传递、沟通和反馈可以实现机构向网络环境适应的组织结构变化，以实现网上资源管理的效益最大化。

5. 电子商务交易机会均等和公平化的特点。在网上从事电子商务交易的各生产要素单位的地位是均等的，他们在获取、利用和开发信息资源是处于公开、公平和公正的环境下，给竞争和发展带来了相同的机遇。

6. 电子商务能实现物质资源配置的最小化特点。参与电子商务交易的物质生产的企业，由于信息传递、沟通反复和低成本，使生产环节中的物流和物质资源的贮存实现最小化，甚至达到库存 0 介质状态，增加企业的最经济效益。

7. 网络与高技术结合的电子商务具有与生态经济协调发展的特点。信息资源利用的重复性并不以耗竭地球的物质资源为代价，这就注定了它具有生态环境协调发展的特点。

七、电子商务的比较优势

电子商务是一种依托现代信息技术和网络技术，集金融电子化、管理信息化、商贸信息网络化为一体，旨在实现物流、资金流与信息流和谐统一的新型贸易方式。电子商务在互联网的基础上，突破传统的时空观念，缩小了生产、流通、分配、消费之间的距离，大大提高了物流、资金流和信息流的有效传输和处理，开辟了世界范围内更为公平、公正、广泛、竞争的大市场，为制造者、销售者和消费者提供了能更好地满足各自需求的极好的机会。

与传统的商务活动方式相比，电子商务具有以下几个比较优势：

1. 交易虚拟化。通过 Internet 为代表的计算机互联网络进行的贸易，贸易双方从贸易磋商、签订合同到支付等，无需当面进行，均通过计算机互联网络完成，整个交易完全虚拟化。对卖方来说，可以到网络管理机构申请域名，制作自己的主页，组织产品信息上网。而虚拟现实、网上聊天等新技术的发展使买方能够根据自己的需求选择广告，并将信息反馈给卖方。通过信息的推拉互动，签订电子合同，完成交易并进行电子支付，整个交易都在网络这个虚拟的环境中进行。电子商务的发展打破了传统企业间明确的组织界限，出现了虚拟企业，形成了"你中有我，我中有你"的动态联盟，表现为企业有形边界的缩小，无形边界（虚拟企业的共同边界）的扩张。

2. 交易成本低。电子商务使得买卖双方的交易成本大大降低。一是距离越远，网络上进行信息传递的成本相对于信件、电话、传真而言就越低。此外，缩短时间及减少重复的数据录入也降低了信息成本。二是买卖双方通过网络进行商务活动，无需中介者参与，减少了交易的有关环节。三是卖方可通过互联网络进行产品介绍、宣传，避免了在传统方式下做广告、发印刷品等大量费用。四是电子商务实行"无纸贸易"，可减少90%的文件处理费用。五是互联网使买卖双方即时沟通供需信息，使无库存生产和无库存销售成为可能，从而使库存成本降为零。六是企业利用内部网可实现"无纸办公（OA）"，提高了内部信息传递的效率，节省时间，并降低管理成本。通过互联网络把其公司总部、代理商以及分布在其他国家的子公司、分公司联系在一起，及时对各地市场情况做出反应，即时生产，即时销售，降低存货费用，采用高效快捷的配送公司提供交货服务，从而降低产品成本。七是传统的贸易平台是地面店铺，电子商务贸易平台则是网吧或办公室，大大降低了店面的租金。有资料表明，使用 EDI 通常可以为企业节约 5% ~ 10% 的采购成本。

3. 交易效率高。由于互联网络将贸易中的商业报文标准化，使商业报文能在世界各地瞬间完成传递与计算机自动处理，使原料采购、产品生产、需求与销售、银行汇兑、保险、货物托运及申报等过程无须人员干预，而在最短的时间内完成。传统贸易方式中，用信件、电话和传真传递信息必须有人的参与，且每个环节都要花不少时间。有时由于人员合作和工作时间的问题，会延误传输时间，失去最佳商机。电子商务克服了传统贸易方式费用高、易出错、处理速度慢等缺点，极大地缩短了交易时间，使整个交易非常快捷与方便。

4. 集成性。电子商务是一种新兴产物，其中用到了大量新技术，但并不是说新技术的出现就必须导致老设备的死亡。万维网的真实商业价值在于协调新老技术，使用户能更加行之有效地利用他们已有的资源和技术，更加有效地完成他们的任务。电子商务的集成性，还在于事务处理的整体性和统一性，它能规范事务处理的工作流程，将人工操作和电子信息处理集成为一个不可分割的整体。这样不仅能提高人力和物力的利用，也提高了系统运行的严密性。

5. 协调性。商务活动是一种协调过程，它需要雇员和客户、生产方、供货方以及商务伙伴间的协调。为提高效率，许多组织都提供了交互式的协议，电子商务活动可以在这些协议的基础上进行。传统的电子商务解决方案能加强公司内部相互作用，电子邮件就是其中一种，但那只是协调员工合作的一小部分功能。利用万维网将供货方连接至管理系统，再连接到客户订单处理，并通过一个供货渠道加以处理，这样公司就节省了时间，消除了纸张文件带来的麻烦并提高了效率。

电子商务使企业之间的沟通与联系更加便捷，信息更加公开与透明，极大地降低了企业间的交易成本。在传统的商务运作中，高的通信成本、购销成本、协作成本大大增加了企业的负担，成为阻碍企业组织间协作的主要因素。这种状况下，企业倾向于采用纵向一体化战略扩张其规模，以此来替代横向协作，从而降低交易成本。电子商务的发展，使得企业可以与主要供应商之间建立长期合作伙伴关系，并将原材料采购与产品的制造过程有机地配合起来，形成一体化的信息传递和信息处理体系。电子商务还使得贸易双方的交流更为便捷，大大降低了双方的通信往来费用，简化了业务流程，节约了大量的时间成本与传输成本。除此之外，通过电子商务，供应链伙伴（供应商、制造商、分销商等）之间更加紧密地联系在一起，使以往商品生产与消费之间、供给与需求之间的"时滞"变为"实时"，大大改善了销售预测与库存管理，降低了整个供应链的库存成本，并节省了仓储、保管、行政等多方面的开支。

6. 交易透明化。买卖双方从交易的洽谈、签约以及货款的支付、交货通知等整个交易过程都在网络上进行。通畅、快捷的信息传输可以保证各种信息之间互相核对，可以防止伪造信息的流通。例如，在典型的许可证系统中，由于加强了发证单位和验证单位的通信、核对，假的许可证就不易漏网。海关 EDI 也帮助杜绝边境的假出口、兜圈子、骗退税等行径。

7. 优化社会资源配置。由于一个行业的所有企业不可能同时采用电子商务，所以，那些率先使用电子商务的企业会有价格上的优势、产量上的优势、规模扩张上的优势、市场占有上的优势和规则制定上的优势，而那些后来使用者或不使用者的平均成本则有可能高于行业的平均成本。这样，社会的资金、人力和物力等资源会通过市场机制和电子商务的共同作用，从成本高的企业向成本低的企业流动，从利用率低的企业向利用率高的企业流动，从亏损的企业向赢利的企业流动，从而使社会资源得到更合理和更优化的配置。

8. 有利于企业的技术创新活动与市场进行无缝链接。电子商务促使中小企业更新生产技术，提高市场应变能力。Internet 的飞速发展为产品的研发提供了快捷的方式，在企业技术创新和产品升级方面电子商务发挥了一定的积极作用。因为电子商务使新技术、新创意在网上迅速传播，为企业开发新产品提供了准确、及时的信息，开发者可以利用网络快速调研，了解顾客最新的需求。在开发产品的过程中，电子商务是迅捷简便的，具有友好界面的用户信息反馈工具，决策者们能够通过它获得高价值的商业情报，辨别隐藏的商业关系和把握未来的趋势。因而，他们可以做出更有创造性、更具战略性的决策。开发者利用网络迅速地得到市场反馈，以便随时对产品进行改良，使产品最大限度地满足市场需求。

电子商务还为消费者提供个性化服务创新了条件，在提高整个社会的福利水平的同时，也为企业增加赢利提供了契机。在传统方式下，人们必须在商场营业时间去商场购物，受较强的时间和地点限制。电子商务的全球市场由计算机网络联结而成，网络工作的不间断特性使之成为一个与地域及时间无关的一体化市场，世界各地的任何人都可以通过计算机和 Internet 随时、随地、随意地进行商务活动。企业也利用网络追踪和分析每一位消费者的偏好、需求和购物习惯，同时将消费者的需求及时反馈到决策层，促进企业针对消费者而进行的研究和开发活动，使企业对客户的了解和认知更为透彻，更好地为他们提供个性化服务，提高他们的满意度和忠诚度，为企业增加赢利。

9. 提高企业内部团队合作效率。在企业内部，电子商务模式可以促使企业打破部门之间的界限，把相关人员集合起来，按照市场机制去组织跨职能的工作，从而减少企业的管理层次和管理人员的数量。将那种容易形成官僚主义、低效率、结构僵化、沟通壁垒的单一决策中心组织改变为分散的多中心决策组织。因为决策的分散化能够增强员工的参与感和责任感，提高了决策的科学性和可操作性，改变下级服从上级，上级行政干预下级的专制型的企业管理模式。在管理思想上，强调高效、敏捷；在管理体制上，注重各环节的协调、配合和并行工作；在组织功能上，强调企业领导者的协调、服务和创新，着力培养企业员工的团队精神，增强企业的凝聚力；在管理的任务方面，强调以客户的需求为中心。

综上所述，电子商务是运用现代电子计算机技术尤其是网络技术进行的一种社会生产经营形态，根本目的是通过提高企业生产率，降低经营成本，优化资源配置，从而实现社会财务最大化。从这个意义上说，电子商务要求的是整个生产经营方式价值链的改变，是利用信息技术实现商业模式的创新与变革。

第三节　电子商务发展中存在的问题

电子商务是将信息流、资金流和物流在网络环境下整合的商务模式，基于这点进行分析，就可找到电子商务发展中存在问题的症结所在。三流的整合，整合过程中的不协调、不统一和冲突就是电子商务发展中存在的主要问题。已经过去的十年前中影响电子商务发展的"三座大山"是：信用、支付、物流；未来十年影响电子商务发展的新"三座大山"是：制度、物流、数据。

因此，电子商务发展中存在的问题主要体现在以下几个方面：

（一）诚信问题

多数的用户认为影响电子商务发展的最大问题是信用问题，其次才是安全性问题，我们发现了其中的一些微妙变化。过去几年我们总是把焦点放在系统的"安全性"上，更多地强调技术上的保障，现在人们回头再细想一下，原来参与买卖的人与人之间的相互信任才是交易成功的根本保证。在网上交易过程中，供需双方不必面对面（甚至就未曾谋面），一切通过鼠标点击"一拍即合"。那么，企业的资质如何评价？客户的身份和支付能力如何确定？交易前、中、后全过程如何进行监督？企业如何按期、按质、按量提供货物或服务？事实证明，人的诚信问题不能因为在"虚拟空间"而被淡漠。看看"安然事件"和近来华尔街暴出的种种丑闻；就是拿近的来说，中国股市的"一网就灵"——以为投资数万元建个网站就是涉足电子商务，就是"网络概念股"……这些无一不是真真切切的阳光下的诚信危机。所以，现在全社会都在关注诚信问题，电子商务更要"以诚信为本"。

（二）安全问题

电子商务运作过程中涉及多方面的安全问题，如信息安全、支付安全、物流安全等。由于 Internet 的方便性与开放性，使得它很容易受到黑客的入侵或病毒的攻击，所以网络的不安全因素造成了电子商务的先天缺陷。而作为一个安全的电子商务系统，首先必须具有一个安全、可靠的网络环境，目前主要采用防火墙技术来解决这个难题。

在电子交易的诸多环节中，即使获得交易各方的信用保证，仍不可忽视来自他方的网络欺诈、商业窃听、篡改商业文件等破坏交易的恶劣行为。针对交易安全提出的解决方案很多，包括密码技术、认证技术、留痕技术等，国际上也已制定了各种关于电子交易的安全技术标准（如 SSL 和 SET），一些权威机构也先后建立了认证中心以加强数字认证工作。但是电子商务的安全问题依然十分严峻，尤其对于我国来说，电子商务应用中的网络高端产品几乎都是舶来品，本身就隐藏着安全隐患，加上受技术、人为等因素的影响，不安全因素更显突出。可见，电子商务的成功运作仍需我们不断地努力，如何保障电子商务活动的安全，现在是将来也是电子商务的核心研究领域。

（三）技术问题

电子商务发展中遇到的技术问题十分广泛，本书就网络基础建设、网络安全技术、交易管理技术等三个方面来做简单讨论。

1. 网络基础设施薄弱

由于电子商务是基于信息网络通信的商务活动，成功的网上交易要求网络有非常快的响应速度和较高的带宽，这首先得依赖于高速的网络设备的支持。目前，网络的高端设备甚至多数的低端设备几乎都由发达国家研究和开发，这些国家的网络基础设施相对比较完善，电子商务也得到广泛发展应用。发展中国家由于经济实力和技术方面的原因，网络的基础设施建设还比较缓慢和滞后。例如：我国早在 20 世纪 90 年代就开始相继实施三金工程，但是至今仍未完全实现个人、企业、银行与政府职能部门之间互联互通，网络技术应用水平与电子商务的要求相距甚远，基础设施投入不足阻碍了电子商务的发展。因此，如何加大技术开发的力度，改变基础设施方面的落后面貌，是促进电子商务应用普及的重要问题。

2. 网络安全技术滞后

无疑，网络安全技术本身的发展存在一个时滞问题，即安全技术的发展永远滞后于网络的应用水平。摒弃人为的因素，大量的网络安全灾难却是技术上的不成熟和安全漏洞造成的。时代要求电子商务提供商们提供更加安全的产品和服务，建立一个让人放心的电子商务安全体系。在这方面，我国更应加强自主研发力度，打造电子商务安全产品的国产品牌，以免受制于人。

3. 交易管理技术不完善

除了人们抱怨最多的安全问题、网络带宽的瓶颈问题，网上支付技术、物流配送与管理技术也是令人头痛的薄弱环节。电子商务的运作实际上是信息流、资金流和物流通过互联网络的重新整合和自动化处理的过程。但是，目前金融电子化缺乏总体规划和标准的约束，造成各自为政，网上支付系统应用规模小，整体效能差，限制了电子商务的发展。

另一个关键问题就是配送系统，如何保证送货与购货的一致性非常重要，行之有效的物流网络是企业从事电子商务的基础。可直到目前为止，国内依然缺乏系统化专业化的全国性货物配送企业（据说，中国邮政正抓紧建成一个全国最大的物流管理体系。）配送的高费用以及时间上的延迟足以使消费者望而却步。满足消费者希望及时配货的要求是物流管理技术急需研究的课题。

（四）认识问题

电子商务与传统商务有很大的不同，它要求企业的经营方式和客户的消费方式有很大的转变。曾经有人提出了"电子商务的核心是人"这一重要思想，但至今仍没有引起足够重视。当电子商务基本环境成熟之后，如果经营业绩不佳，仍然将原因归结于用户的消费习惯等问题显然是不合适的，这并非消费者单方面的问题，更多的还在于企业经营者自身的认识问题。许多成功的纯电子商务企业给人们带来了很多启示，电子商务对旧企业的再造优势需要企业管理者们认真研究。

（五）政策、法规和制度创新不足问题

电子商务应用不仅牵涉到企业、消费者、银行之间的关系，还与政府职能部门密切相关，如工商、税务、海关等。电子商务正渗透到社会的方方面面，这种势头不应受到政府的干预和限制，相反应得到足够的扶持和服务。

现在，各国政府都十分重视发展电子商务，纷纷制定出台相应的电子商务发展战略和政策法规。

练习一

1. 如何理解电子商务概念中的"电子"和"商务"？

2. 以 B to C 为例，叙述电子商务的流程。

3. 用自己上网购物的亲身实例说明中国目前电子商务购物模式中存那些主要问题？

4. 试述电子商务的特点。

5. 试列举电子商务的虚拟性给电子商务带来的好处和问题。

6. 试列举电子商务在中国发展很快且潜力很大的依据。

第二章 信息技术基础知识

第一节 计算机基础知识

计算机是自动、快速而高效地完成数字化信息处理的电子设备，它能按照人们预先编写的程序对输入数据进行处理、加工、存储或传送，从而获得有用的输出信息或知识，以便促进社会的生产发展，提高人民的生活质量。

计算机是 20 世纪最重大的科学技术发明之一。

一、计算机系统组成

计算机是由硬件、软件两部分组成。而计算机系统是一个整体的概念，它是由计算机硬件系统和软件系统两部分组成，如图 2 - 1 所示。

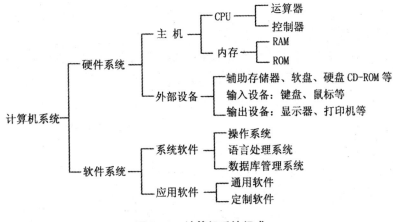

图 2 - 1 计算机系统组成

二、计算机硬件

计算机的硬件是组成计算机的物理设备的总称，它们是看得见，摸得着的实体，如用集成电路芯片、印刷线路板、接插件、电子元件和导线等装配成的 CPU、存储器及外部设备等。

不同类型的计算机在硬件配置上差别很大，但是，绝大多数都是根据冯·诺依曼计算机体系结构来设计的，故具有共同的基本配置，即具有五大部件：运算器、控制器、存储器、输入设备和输出设备。

（一）运算器

运算器是用于对数据进行加工的部件，它可对数据进行算术运算和逻辑运算。在控制器控制下，运算器对取自存储器或其内部寄存器的数据按指令码的规定进行相应的运算，并将结果暂存在内部寄存器或送到存储器中。

算术运算包括加、减。乘、除及它们的复合运算。逻辑运算包括一般的逻辑判断和逻辑比较，如比较、移位、逻辑加、逻辑乘、逻辑反等操作。

（二）控制器

控制器是计算机的控制部件，它控制计算机各部分自动协调地工作，完成对指令的解释和执行。它每次从存储器读取一条指令，经分析译码，产生一串操作命令发向各个部件，控制各部件动作，实现该指令的功能；然后再取下一条指令，继续分析、执行，直至程序结束，从而使整个机器能连续、有序地工作。

运算器与控制器合称为 CPU（中央处理器）。CPU 和存储器通常组装在一个主板上，合称为主机。

（三）存储器

存储器是计算机的记忆装置，它的主要功能是存放程序和数据。程序是计算机操作的依据，数据是计算机操作的对象。不管是程序还是数据，在存储器中都是用二进制的形式来表示的，并统称信息。

在计算机中，存储器容量以字节（Byte，简写为 B）为基本单位，一个字节由 8 个二进制位（bit）组成。存储容量的表示单位除了字节以外，还有 KB、MB、GB、TB（可分别简称为 K、M、G、T，例如，512MB 可简称为 5128M）。其中：1KB = 1024B，1MB = 1024KB，1GB = 1024MB，1TB = 1024GB。

存储器一般分成主存储器（内存）和辅助存储器（外存）。

主存储器与 CPU 直接相连，存放当前正在运行的程序和有关数据，存取速度快，但价格较贵，容量不能做得太大，目前微型计算机的内存配置一般为 256MB 或 512MB；

主存储器（内存）按工作方式又分为随机存取存储器（RAM）和只读存储器（ROM）；

随机存取存储器（RAM）中的数据可随机地读出或写入，是用来存放从外存调入的程序和有关数据以及从 CPU 送出的数据。人们通常所说的内存实际上指的是 RAM。

只读存储器（ROM）占主存储器（内存）的很小一部分，在通常情况下 CPU 对其只取不存，它一般用来存放固定的、专用的程序或数据。

辅助存储器存放计算机暂时不用的程序和数据（需要时才调入内存），存取速度相对较慢，但价格比较便宜，容量可以做得很大，例如，现在的硬盘存储容量通常为几十 GB。

辅助存储器一般包括硬盘、软盘、光盘、移动硬盘等。

（四）输入设备

输入设备是外部向计算机传送信息的装置。其功能是将数据、程序及其他信息，从人们熟悉的形式转换成计算机能接受的信息形式，输入到计算机内部。

常见的输入设备有键盘、鼠标、光笔、纸带输入机、模/数转换器、声音识别输入等。

（五）输出设备

输出设备的功能是将计算机内部二进制形式的信息转换成人们所需要的或其他设备能接受和识别的信息形式。

常见的输出设备有打印机、显示器、绘图仪、数/模转换器、声音合成输出等。

有的设备兼有输入、输出两种功能，如磁盘机、磁带机等，它们既是输入设备，也是输出设备。

三、计算机软件

计算机的软件是根据解决问题的方法、思想和过程编写的程序的有序集合，而程序是指令的有序集合。一台计算机中全部程序的集合统称为这台计算机的软件系统。

软件系统按其功能分为应用软件和系统软件两大类。

应用软件是用户为解决某种应用问题而编制的程序，如科学计算程序、自动控制程序、工程设计程序、数据处理程序、情报检索程序等。

系统软件用于实现计算机系统的管理、调度、监视和服务等功能，其目的是方便用户，提高计算机使用效率，扩充系统的功能。

四、计算机的工作特性

（一）快速性

计算机采用了高速电子器件，这是快速处理信息的物质基础。第四代以后的计算机硬件中，采用了大规模集成（LSI）及超大规模集成（VLSI）技术，一使 CPU 集成在一个芯片上，加快了指令的处理速度，二使计算机的存储容量加大，存取速度加快；另外它采用了存储程序的设计思想，即将要解决的问题和解决的方法及步骤预先存入计算机。计算机只要一启动，就能自动地取出一条条指令并执行，直至程序执行完毕，得到计算结果为止。因此，存储程序技术，使电子器件的快速性得到了充分发挥。

（二）通用性

计算机处理的信息不仅是数值数据，也可以是非数值数据。非数值数据的内涵十分丰富，如语言、文字、图形，图像、音乐等，这些信息都能用数字化编码表示。

还可以为计算机配置各种程序，有计算机厂商预先编制的，有自己编制的。程序越丰富，计算机的通用性越强。

（三）准确性

计算机运行的准确性包括两方面含义：一是计算精度高；二是计算方法科学。由于计算机中的信息采用数字化编码形式，因此，计算精度取决于运算中二进制数的位数，位数越多越精确。对精度要求高的用户，还可为其提供双倍或多倍字长的计算。当然，计算精度还与计算方法有关，如果计算方法不当，仍保证不了精确性。计算方法由程序体现。一个算法正确且优质的程序，再加上多位数的计算功是确保计算结果精确的前提。

（四）逻辑性

逻辑判断与逻辑运算是计算机的基本功能之一。执行能体现逻辑判断和逻辑运算的程序后，整个系统就具有了逻辑性。

五、计算机的应用

计算机的应用几乎涉及人类社会的所有领域；计算机的主要应用方向：

（一）科学技术计算

把科学技术及工程设计应用中的各种数学问题的计算，统称为科学技术计算。计算机的应用，最早就是从这一领域开始的．计算机不仅能减轻繁杂的计算工作量，而且解决了过去无法解决或不能及时解决的问题，例如，宇宙飞船运动轨迹和气动干扰问题的计算；人造卫星和洲际导弹发射后，正确制导入轨的计算；高能物理中热核反应控制条件及能量的计算；天文测量和天气预报的计算等都能由计算机来完成。现代工程中，电站、桥梁、水坝、隧道等最佳设计方案的选择，往往需要详细计算几十个甚至几百个方案，只有借助电子计算机，才可能使上述的计算成为现实。

（二）数据信息处理

对数据进行加工、分析、传送、存储及检测等操作都称为数据处理。任何部门都离不开数据处理。

在数据处理领域中，由于数据库技术和网络技术的发展，信息处理系统已从单功能转向多功能、多层次。管理信息系统（MIS）逐渐成熟，它把数据处理与经济管理模型的优化计算和仿真结合起来，具有决策、控制和预测功能。MIS 在引入人工智能之后就形成决策支持系统（DDS），它充分运用运筹学、管理学、人工智能、数据库技术和计算机科学技术的最新成就，进一步发展了 MIS。如果将计算机技术、通信技术、系统科学及行为科学应用于传统的数据处理无法解决的结构不分明的、包括非数值数据型的信息的办公事务上，就形成了办公自动化系统（OA）。MIS 的建设在我国已经有了很大的规模。

（三）计算机控制

工业过程控制是计算机应用的一个很重要的领域。所谓过程控制，就是利用计算机对连续的工业生产过程进行控制。被控对象可以是一台机床、一座窑炉、一条生产线、一个车间，甚至整个工厂。计算机与执行机构相配合，使被控对象按照预定算法保持最佳工作状态．适合于工业环境中使用的计算机称为工业控制计算机。这种计算机具有数据采集和控制功能，能在恶劣的环境中可靠运行。目前用于过程控制的有单片微机、可编程序控制器（PLC）、单回路调节器、微机测控系统和分散式计算机测控系统。

（四）计算机辅助技术

计算机辅助技术包含计算机辅助设计（CAD）、计算机辅助制造（CAM）、计算机辅助测试（CAT）、计算机辅助教学（CAI）等。

CAD 就是利用计算机来帮助设计人员进行设计。其中有机械 CAD、建筑 CAD、服装 CAD 及电子电路 CAD。使用这种技术能提高设计工作的自动化程度，提高精度，节省人力和时间。

CAM 是利用计算机来进行生产设备的管理、控制和操作。CAM 与 CAD 密切相关。CAD 侧重于设计，CAM 侧重于产品的生产过程。采用 CAM 技术能提高产品质量，降低生产成本，改善工作条件和缩短产品的生产周期。

CAT 是利用计算机帮助人们进行各种测试工作。CAT 系统可快速自动完成对被测设备的各种参数的测试和报告结果，还可对产品分类和筛选。

CAI 是利用计算机帮助教师和学生进行课程内容的教学和测验。学生可通过人机对话的方式学习有关章节的内容并回答计算机给出的问题，计算机可以判断学生的回答是否正确。学生也可通过一系列测验逐步深入学习某课程。教师则可利用 CAI 系统指导学生的学习、命题和阅卷等。目前，CAI 软件已大量涌现。从小学、中学到大学的许多课程都有成熟的 CAI 软件产品。有些软件图文并茂，提高了学生的学习积极性。今后的 CAI 系统将是一个多媒体计算机系统，在这个系统中图、文、声、像俱全，将在实现无校舍教学中发挥积极作用。

（五）网络应用

由于计算机网络技术的飞速发展，网络应用以成为面向未来最重要的新技术领域。电子邮件、上网浏览、资料检索、IP 电话、电子商务、远程教育、协作医疗、网上出版、娱乐休闲、聊天及虚拟社区等。总之，计算机网络正在改变人类的生产和生活方式，而计算机是计算机网络中的最重要的部分。

（六）家庭计算机化

随着微型计算机价格的下降及性能的不断提高，特别是多媒体技术、计算机网络及通信技术的发展，家用个人计算机（简称家用 PC 机）正以空前的速度发展着。这为计算机在家庭方面的应用提供了强有力的基础。

六、计算机的发展方向

（一）巨型化

研制高速度、强功能的大型机和巨型机以适应军事和尖端工业的需要。

巨型机的发展集中体现了计算机科学技术的发展水平，它可以推动计算机系统结构、硬件、软件的理论及技术、计算数学以及计算机应用等多个学科的发展，所以它的生产标志着一个国家的尖端科技的发展程度。

（二）微型化

研制价格低廉的超小型机和微机以开拓应用领域和占领广大市场，它的研制标志着一个国家的应用水平。

（三）网络化

计算机网络是指把地理位置不同、功能独立自治的计算机系统及数据设备通过通信设备和线路连接起来，在功能完善的网络软件支持下，以实现信息交换和资源共享为目标的系统。它们有数据传输等功能，并具有共享数据、共享计算机资源以及均衡负荷等优点。计算机网络的发展，使用户可在同一时间、不同地点使用同一个计算机网络系统，从而大大提高了计算机系统的使用效率，加速了社会信息化的进程。

（四）智能化

智能化就是使计算机具有人工智能，具有学习能力、能自动进行逻辑判断、类似于人脑的思维，具有问题求解和推理功能以及具有知识库系统。

（五）多媒体化

多媒体技术是把电视的视听信息传播能力与计算机交互控制能力相结合，创造出能集文、图、声、像于一体的新型信息处理模块。计算机多媒体化后，将具有全数字式、全动态、全屏幕的播放、编辑和创作多媒体信息的功能，具有控制和传送多媒体电子邮件、电视会议等多种功能。

第二节　计算机网络基础

简要介绍计算机网络基本概念、特点、组成、拓扑结构、分类、发展历程及网络传输介质。

一、计算机网络的概念

计算机网络（Computer Networks）是由计算机和通信网两部分组成。计算机网络是计算机技术与现代通信技术相结合的产物。

计算机网络是利用通信设备和线路将地理位置不同的、功能独立的多个计算机系统互连起来，以功能完善的网络软件（即网络通信协议、信息交换方式、网络操作系统等）实现网络中资源共享和信息传递的系统。

从上述对计算机网络的定义中可以看出，计算机网络应具有三个要素：

资源服务：两台或两台以上的计算机相互连接起来构成网络，以达到资源共享的目的。这就对网络提出了一个服务的问题，即有一方请求服务和另一方提供服务。

通信：两台或两台以上的计算机连接，相互通信交换信息，需要有一条通道。每条通道的连接是物理的，有硬件实现，包括相应的传输介质和通信系统。

协议：计算机之间交换信息，彼此就需要有某些约定和规则，这就协议。每个厂商生产的计算机网络产品都有自己的许多协议，这些协议形成标准才能使不同厂商、不同型号的网络产品互通互连。

二、计算机网络的特点

计算机网络具有下述主要的特点

（一）资源共享

资源共享是计算机网络最基本和最重要的特点，也是计算机网络产生的主要动力之一。资源共享除共享硬件资源外，还包括共享软件和数据资源。只要是在正确的权限范围之内，网上的各个用户都可以非常方便地使用网络中各计算机上所提供的共享软件、数据、和硬件设备，而且不受实际地理位置的限制。通过资源共享，不仅能够提高网络系统内资源的利用率，还可使整个系统数据处理平均费用明显下降。

网络硬件资源主要包括：大型主机、大容量磁盘、光盘库、打印机、UPS、网络通信设备、通信线路和服务器等硬件。

网络硬软件资源主要包括：网络操作系统、数据库管理系统、网络管理系统、应用软件、开发工具和服务器软件等。

网络数据资源主要包括：数据文件、数据库和光磁盘所保存的各种数据。数据包括文字、图表、声音、图像和视频等。数据是网络中最重要的资源。

（二）数据通信能力

网络系统中的各个计算机间能快速可靠地相互传送数据及信息，根据需要可以对这些数据信息进行分散、分组、集中管理或处理，这是计算机网络最基本的功能。这种数据通信能力使得地理位置分散的信息能按用户的要求进行快速的传输和处理。目前网络的通信业务主要有以下几类：

实现信息查询、检索及文件传输，例如通过 WWW、FIP、Gopher 等。

远程登录访问数据，例如通过 Telnet。

通过电子邮件（E－mail）发送信息。

新闻服务和电子公告牌。

信息广播，例如 Push 等，信息点播，例如视频点播（VOD）等。

计算机协同工作，监视控制。

远程教育、远程医疗、远程计算、电视会议、可视电话。

可视化计算、虚拟现实。

CAD/CAM/CAE。

电子政务系统、管理信息系统、计算机集成制造系统等。

（三）均衡负载互相协作

通过网络可以缓解用户资源缺乏的矛盾，使各资源的忙与闲得到合理调整。例如，当某台计算机的计算任务很重时，可以通过网络将某些任务传送到空闲的计算机去处理。

（四）分布处理

在计算机网络中，用户可以根据问题的性质，选择网内最合适的资源来处理，使问题得到快速而经济的解决。对于综合性的大型问题，可以采用合适的算法将任务分散到不同的计算机进行分布处理。利用网络技术，还可以将许多小型机或微机连成具有高性能的分布式计算机系统，使它们具有解决复杂问题的能力，从而使得只有小型机或微机的用户可以享受到大型机的好处。

（五）提高计算机的可靠性

在计算机网络系统中能实现对差错信息的重发，从而增强了可靠性。提高可靠性还表现在计算机网络中的各台计算机可以通过网络彼此互为后备机，一旦某台计算机出现故障，故障机的任务就可由其他计算机代为处理，避免了在单机无后备的使用情况下某台计算机故障导致系统瘫痪的现象。

三、计算机网络的发展及趋势

（一）计算机网络的形成与发展经历了四个阶段。

第一阶段：计算机技术与通信技术相结合，形成了初级的计算机网络模型。此阶段网络应用主要目的是提供网络通信、保障网络连通。这个阶段的网络严格说来仍然是多用户系统的变种。美国在 1963 年投入使用的飞机订票系统 SABBRE - 1 就是这类系统的代表。

第二阶段：在计算机通信网络的基础上，实现了网络体系结构与协议完整的计算机网络。此阶段网络应用的主要目的是：提供网络通信、保障网络连通，网络数据共享和网络硬件设备共享。这个阶段的里程碑是美国国防部的 ARPAnet 网络。目前，人们通常认为它就是网络的起源，同时也是 Internet 的起源。

第三阶段：计算机解决了计算机联网与互联标准化的问题，提出了符合计算机网络国际标准的"开放式系统互联参考模型（OSI RM）"，从而极大地促进了计算机网络技术的发展。此阶段网络应用已经发展到为企业提供信息共享服务的信息服务时代。具有代表性的系统是 1985 年美国国家科学基金会的 NSFnet。

第四阶段：计算机网络向互联、高速、智能化和全球化发展，并且迅速得到普及，实现了全球化的广泛应用。代表作是 Internet。

（二）计算机网络的发展趋势

向开放式的网络体系结构发展：使不同软硬件环境、不同网络协议的网可以互连，真正达到资源共享、数据通信和分布处理的目标。

向高性能发展：追求高速、高可靠和高安全性，采用多媒体技术，提供文本、声音、图像、视频等综合性服务。

向计算机网络智能化发展：提高网络的性能和提供综合的多功能服务，并更加合理地进行网络各种业务的管理，真正以分布和开放的形式向用户提供服务。

四、计算机网络的组成

从逻辑功能上看，一个计算机网络由两种子网组成：

（一）通信子网

是由结点计算机和通信线路组成的独立的数据通信系统，承担全网的数据传输、转接、加工和变换等通信处理工作，即将一个主计算机的输出信息传送给另一个主计算机。

（二）资源子网

包括各类主机、终端、其他外围设备以及软件等，负责全网的数据处理和向网络用户提供网络资源以及网络服务。

从物理结构上看，计算机网络一般由以下几个部分组成：

1. 综合布线系统

布线系统是构建计算机网络通信传输的基础设施，主要用于互联网设备和终端设备。布线系统分为干线子系统、水平子系统、工作区子系统、建筑群子系统和管理间，通常包括主干线缆、水平线缆、信息插座、配线架、跳线和适配器等。

2. 网络交换设备

网络交换设备主要指构建计算机网络所采用的各类交换机，如模块化（也称机柜式）交换机、固定端口（含堆叠式）交换机等。

3. 网络接入设备

是指把计算机和数据设备接入网络的一种接口设备。

（1）网络接口卡（NIC）：简称为网卡，通过电缆和插头将计算机（服务器和 工作站）连接到网络中。网卡的种类很多，取决于所使用的网络交换设备和传输介质。

（2）访问服务器 + 调制解调器：用于通过公共电话网络（PSTN）访问 Internet 和实现远程互连。优点是费用低，灵活、方便。缺点是传输速率低。

4. 网络互联设备

为了提供网间互联以及访问 Internet，需要使用网络互联设备。目前常用的网络互联设备主要有三层交换机、路由器、网桥和网关等。

5. 网络服务器

网络服务器是计算机网络中最核心的设备之一，它既是网络服务的提供者，又是数据的集散地。

6. 工作站

工作站是连接到计算机网络的计算机，工作站既可以独立工作，也可以访问服务器，共享网络资源。

7. 网络外部设备

网络外部设备通常是网络用户共享的昂贵设备，例如网络打印机、大容量存储设备（如磁盘阵列）、绘图仪等。

8. 网络操作系统

网络操作系统是网络的核心和灵魂，其主要功能包括控制管理网络运行、资源管理、文件管理、用户管理和系统管理等。目前，常用的网络操作系统有 Unix 族、Wndows NT、Netware、Linux 等。

9. 网络应用基础平台与应用软件

网络应用基础平台是用于构造计算机网络信息服务和应用的一组基础服

务系统的集合，它包括数据库系统、Web 服务系统、文件系统、工作流定义工具等。应用软件则主要包括网络通用软件工具和专有应用系统两类。

10. 不间断电源（UPS）

UPS 是确保网络可靠供电所不可缺少的设备，对保护网络服务器、网络交换设备和运行关键业务的工作站是十分必要的。

11. 机房

由于计算机网络设备对运行环境要求很高，例如温度、湿度、空气和防静电等，因此，通常要对机房进行装修。

12. 网络管理系统

网络管理系统是现代网络系统所必需的组成部分。通过网络管理系统，网络管理员能监视网络的运行状态，控制网络运行参数，提高网络的性能，减轻网络管理和维护人员的工作负担。

13. 网络安全软硬件

由于电子商务的出现，人们对网络安全越来越重视，网络安全已成为影响网络发展的重大问题。目前，网络安全产品主要有防火墙和软硬件加密。

五、计算机网络的拓扑结构

计算机网络的拓扑结构是指网络结点和通信线路组成的几何排列，它能表示出网络服务器、工作站、网络设备和相互之间的连接。在网络设计过程中，网络拓扑结构的设计是关键设计之一。

（一）总线型

用一条称为总线的中央主电缆，连接着所有工作站和其他共享设备（文件服务器、打印机等）。如图 2－2 所示。

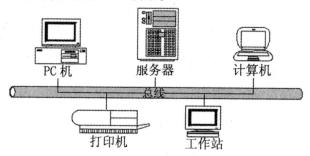

图 2－2　总线型

总线型网络的特点是：

优点：结构简单、非常便于扩充、设备量少、价格相对较低、安装使用方便。

缺点：一旦总线的某一点出现接触不良或断开，整个网络将陷于瘫痪。实际安装时要特别处理好总线的各个接头。

在总线结构中，所有网上设备都通过相应的硬件接口直接连在总线上，任何一个节点的信息都可以沿着总线向两个方向传输扩散，并且能被总线任何一个节点所接收。

（二）星型

以中央结点为中心与各结点连接，如图 2 - 3 所示。星型网络的特点是：

优点是：系统稳定性好，故障率低。

缺点是：由于任何两个结点间通信都要经过中央结点，故中心点出故障时，整个网络会瘫痪。

中央结点主要的功能有：

为需要通信的设备建立物理连接；

在两台设备通信过程中维持这一通道；

在完成通信或通信不成功时，拆除通道。

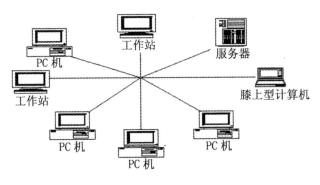

图 2 - 3　星型

（三）环型

工作站、共享设备（服务器、打印机等）通过通信线路将设备构成一个闭合的环，如图 2 - 4 所示。

环型网络的特点是：

优点是：信息在网络中沿固定方向流动，两个结点间唯一的通路，大大

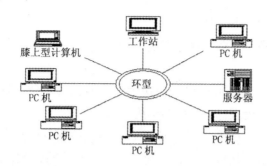

图 2-4 环型

简化了路径选择的控制；当某个节点发生故障时，可以自动旁路，可靠性高。

缺点是：由于信息是串行穿过多个节点环路接口，当节点过多时影响传输效率，使网络响应时间变长；由于整个网络构成闭合环，故网络扩充起来不太方便。

环形网中各节点通过环路接口连在一条首尾相连的闭合环形通信线路中，环路上任何节点均可以请求发送信息。请求一旦被批准，便可以向环路发送信息。环形网中的数据可以是单向也可是双向传输。由于环线公用，一个节点发出的信息必须穿越环中所有的环路接口，信息流中目的地址与环上某节点地址相符时，信息被该节点的环路接口所接收，而后信息继续流向下一环路接口，一直流回到发送该信息的环路接口节点为止。

环型网是局域网常采用的拓扑结构之一。

（四）树型

树形结构是星形结构的拓展，在一个结构较复杂的网络中，星形网的分层罗列也就构成了树形网络结构。见图 2-5 所示。从原理上说，它又是总线形结构的变体。它是在总线网上加上分支形成的。树形网是一种分层

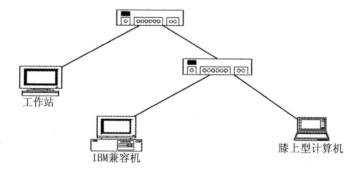

图 2-5 树型

网，其结构可以对称，联系固定，具有一定容错能力，一个分支和节点的故障不影响另一分支节点的工作，无须对原网做任何改动就可以扩充工作站。

树形拓扑结构是当前网络系统集成工程中最常见的一种结构。

六、计算机网络的分类方法及分类

计算机网络有很多种分类方法。

（一）按网络的拓扑结构分类，可分为：

1. 星形网络

2. 环形网络

3. 总线形网络

4. 树形网

5. 簇星形网

6. 网状网等

其他类型拓扑结构的网络都是以前三种拓扑结构为基础的。

（二）按技服务方式分类，可分为：

1. 客户机/服务器网。

服务器是指专门提供服务的高性能计算机或专用设备，客户机是用户计算机。客户机向服务器发出请求并获得服务的一种网络形式，叫客户机/服务器网。多台客户机可以共享服务器提供的各种资源。这是最常用、最重要的一种网络类型。这种网络安全性容易得到保证，计算机的权限、优先级易于控制，监控容易实现，网络管理能够规范化。网络性能在很大程度上取决于服务器的性能和客户机的数量。

2. 对等网。

对等网不要求文件服务器，每台客户机都可以与其他客户机对话，共享彼此的信息资源和硬件资源，组网的计算机一般类型相同。这种网络方式灵活方便，但是较难实现集中管理与监控，安全性也低，较适合部门内部协同工作的小型网络。

（三）按网络规模和所跨越的地理位置分类，可分为：

1. 局域网

2. 城域网

3. 广域网。广域网的典型代表是 Internet 网。

表 2 - 1 按网络规模和所跨越的地理位置进行分类的计算机网络

网络分类	分布距离	跨越地理范围	应用对象	带宽
局域网（LAN）	10公里以内	房间、建筑物、企事业园区	地理位置集中企事业园区	10Mbps－xGbps
城域网（MAN）	10－100公里以内	城市	地理位置分散的大型企事业单位、电信部门、ISP、有线电视台等	64Kbps－xGbps
广域网（WAN）（代表Internet）	100－1000公里以上	全球	全球内单位和个人	64Kbps－625Mbps或更高

七、网络传输介质

传输介质是网络中连接收发双方的物理通道，也是通信中实际传送信息的载体。网络中常用的传输介质有：

①双绞线

②同轴电缆

③光纤电缆

④无线与卫星通信信道

（一）双绞线的主要特性

无论对于模拟信号还是数字信号，也无论对于广域网还是局域网，双绞线都是最常用的传输介质。

1. 物理特性

双绞线由按规则螺旋结构排列的两根、四根或八根绝缘导线组成。一对线可以作为一条通信线路，各个线对螺旋排列的目的是为了使各线对之间的电磁干扰最小。局域网中所使用的双绞线分为两类：屏蔽双绞线（STP）和非屏蔽双绞线（UTP）。

屏蔽双绞线由外部保护层、屏蔽层与多对双绞线组成。非屏蔽双绞线由外部保护层与多对双绞线组成。

2. 传输特性

在局域网中常用的双绞线根据传输特性可以分为五类。在典型的 Ethernet 网中，常用第三类、第四类与第五类非屏蔽双绞线，通常简称为三类线、四类线与五类线。其中，三类线带宽为 16 MHZ，适用于语音及 10 Mbps 以下的数据传输；五类线带宽为 100 MHZ，适用于语音及 100 Mbps 的高速数据传输。

3. 连通性

双绞线既可用于点对点连接，也可用于多点连接。

4. 地理范围

双绞线用做远程中继线时，最大距离可达 15 公里；用于 10 Mbps 局域网时，与集线器的距离最大为 100m。

5. 抗干扰性

双绞线的抗干扰性取决于一束线中相邻线对的扭曲长度及适当的屏蔽。

6. 价格

双绞线的价格低于其他传输介质，并且安装、维护方便。

（二）同轴电缆的主要特性

同轴电缆是网络中应用十分广泛的传输介质之一。

1. 物理特性

同轴电缆是由内导体、外屏蔽层、绝缘层及外部保护层组成。同轴介质的特性参数由内、外导体及绝缘层的电参数与机械尺寸决定。

2. 传输特性

根据同轴电缆的带宽不同，它可以分为两类：基带同轴电缆和宽带同轴电缆。

基带同轴电缆一般仅用于数字信号的传输。宽带同轴电缆可以使用频分多路复用方法，将一条宽带同轴电缆的频带划分成多条通信信道，使用各种调制方式，支持多路传输。宽带同轴电缆也可以只用于一条通信信道的高速数字通信，此时称之为单信道宽带。

3. 连通性

同轴电缆既支持点对点连接，也支持多点连接。基带同轴电缆可支持数百台设备的连接，而宽带同轴电缆可支持数千台设备的连接。

4. 地理范围

基带同轴电缆使用的最大距离限制在几公里范围内，而宽带同轴电缆最大距离可达几十公里左右。

5. 抗干扰性

同轴电缆的结构使得它的抗干扰能力较强。

6. 价格

同轴电缆的造价介于双绞线与光缆之间，使用与维护方便。

（三）光纤的主要特性

光纤电缆简称为光缆，是网络传输介质中性能最好、应用前途最广泛的一种。

1. 物理描述

光纤是一种直径为 50μm ~ 100μm 的柔软、能传导光波的介质，多种玻璃和塑料可以用来制造光纤，其中使用超高纯度石英玻璃纤维制作的光纤可以得到最低的传输损耗。在折射率较高的单根光纤外面，用折射率较低的包层包裹起来，就可以构成一条光纤通道；多条光纤组成一束，就构成一条光缆。

2. 传输特性

光导纤维通过内部的全反射来传输一束经过编码的光信号。光纤传输速率可以达到几千 Mbps。

光纤传输分为单模与多模两类。所谓单模光纤，是指光纤的光信号仅与光纤轴成单个可分辨角度的单光线传输。所谓多模光纤，是指光纤的光信号与光纤轴成多个可分辨角度的多光线传输。单模光纤的性能优于多模光纤。

3. 连通性

光纤最普遍的连接方法是点对点方式，在某些实验系统中，也可以采用多点连接方式。

4. 地理范围

光纤信号衰减极小，它可以在 6km ~ 8km 公里的距离内，在不使用中继器的情况下，实现高速率的数据传输。

5. 抗干扰性

光纤不受外界电磁干扰与噪声的影响，能在长距离、高速率的传输中保持低误码率。光纤传输的安全性与保密性极好。

6. 价格

光纤价格高于同轴电缆与双绞线。

由于光纤具有低损耗、宽频带、高数据传输速率、低误码率与安全保密性好的特点，因此是一种最有前途的传输介质。

（四）无线与卫星通信

1. 电磁波谱与通信类型

描述电磁波的参数有三个：波长、频率与光速。

它们三者之间的关系为：

$\lambda * f = C$

其中，光速 C 为 $3 * 10^8$ m/s，频率 f 的单位为 Hz。

电磁波的传播有两种方式：一种是在自由空间中传播，即通过无线方式传播；另一种是在有限制的空间区域内传播，即通过有线方式传播。用同轴电缆、双绞线、光纤传输电磁波的方式属于有线方式传播。在同轴电缆中，电磁波传播的速度大约等于光速的 2/3。

移动物体之间的通信只能依靠无线通信手段，主要有以下几种：无线通信系统、微波通信系统、蜂窝移动通信系统、卫星移动通信系统。

实际应用的移动通信系统主要包括：蜂窝移动通信系统、无线电话系统、无线寻呼系统。无线本地环路与卫星移动通信系统。

2. 无线通信

无线通信所使用的频段覆盖从低频到特高频。其中，调频无线电通信使用中波 MF，调频无线电广播使用甚高频，电视广播使用甚高频到特高频。国际通信组织对各个频段都规定了特定的服务。以高频 HF 为例，它在频率上从 3 MHZ 到 30 MHZ，被划分成多个特定的频段，分别分配给移动通信（空中、海洋与陆地）、广播、无线电导航、业余电台、宇宙通信等方面。

高频无线电信号由天线发出后，沿两条路径在空间传播。其中，地波沿地表面传播，天波则在地球与地球电离层之间来回反射。高频与甚高频通信方式很类似，它们的缺点是：易受天气等因素的影响，信号幅度变化较大，容易被干扰。它们的优点是：技术成熟，应用广泛，能用较小的发射功率传输较远的距离。

3. 微波通信

在电磁波谱中，频率在 100MHz – 10GHz 的信号叫做微波信号，它们对应的信号波长为 3 m – 3 cm。微波信号传输的特点是：

只能进行视距传播。因为微波信号没有绕射功能，所以两个微波天线只能在可视，即中间无物体遮挡的情况下才能正常接收。

大气对微波信号的吸收与散射影响较大。由于微波信号波长较短，因此利用机械尺寸相对较小的抛物面天线，就可以将微波信号能量集中在一个很小的波束内发送出去，这样就可以用很小的发射功率来进行远距离通信。同时，由于微波频率很高，因此可以获得较大的通信带宽，特别适用于卫星通信与城市建筑物之间的通信。

由于微波天线的高度方向性，因此在地面一般采用点对点方式通信。如果距离较远，可采用微波接力的方式作为城市之间的电话中继干线。在卫星通信中，微波通信也可以用于多点通信。

4. 蜂窝无线通信

美国的贝尔实验室最早在 1947 年就提出了蜂窝无线移动通信（Cellular Radio Mobile Communication）的概念，1958 年向美国联邦通信委员会 FCC 提出了建议，1977 年完成了可行性技术论证，1978 年完成了芝加哥先进移动电话系统 AMPS（Advanced Mobile Phone System）的试验，并且在 1983 年正式投入运营。由于微电子学与 VLSI 技术的发展，促进了蜂窝移动通信的迅速发展。

早期的移动通信系统采用大区制的强覆盖区，即建立一个无线电台基站，架设很高的天线塔（一般高于 30 m），使用很大的发射功率（一般在 50W - 200W），覆盖范围可以达到 30 km - 50 km。大区制的优点是结构简单，不需要交换，但频道数量较少，覆盖范围有限。为了提高覆盖区域的系统容量与充分利用频率资源，人们提出了小区制的概念。

如果将一个大区制覆盖的区域划分成多个小区，每个小区（cell）中设立一个基站（BS），通过基站在用户的移动台（MS）之间建立通信。小区覆盖的半径较小，一般为 1km - 20 km，因此可以用较小的发射功率实现双向通信。如果每个基站提供一到几个频道，可容纳的移动用户数就可以有几十到几百个。这样，由多个小区构成的通信系统的总容量将大大提高。由若干小区构成的覆盖区叫做区群。由于区群的结构酷似蜂窝，因此人们将小区制移动通信系统叫做蜂窝移动通信系统。在每个小区设立一个（或多个）基站，它与若干个移动站建立无线通信链路。区群中各小区的基站之间可以通过电缆、光缆或微波链路与移动交换中心（MSC）连接。移动交换中心通过 PCM 电路与市话交换局连接，从而构成了一个完整的蜂窝移动通信的网络结构。

第一代蜂窝移动通信是模拟方式，这是指用户的语音信息的传输以模拟语音方式出现的。第二代蜂窝移动通信是数字方式。数字方式涉及语音信号的数字化与数字信息的处理、传输问题。目前人们正在研究和开发第三代移动通信产品。

5. 卫星通信

在 1945 年，英国人阿塞 C. 克拉克提出了利用卫星进行通信的设想。1957 年，苏联发射了第一颗人造地球卫星 Sputnik，使人们看到了实现卫星通信的希望。1962 年，美国成功的发射了第一颗通信卫星 Telsat，试验了横跨大西洋的电话和电视传输。由于卫星通信具有通信距离远、费用与通信距离无关、覆盖面积大、不受地理条件的限制、通信信道带宽宽、可进行多址通信与移动通信的优点，因此它在最近的 30 多年里获得了迅速的发展，并成为现代主要的通信手段之一。

　　图 2 - 6 是一个简单的卫星通信系统示意图，表示通过卫星微波形成的点对点通信线路，它是由两个地球站（发送站、接收站）与一颗通信卫星组成的。卫星上可以有多个转发器，它的作用是接收、放大与发送信息。目前，一般是 12 个转发器拥有一个 36 MHz 带宽的信道，不同的转发器使用不同的频率。地面发送站使用上行链路（uplink）向通信卫星发射微波信号。卫星起到一个中继器的作用，它接收通过上行链路发送来的微波信号，经过放大后再使用下行链路（downlink）发送回地面接收站。由于上行链路与下行链路使用的频率不同，因此可以将发送信号与接收信号区分出来。

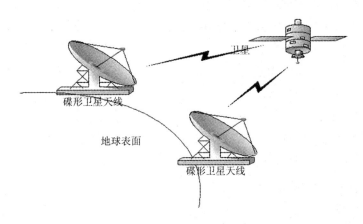

卫星

碟形卫星天线

地球表面

碟形卫星天线

图 2 - 6　卫星通信系统示意图

　　使用卫星通信时，需要注意到它的传输延时。由于发送站要通过卫星转发信号到接收站，如果从地面发送到卫星的信号传输时间为 Δt，不考虑转发中处理时间，那么从信号发送到接收的延迟时间为 $2\Delta t$。Δt 值取决于卫星距地面的高度，一般 Δt 值在 250 ms - 300 ms，典型值为 270 ms。这样的话，传输延迟的典型值为 540 ms，这个数值在设计卫星数据通信系统时是一个重要参数。

　　卫星移动通信系统将形成一个空间的通信于网，它的通信功能将实现 OST 参考模型中的物理层、数据链路层与网络层。全世界已经出台的十几个利用小卫星组成中、低轨道卫星移动通信系统的方案，将是实现 21 世纪个人通信与信息高速公路最有前途的通信手段之一，它也将对计算机网络技术的发展产生重要的影响。

第三节　Internet 基础

Internet 起源于美国国防部高级计划研究局（ARPA）主持研制的实验性军用网络 ARPANET。研制 ARPANET 的目的是想把美国各种不同的网络连接起来，建立一个覆盖全国的网络以便于研究发展计划的进行，为各地用户提供计算资源，同时能为计算机系统的用户提供多途径的访问，使计算机系统在核战争及其他灾害发生时仍能正常运转。当时连接的计算机数量较少，主要供科学家和工程师们进行计算机联网试验。这就是 Internet 的前身，在这个网络的基础上发展了互联网络通信协议的一些最基本的概念。1983 年 TCP/IP 通信协议成为 ARPANET 上的标准通信协议时，标志着真正的 Internet 出现，与此同时，美国国家科学基金会（NSF）在美国政府的资助下采用 TCP/IP 协议建立了 NFSNET 网络，它的主要目的就是使用这些计算机和别的科研机构分享研究成果，围绕这个骨干网络随后又发展了一系列新的网络，它们通过骨干网节点相互传递信息。NFSNET 后来成为了 Internet 的骨干网。? 随着商业机构的介人，Internet 所有权的私有化使得 Internet 开始应用于各种商业活动，成千上万的用户和网络以惊人的速度增长。Internet 的规模迅速扩大，并逐步过度为商业网络。

一、什么是 Internet

Internet 网是世界上最大的互联网，但它本身不是一种具体的物理网络技术。实际上它是把全世界各个地方已有的各种网络，例如计算机网、数据通信网以及公用电话交换网等互联起来，组成一个跨越国界范围的庞大的互联网，因此也称为"网络的网络"。为了全面理解 Internet 网，我们可以网络互联、网络提供信息资源以及网络管理等各个不同的角度来考察它所提供的功能。

（一）从网络通信的观点来看

Internet 是一个采用 TCP/IP 协议把各个国家、各个部门、各种机构的内部网络连接起来的数据通信网。Internet 传统的定义是"网络的网络"，即网络互连的意思。它将许许多多各种各样的网络通过主干网络互联在一起，而不论其网络规模的大小、主机数量的多少、地理位置的异同，这些网络使用相同的通信协议和标准，彼此之间可以通信和交换数据，并且有一套完整的编址和命令系统。这些网络的互联最终构成一个统一的、可以看成是一个整体的"大网络"。通过这种互联，Internet 实现了网络资源的组合，这也是 Internet 的精华所在并且迅速发展的原因。

在 Internet 中，有两种层次的网络连接：一种是互联（internetworking），指网络间物理与逻辑尤其是逻辑上的连接；另一种是互连（interconnection），指网络间物理上的连接。如图 2 - 7 所示。

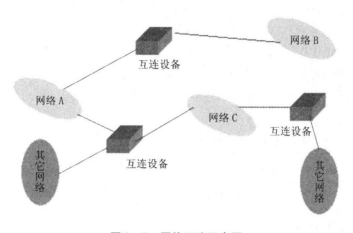

图 2 - 7　网络互连示意图

（二）从信息资源的观点来看

Internet 是一个集各个部门、各个领域内各种信息资源为一体的信息资源网。它是一个庞大的、实用的、可享受的、全球性的信息源。Internet 上有着大量的不同种类、不同性质的信息资料库，如学术信息、科技成果、产品数据、图书馆书刊目录、文学作品、新闻、天气预报，以及各种各样不同专题的电子论坛等。

（三）从经营管理的观点来看

Internet 是一个用户的网络。Internet 是一个开放管理、形式自由的网络集合，网络上的所有用户可以共享信息源，免费享用大量的软件资源；可以发送或接受电子邮件通信；可以与别人建立联系并互相索取信息；可以在网上发布公告，宣传信息；可以参加各种专题小组讨论。

二、Internet 的特点

Internet 之所以发展如此迅速，被称为二十世纪末最伟大的发明，是因为 Internet 从一开始就具有的开放、自由、平等、合作和免费的特性所推动的。

（一）开放性。Internet 是开放的，可以自由连接，而且没有时间和空间的限制，没有地理上的距离概念，任何人随时随地可加入 Internet，只要遵循规定的网络协议。同时，在 Internet 上任何人都可以享受创作的自由，所有的信息流动都不受限制。在网络中没有所谓的最高权力机构，也没有管制，网络的运作是由使用者相互协调来决定，网络的每个用户都是平等的，这种开放性使得网络用户不存在是与否的限制，只要你入网便是用户。Internet 也是一个无国界的虚拟自由王国，在网络上面信息的流动自由、用户的言论自由、用户的使用自由。

（二）共享性。网络用户在网络上可以随意调阅别人的网页（homepage）或拜访电子广告牌，从中寻找自己需要的信息和资料。有的网页连接共享型数据库，可供查询的资料更多。而内容提供者本意就是希望你能够随时取阅他最新的研究成果、新产品介绍、使用说明或只是他的一些小经验，他希望你能认同他的看法、分享他的快乐。

（三）平等性。Internet 上是"不分等级"，一台计算机与其他任何一台一样好，没有哪一个人比其他人更好。在 Internet 内，你是怎样的人仅仅取决于你通过键盘操作而表现出来的你。如果你说的话听起来像一个聪明而有趣的人说的，那么你就是这样一个人。你是老是少，长得如何，或者是否是学生、商界管理人士还是建筑工人，是否是残疾人等都没有关系。个人、企业、政府组织之间也是平等的、无等级的。

（四）低廉性。Internet 是从学术信息交流开始，人们已经习惯于免费使用。进入商业化之后，网络服务供应商（ISP）一般采用低价策略占领市场，使用户支付的通讯费和网络使用费等大为降低，增加了网络的吸引力。目前，网络上大部分内容是免费的，而且网络服务供应商一般赠送长短不等的免费上网时间。对于愿意在网络上收看广告的用户，作为回报，他们将会得到相当于几美元的一小段上网时间，累积起来价值不菲。而且在 Internet 上有许多信息和资源也是免费的。

（五）交互性。网络的交互性是通过两个方面实现的。其一是通过网页实现实时的人机对话，这是通过在程序中预先设定访问路线超文本链接，设计者把与用户可能关心的问题有关的内容按一定的逻辑顺序编制好，用户选择特定的图文标志后可以瞬间跳跃到感兴趣的内容或别的网页上，得到需要了解的内容。同时设计时也可以在网页上设置通用网关程序（Common Gateway Interface）自动采集用户数据。其二是通过电子公告牌或电子邮件实现异步的人机对话。这方面是因为信息在网上传输异常迅速，用户可以很快得到正确反馈，而不需像电话那样要么没人接，要么可能是一个不是自己要找的人接电话，要么接电话的人告诉你转打别的电话。而 Internet 恰好可以作为平等自由的信息沟通平台，信息的流动和交互是双向式的，信息沟通双方可以平等与另一方进行交互，而不管对方是大还是小，是弱还是强。

（六）合作性。Internet 是一个没有中心的自主式的开放组织。Internet 上的发展强调的是资源共享和双赢发展的发展模式。

（七）虚拟性。Internet 一个重要特点是它通过对信息的数字化处理，通过信息的流动来代替传统实物流动，使得 Internet 通过虚拟技术具有许多传统现实实际中才具有功能。

（八）个性化。Internet 作为一个新的沟通虚拟社区，它可以鲜明突出个人的特色，只有有特色的信息和服务，才可能在 Internet 上不被信息的海洋所淹没，Internet 引导的是个性化的时代。

（九）全球性。Internet 从一开始商业化运作，就表现出无国界性，信息流动是自由的无限制的。因此，Internet 从一诞生就是全球性的产物，当然全球化同时并不排除本地化，如 Internet 上主流语言是英语，但对于中国人习惯的还是汉语。

三、Internet 的主要功能

Internet 的主要功能是资源共享、根据资源共享的不同方式，Internet 提供以下几种信息服务。

（一）电子邮件（e‑mail）

通过网络技术收发以电子文件格式编写的信件。在 ARPANet 的早期就可以编写、发送和接收电子邮件了，现在电子邮件已成为 Internet 上使用最广泛的服务之一，因此电子邮件是 Internet 最基本的功能之一，在浏览器技术产生之前，Internet 网上的用户之间的交流大多数是通过 E‑mail 方式进行的。随着 Internet 的发展和电子邮件系统的不断完善，再加上多媒体技术的发展和应用，发送电子邮件可以附加任意格式的文件，它可以是图片、声音以及视

频等。

（二）文件传输（FTP）

FTP 是文件传输协议，所谓文件传输指的是将远程文件复制到本地计算机（下载 download），或将本地文件复制到远程计算机（上载 upload）。远程文件一旦复制到本地计算机上，便属于本地文件，与远程系统无关，用户可以对该文件进行读写等操作。

（三）远程登录（Telnet）

远程登录可以使本地计算机连接到一个远程计算机上，执行远程计算机上的程序，登录以后的本地计算机就像是远程计算机的终端，可以使用远程计算机允许使用的各项功能。远程登录通常需要一个合法的账户。

（四）电子公告牌（BBS）

BBS 实际上是一个信息发布与广播系统，包括信件讨论、文件交流、信息布告和交流讨论等几个部分。

信件讨论，这是 BBS 最主要的功能。包括各类的学术专题讨论，疑难问题解答区和闲聊区等，在讨论区中，上网的用户可以留下自己想要与别人交流的信件，如各种软硬件的使用、天文、医学、体育、游戏等方面的心得与经验。

文件交流，这也是 BBS 令用户感兴趣的功能，大多数的 BBS 站点都设有文件交流功能，一般依照不同的主题分区存放了为数不少的软件、资料和电子图书。

信息布告，众多的 BBS 站点中有不少会在自己的网站上安排为数众多的信息，如怎样使用 BBS、国内 BBS 站点介绍、某些热门软件的介绍等内容。BBS 还可以安排在线游戏、用户闲聊等功能，以满足用户休闲娱乐的需求。

在线交谈，为数不少的 BBS 提供了在线聊天的功能，从最初的文字交流到现在的声音甚至视频交流，如 ICQ、Chat、Netmeeting、CC2000 等。

（五）新闻组（News Group）

新闻组可以看成是一个全球性庞大的 BBS，人们可以对共同感兴趣的主题交换信息，发表自己的意见和建议。现在已有许多关于技术和非技术专题的新闻组，涵盖社会、科学、娱乐和政治等方面。

（六）WWW 服务

WWW（World Wide Web）也称万维网，是一个基于超文本方式的信息查询工具，它实际上是一个有文件、图片、声音、动画以及视频构成的巨大的信息媒体库，这些信息存储在遍布全球的各种各样的计算机中，要访问

WWW，必须使用浏览器，如 IE 和 Netscape。

四、Internet 的组成

Internet 是通过分层结构实现的，从上至下可以大致分为物理网、协议、应用软件和信息四层。

（一）物理网

物理网是实现 Internet 通信的基础，它的作用类似于现实生活中的交通网络，像一个巨大的蜘蛛网覆盖着全球，而且不断在延伸和加密。

（二）协议

在 Internet 上传输的每个信息至少遵循三个协议：传输协议（TCP）、网际协议（IP）和应用程序协议，TCP 协议负责管理被传送信息的完整性，IP 协议负责将信息发送到指定的接收机，应用程序协议几乎和应用程序一样多，如 SMTP、Telnet、FTP 和 HTTP 等等，每一个应用程序都有自己的协议，它负责将网络传输的信息转换成用户能够识别的信息。

（三）应用软件

实际应用中，我们是通过一个个具体的应用软件与 Internet 打交道的，每一个应用软件的使用代表着要获取 Internet 提供的某种网络服务。例如，通过 QQ 你可以寻找抒发情感的网上朋友，使用浏览器可以访问 Internet 上的 WWW 服务器，享用图文并茂的网页信息。

（四）信息

信息是网络的主体，Internet 能够迅速地发展和膨胀完全依赖它丰富的信息和资源。

五、IP 地址与域名

（一）IP 地址

Internet 上的每一台计算机都会分配一个唯一的地址，即 IP 地址，它类似上网的全球通用户都有一个唯一的电话号码一样，IP 地址由 32 位二进制组成，通常用四组三位的十进制数表示，中间用小数点分开，每组十进制代表 8 位二进制数，其范围为 1－254，因为 0 和 255 有特殊的用途，如 202.115.114.198，完整的地址分为两个部分，一个是网络号，另一个是主机号，其中网络号标识一个网络，而主机号标识这个网络的一台主机。它们的分类如下表 2 - 2 所示：

表 2 - 2 IP 地址的分类

	网络号	主机号	地址分类
0	7 位网络	24 位主机	A 类地址
10	14 位网络	16 位主机	B 类地址
110	21 位网络	8 位主机	C 类地址
1110	28 位多点广播组标号		D 类地址
1111	保留使用		E 类地址

从图中我们可以看出，A 类 IP 地址用于大型网络，B 类地址用于中型网络，C 类地址用于小型网络。D 类和 E 类用于特殊的网络和保留使用，网络与主机数量的分配见表 2 - 3

表 2 - 3 Internet 的 IP 空间

	第一组数字	网络地址数	网络主机数	主机数
A 类地址	1 - 127	126	16387064	2064770064
B 类地址	128 - 191	16256	64512	1048872096
C 类地址	192 - 223	2064512	254	524366048
总计		2080894		3638028208

网络号是由 Internet 权力机构分配的，目的是为了保证网络地址的全球唯一性。主机地址是由各个网络的系统管理员统一分配的。因此，网络地址的唯一性与网络内主机地址的唯一性，就确保了 IP 地址的全球唯一性。

（二）域名

如果人们只能用数字型的 IP 地址来进行网络和主机标识，显然是存在难以记忆的问题，为了解决这一问题，Internet 的研究人员研制出一种字符型标识方法，即为每一个接入 Internet 的主机起一个字符型的名字称为域名，用它来作为主机的标识，如用 www. swufe. edu. cn 代替 202. 115. 112. 16，这样方便记忆。

目前所使用的域名是一种层次型命名法。

第 n 级子域名	……	第二级子域名	第一级子域名

一般来说：2≤n≤5

域名可以以一个字母或数字开头和结尾，并且中间的字符只能是字母、数字和连字符，第一级子域名也称为顶级域名，一般代表国家，如www. ycit. edu. cn 的 cn 代表中国，edu 表示是教育和科研系统，ycit 代表盐城工学院。

域名可以分为两大类：机构性域名和地理性域名。

机构性域名有：com（盈利性的商业实体）、edu（教育机构）、gov（非军事性政府或组织）、int（国际性机构）、mil（军事机构或设施）、net（网络资源或组织）、org（非盈利性组织或机构）、firm（商业或公司）、store（商场）、web（和 WWW 有关的实体）、arts（文化娱乐）、arc（消遣性娱乐）、info（信息服务）和 nom（个人）。

地理性域名指明了该域名源自的国家或地区，如上面提到的 cn 代表中国、jp 代表日本、hk 代表香港、tw 代表台湾等。没有地理性域名的域名一般是在美国注册了的域名。

为了将域名和对应的 IP 地址映射一致，因此必须建立相应的域名服务器，由它们负责注册该域内的所以主机，即建立本域中的主机名与 IP 地址的对应表，当该服务器收到域名请求时，将域名解释为对应的 IP 地址，对于不属于本域的域名则转发给上机域名服务器去查找对应的 IP 地址。在 Internet 中，域名与 IP 地址的关系并非一一对应，注册了域名的主机一般都有一个固定的 IP 地址，但不是每一个 IP 地址都对应一个域名。

第四节　Internet、宽带接入与电子商务

电子商务是以 Internet 为平台而从事的商务活动，也就是说，以 Internet 为核心的计算机网络技术是电子商务的技术支撑。在电子商务活动所涉及的计算机网络技术中，包括了网络传输技术、Web 开发技术、网络数据库技术、网络安全技术、网络资金支付技术等等。Web 网站是目前人们应用电子商务的一种主要形式，人们进行电子商务活动时，往往要先登陆 Web 网站。

电子商务发展需要网络平台与网络技术支持，因此开展电子商务，就需要对电子商务的互联网络技术有所了解和掌握。本章介绍互联网的基本概念、Internet 与局域网的应用以及互联网接入技术、商务网站构建等知识。特别是将重点介绍在 Web 的开发中所使用到的计算机技术的基础知识。此外，一般认为早期基于专用计算机网络和标准数据传输格式的 EDI 是电子商务的雏形，而今天的 EDI 则是除开 Web 形式之外电子商务的另外一种重要表现形式。

一、Internet 与电子商务

Internet 从 1994 年投入商业化应用以来，以企业与企业之间（B to B）、企业与消费者之间（B to C）为主的电子商务模式便在全球范围内蓬勃发展起来。据统计，到 2005 年 12 月 30 日，中国 Internet 用户已达 1.1 亿人。以 Internet 为载体的电子商务贸易方式的出现，成为推动未来全球经济增长的最关键动力，被美国商务部称作"人类历史上每几百年才能遇到的一次机遇"。

具有一定意义的电子商务活动早在 20 世纪 60 年代末就在美国出现。那时公司之间信息传输实现了电子数据交换（EDI），企业利用 EDI 方式传输和接收订单、交货及付款等。但一直到现在，美国 620 万家企业中，也只有不足 5 万家出现了 EDI，且大部分是大企业；在欧洲也只有 4 万多家企业实施 EDI，EDI 的发展比人们预料的慢得多。究其原因，主要是：

EDI 必须依靠封闭的增值网络来运营，贸易圈子不能轻易打开。

入门成本太高，一般企业难以承受；

各国、各行业的标准太复杂，既难以掌握，又很难统一。

进入 20 世纪 90 年代后，出现了基于 Internet 的电子商务，使 EDI 从专用网扩大到面向公众用户的 Internet，既大大降低了使用成本，又极大地拓宽了服务范围，并且多媒体的传输方式使普通用户都能方便地操作。Internet 的兴起，为企业进行电子商务提供了十分理想的载体。

Internet 之所以成为电子商务的理想载体，是因为它具有进行商务活动的多种优势：

1. Internet 同时是一对一、一对多、多对多的传播媒体。传统的媒体不是一对一的点对点传播（例如电话），就是一对多的传播（例如电视），Internet 则兼具一对一、一对多、多对多的信息传递特性，大大方便了企业与企业、企业与用户之间的信息沟通。

2. Internet 具有双向沟通的功能，是交互（Internet）的媒体。以往只有一对一的传播媒体才具有双向沟通的功能，一对多的传播媒体只能单方向传递信息。而 Internet 不管是在一对一，一对多还是多对多的传播模式下，都能进行双向的沟通，它和日常生活中人们面对面的沟通方式几乎是一样的，对商务活动大有帮助。

3. Internet 是一个结合通讯和信息处理功能的媒体。传统的传播媒体只能传递或接收信息，并没有处理信息的功能，而 Internet 是个由计算机组成的传播网络，由于计算机具有信息处理能力，Internet 不仅能够传递信息，且具有处理信息的功能。

4. Internet 打破了空间和时间的限制。Internet 是全球性的网络，它打破了地理区域的限制，如果不是因为网络带宽有限而带来的延迟，坐在终端机前的浏览都根本不知道他访问的网络是远在天边，还是近在眼前。另外，由于计算机具有记忆、保存的功能，它能让过去发生的历史事件重现，因此 Internet 也打破了时间的限制。

5. Internet 所提供的信息目前全部为数字类型（digital）的，信息表达以视觉和听觉为主，Internet 的多媒体现在还局限在声音和图像上，但随着虚拟现实技术的发展，用户很快就能借助于不同的传感器通过屏幕检验到诸如触摸衣服等各种感觉。

6. Internet 上的通讯成本趋于零。Internet 上的通讯成本非常低，Internet 的费用基本上是用区域通话（Local Phone Call）的价格享受全球 通讯的服务。

7. Internet 上的信息成本趋于零。传统的市场交易中，信息之所以含有价值，是因为信息本身具有稀少性的特点，而在 Internet 上，信息不仅不稀少，而且是海量的。因此，Internet 上的信息成本非常低。

8. Internet 上的交易成本趋于零。Internet 提供了一个信息公开的交易环境，消费者和供应商都在网络上直接接触，减少了许多中间环节，避免了交易过程中的人为炒作，因此 Internet 上的交易成本非常低，几近于零。

二、宽带接入与电子商务

因特网由一系列互相连接的网络组成。一个企业或个人连入一个局域网、内部网或建立了拨号连接，就成为了因特网的一部分。为其他企业提供因特网接入服务的企业叫做因特网接入服务商（IAP）或因特网服务商（ISP），它们可以提供多种接入服务。

不同的 ISP 所提供的因特网接入的方式的连接带宽是不同的。带宽是单位时间内通过一条通信线路的数据量。带宽越大，数据文件的传输速度就越快，WWW 页面在你的计算机屏幕上显示速度也就越快。艰据因特网接入类型的不同，向上传输带宽和向下传输带宽可能会差别很大。向上传输也称为上载，是指从你的计算机向 ISP 发送信息。向下传输也称为下载或向下连接，是指信息从 ISP 流向你的计算机。例如，线缆调制解调器从客户机向服务器传输数据时，最大的传输速度一般可达到 1Mb/秒，而向下传输的速度可达到

10Mb/秒。

　　宽带接入技术从去年开始投入大量建设（2000 年 9 月，中国第一个公众宽带 IP 城域网在南京开通），现正在大力推广应用，它把远程办公室 、广大员工、公务员、住家等广大的信息资源连接起来。

　　在中国 7×24 小时的电子商务网站即使个别用宽带做交易，但他们仍然可以让其线路采用价格更为便宜的 DSL 和有线宽带线路。

　　尽管宽带接入可以为企业带来很多益处，但它最有发展前途的领域是住宅宽带接入和 DSL。目前，一些重要的服务提供商都在大力推广其产品。

　　向城市郊区延伸的宽带接入并没有直接影响企业，但大型商业企业可从中获得好处。由于有了覆盖范围广阔的宽带通信，地理位置已经变得不那么重要了，有才能的人可以选择居住在哪里，消除由于在大城市工作而带来的挫折感。

　　除了让员工更安全，更放心以外，许多公司也花费了大量的时间来提高其 Web 站点的吸引力。为了吸引购物者，电子商务公司用丰富的内容来充实其站点。这些内容包括动画、视频图像和音频节目，而这些在过去的拨号线路上都是不现实的。

　　其缺点是使贫富差别扩大，但目前这一缺点并没有在事实上严重影响公司团体租用宽带线路的积极性，但事实表明，借助公司宽带接入和用户的宽带上网时机，商业公司用新颖的多媒体内容将其网站装饰一新。

　　人们已经认识到，公司如果想加快与合作伙伴的通信速度、用比较经济的办法与远程办公室连接或者通过大型人才市场雇用员工而不必顾及这些员工家住何地，那么宽带接入是实现这一切的强大工具。

　　宽带接入对商业的推进作用才刚刚开始，今后几年内，高带宽的线路一定会铺设到世界各地。

三、接入网技术

　　因特网业务正成为企事业单位、普通居民用户日益重要的接入业务，带宽要求正以几倍几十倍的速度增长。然而，面对核心网和用户侧带宽的快速增长，中间的接入网却停留在窄带水平。为了适应这一新的形势，近来接入网技术也呈现了新的发展态势，下面介绍几种近来发展势头较好的接入网技术。

（一）双绞线上的数字用户线系统

到目前为止，全世界接入网中比绞线仍然占据了全部用户线的 90% 以上，如何充分利用这部分宝贵资源，开发新的宽带业务应用是中近期接入网发展的重要任务，而数字用户线（xDSL）系统是一种最现实、经济的宽带接入技术。xDSL 有很多种，下面几种技术是最有前途的。

ADSL 是非对称数字用户线系统，是一种采用离散多频音（DMT）线路码的数字用户线（DSL）系统。其下行单工信道速率可为 2.048、4.096、6.144、8.192Mb/s，可选双工信道速率为 0、160 kb/s、384 kb/s、544kb/s、576kb/s，目前已能在 0.5 芯径双绞线上将 6Mb/s 信号传送 3.6km 之远，实际传输速率取决于线径和传输距离。ADSL 所支持的主要业务是因特网和电话，其最大特点是无须改动现有铜缆网络设施就能提供宽带业务。

UDSL 是无分路器的 ADSL 标准 G.992.2。G.992.2 规定下行速率降至 64 kb/s ~ 1.5Mb/s，上行速率为 32 ~ 512kb/s，线路码仍为 DMT，具有自适应速率适配能力，抗射频干扰的能力比 ADSL 强。其主要业务为因特网接入、Web 浏览、IP 电话、远程教育、在家工作、可视电话和电话等。

VDSL 系统是甚高速率数字用户线系统。这种技术在双绞线上下行传输速率可以扩展至 25 ~ 52Mb/s，从而可容纳 6 ~ 12 个 4Mb/s MPEG - 2 信号，同时允许 1.5Mb/s 的上行速率，其传输距离则分别缩短至 1000 或 300m 左右。

EDSL 系统是结合以太网和 DSL 技术的以包传输为基础的以太环系统。它利用 DSL 技术可以在现有电话网基础设施上实现高速数据传送，10Mb/s 的传输距离可望达到约 1km。这种技术的主要应用场合是酒店和医院、普通用户、小企事业和专线。

（二）同轴电缆上的混合光纤/同轴网系统

混合光纤/同轴（HFC）网在一个 500 户左右的光节点覆盖区可以提供 60 路模拟广播电视，每户至少 2 路电话以及速率可以至少高达 10Mb/s 的数据业务。利用其 550 ~ 750MHz 频谱还可以提供至少 200 路 MPEG - 2 的点播电视业务以及其他双向电信业务。目前在北美采用电缆调制解调器只需每月花 40 美元就可以无限制地上网。

HFC 网计划提供的是所谓全业务网（FSN），用户数可以从 500 户降到 25 户，实现光纤到路边。最终用户数可望降到 1 户，实现光纤到家，提供了一条通向宽带通信的新途径。目前已有多种解决方案可用，其中比较彻底的方案是所谓的小型光节点方案，用独立的光纤来传双向业务，回传信道则安排在高频端，从而彻底避免了回传信道的干扰问题。第二种比较好的方案是采用同步码分多址（S－CDMA）技术，此时信号处理增益可达21.5dB，干扰大大减少，系统可以工作在负信噪比条件，可望较好地解决回传信道的噪声和干扰问题。HFC的最新发展趋势是与DWDM相结合，可以充分利用DWDM的降价趋势简化第二枢纽站，将路由器和服务器等移到前端，消除光—射频—光变换过程，从而简化了系统，进一步降低了成本。

（三）光纤接入网系统

光纤接入网可以粗分为有源和无源两类。有源光接入网主要指综合的数字环路载波（IDLC）系统。是一种古老的电路倍增技术，但采用了现代光电子和微电子技术，可以支持电话、ISDN以及低速数据业务。

无源光网络（PON）是纯介质网络，彻底避免了电磁干扰和雷电影响以及维护问题。PON的业务透明性较好，原则上可适用于任何制式和速率的信号。典型窄带PON系统的下行采用TDM，而上行采用TDMA技术，支持几个到几十个用户，每一用户可以有高达2Mb/s的速率可用，其应用主要面向分散的小企业和居民用户。

APON是以ATM为基础的无源光网络。APON可以通过利用ATM的集中和统计复用，再结合无源分路器对光纤和光线路终端的共享作用，使系统成本可望比传统的以电路交换为基础的PDH/SDH接入系统降低20%～40%。APON可能是一种结合ATM多业务、多比特率支持能力和无源光网络透明、宽带传送能力的比较理想的长远解决方案。

（四）固定无线接入

固定无线接入技术以其特有的无需敷设线路、建设速度快、受环境制约少、初期投资省、安装灵活、维护方便等特点而成为接入网领域的新军。特别是450MHz无线接入系统特有的衍射能力，可适用于中国广大农村地区和林区。

主要的宽带固定无线接入技术有3类，多路多点分配业务（MMDS）、直播卫星系统（DBS）、本地多点分配业务（LMDS）。

LMDS是近来才逐渐成为热点的新兴宽带无线接入技术。它工作在毫米波段，大致在28GHz附近。由于这一频段的技术实现难度很大，因而过去很少应用，频谱较为宽松，可用频带至少1GHz。若采用64QAM调制，则1GHz意味着4Gb/s的速率。

（五）以太网技术

传统以太网技术不属于接入网范畴，而属于用户驻地网（CPN）领域。然而其应用领域却正在向包括接入网在内的其他领域扩展。对于企事业用户，以太网技术一直是最流行的方法，全球用户已达 1 亿，目前每年新增用户 3000 万。采用以太网作为企事业用户接入手段的主要原因是已有巨大的网络基础和长期的经验知识、目前所有流行的操作系统和应用也都是与以太网兼容的、性能价格比好、具有可扩展性、高可靠性及容易安装开通等。以太网接入方式与 IP 网很适应，技术已有重要突破（LAN 交换，大容量 MAC 地址存储等），容量分为 10/100/1000Mb/s 三级，可按需升级，10000Mb/s 的以太网技术也即将问世。采用专用的无碰撞全双工光纤连接，已可以使以太网的传输距离大为扩展，完全可以满足接入网和城域网的应用需要。目前全球企事业用户的 80% 以上都采用以太网接入，很快会超过 90%。该方式已成为企事业用户的主导接入方式。

练习二

1. Internet 的主要功能是什么？

2. IP 地址的分类有几种，IP 地址与域名有什么对应关系？

3. 我国目前 Internet 发展水平如何？

4. Internet 接入方法有哪些？它们的特点是什么？

5. 一个小型的公司，一共有几十台计算机，分布在一栋办公楼内，你认为应该采用什么方式接入 Internet？为什么？

6. 金德高级中学想把学校的计算机网络连入因特网。你被聘为学校提供咨询，帮学校确定最佳方案。校长周先生请你提交一份报告，描述各种因特网接入方案的优缺点。写一份 1500 字的报告，从传统的电话服务一直介绍到移动接入；利用因特网查找各种接入方法的成本；列出一个表比较各自的向上传输和向下传输的速度，并在表中给出用每种接入方法下载一个 20M 的文本文件所需的大概时间。

7. 你的朋友王芷女士准备创建一个小电子商务网站来介绍园艺知识。她在园艺方面有多年的经验，非常了解各种园艺工具、肥料、除草剂和多种植物，这些知识对园艺爱好者非常有吸引力。目前王芷女士还不打算销售什么产品，只是想通过电子商务网站展示很多植物的照片，为新手编写指导文章，并提供同 www 上其他园艺网站的链接。她希望你帮助她估算出创建一个软硬件配置最低的网站成本，再估算该网站的设计和开发成本及每年的维护成本。例如，可以选择一台运行 Mindows 2000 系统的中档 PC 机，再选择一种 www 服务器程序并估算 www 连接的成本。

8. 东台四通工程公司是一家私营的机械制造商，主要生产流水线用的重型机械，主要产品是冲床、磨床和铣床，销售方式采用人员推销和电话推销。前几年里，它的传统销售方式比较有效；但最近竞争越来越激烈了。你在暑假时曾在金工公司工作过一段时间，金工的总经理卞先生认识你，并知道你精通电子商务系统基础平台设计。他想同供应商（钢铁公司和零配件制造商）建立密切关系，以便直接进入这些公司的订货系统要求供货。卞先生想让你介绍一下如何用因特网来建立这种关系，有哪些选择方案？是否有公司可提供所需的硬件和软件？请上网寻找外部网和 VPN 网的资料。写一份比较可选网络方案的报告，并至少提供两家可以帮助王先生开发系统的公司。报告不要超过 2000 字。

第三章　电子商务的应用服务平台

第一节　电子商务系统的基本结构

一、电子商务的应用框架

所谓电子商务系统，广义上讲是支持商务活动的电子技术手段的集合。狭义上讲是指在 Internet 和其他网络的基础上，以实现企业电子商务活动为目标，满足企业生产、销售、服务等生产和管理的需要，支持企业的对外业务协作，从运作、管理和决策等层次全面提高企业信息化水平，为企业提供商业智能的计算机系统。

从技术角度看，电子商务系统由三部分组成：企业内部网、企业内部网与 Internet 的连接、电子商务应用系统。

企业内部网（Intranet）由 Web 服务器、电子邮件服务器、数据库服务器、电子商务服务器和客户端的 PC 机等组成的面向企业内部的专用计算机网络系统。

企业内部网与互联网连接，为了实现企业与企业之间、企业与用户之间的连接，企业内部网必须与互联网进行连接。

表3-1　电子商务系统的功能和作用

企业内部电子 商务系统	企业间电子 商务系统	企业与消费者 电子商务系统
系统功能： 企业基础数据处理 支持决策 协同工作 信息资源共享	系统功能： 共享数据 协同工作 支持企业间商贸活动 新闻 休闲娱乐	系统功能： 提供本企业产品信 共享外部信息资源 用户信息反馈 支持商贸活动 支持售后服务
企业内部电子 商务系统	企业间电子 商务系统	企业与消费者 电子商务系统
系统作用： 改善内部信息服务质量 提供工作效率 增强企业内部信息沟通 提高快速反应能力	系统作用： 直接获取信息 直接提供信息服务 提高数据的准确性 降低成本 提高效率 改进质量	系统作用： 塑造企业形象 对外信息服务 外部信息获取 直接与消费者交流 降低成本、提高效率 改进质量

　　电子商务应用系统，主要以应用软件形式实现，它运行在已经建立的企业内部网之上。电子商务应用系统分为两部分，一部分是完成企业内部的业务处理和向企业外部用户提供服务，比如用户可以通过互联网查看产品目录、产品资料等；另一部分是极其安全的电子支付系统，电子支付系统使得用户可以通过互联网在网上购物、支付等，真正实现电子商务。

　　从商务角度看，电子商务系统由企业内、企业间以及企业与消费者之间三者组成。其功能和作用如表3-1所示。

　　电子商务系统的框架结构目前还没有统一的定论，不同的企业各有自己的观念，如SUN公司将电子商务系统的框架分解成为：网络及操作系统层、基础服务层、应用服务层、电子商务应用及解决方案层。在HP公司的电子商务体系结构中，系统硬件和网络平台构成了整个系统的基础，其上构筑安全系统来保障整个交易过程，通过数据库和Web信息系统进行业务数据的存储及表达，这一部分通过电子化服务中间件平台与商务应用（包括用户管理、产品目录管理、价格及供求信息管理、订单管理等）连接，向客户提供商业服务。

　　我们认为电子商务系统的框架结构可以分为四层，如图3-1所示。

```
┌─────────────────────────────────────────────────┐
│                电子商务系统应用层                    │
│       (企业宣传、网络银行、网络购物、虚拟电子市场、拍卖等)        │
└─────────────────────────────────────────────────┘

┌─────────────────────────────────────────────────┐
│                电子商务系统服务层                    │
│     商 务 活 动              系 统 优 化              │
│       安全                   目录服务                │
│     支付  认证            负荷平衡  流量控制            │
└─────────────────────────────────────────────────┘

┌─────────────────────────────────────────────────┐
│                电子商务系统基础层                    │
│     计算机硬件        计算机软件        网络基础设施       │
└─────────────────────────────────────────────────┘

┌─────────────────────────────────────────────────┐
│              电子商务系统社会环境层                   │
│        (法律、税收、隐私、国家政策、专门人才等)             │
└─────────────────────────────────────────────────┘
```

图 3 - 1　电子商务系统的框架结构

（一）电子商务系统社会环境层

电子商务系统的存在和发展必须以特定的法律、税收政策来规范。同时，国家也需要制定相应的政策，鼓励甚至引导电子商务系统的建设，例如美国政府制定的"全球电子商务的政策框架"中对相关的法律、政策等进行了说明。

电子商务的社会环境主要包括：法律、税收、隐私、国家政策及人才等方面。

（二）电子商务系统基础层

1. 网络环境

网络环境是电子商务系统的基础。一般而言，电子商务的开展可以利用电信网络资源（就我国而言，电信部门专营的公共数据通信网络体系大体包括：ChinaPAC、ChinaDDN、ChinaNet 等），同时也可以利用无线网络和原有的行业性数据通信网络，例如铁路、石油、有线广播电视网络等。

2. 硬件环境

各种服务器和大量外部设备（如打印机）构成电子商务系统的硬件环境，这是电子商务应用系统的运行平台。

3. 软件及开发环境

软件及开发环境包括了操作系统（如 Windows、UNIX 等）、网络通信协议软件（如 TCP/IP、HTTP 等）、开发工具等。这一环境为电子商务系统的开发、维护提供平台支持。

（三）电子商务系统服务层

商务服务环境为特定商务应用软件（如网络零售业、制造业应用软件）的正常运行提供保证，为电子商务系统提供软件平台支持和技术标准。如：安全、支付、认证、目录服务、负荷平衡、流量控制等。

（四）电子商务系统应用层

电子商务应用是企业利用电子手段开展商务活动的核心，也是电子商务系统的核心组成部分。如：企业宣传、网络银行、网络购物、虚拟电子市场、拍卖等。

二、企业内部信息系统（ERP）

一个完整的电子商务系统应当包括如图 3-2 所示的几个部分，每个部分实现不同的功能，其中大部分的内容我们将在以后各章中学习，这里仅介绍企业内部信息系统（以 ERP 为例）。

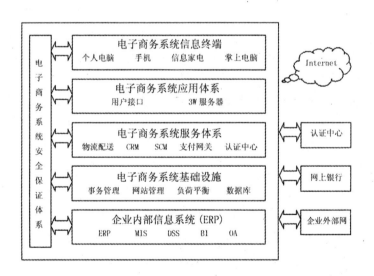

图 3-2 电子商务系统的基本组成

企业面临着三种不同但又相互密切关联的网络计算模式：国际互联网（Internet）、企业内部网（Intranet）和企业外部网（Extranet）。对绝大多数人来说，首先进入的是互联网。企业为了在 Web 时代具有竞争力，必须利用互联网技术和协议，建立主要用于企业内部管理和通信的应用网络，此即为企业内部网。而每个企业与它的合作伙伴之间需要交换与共享数据，就需要遵循同样的协议和标准，建立非常密切的交换信息和数据的联系，从而大大提高社会协同工作的能力和水平，此即为企业外部网。

企业，尤其是现代化的大型企业，要实现真正意义上的电子商务系统，必须要整合企业的内部系统和外部系统。这里主要介绍一下 ERP 并分析一下其利弊，才能全面的了解 e 时代的电子商务，即交易流程和决策支持的立体化、智能化、实时性的实现给企业所带来的好处，为企业增进市场的竞争，是企业发展、完善并融入全球贸易环境，参与竞争立于不败之地，获效益的最佳形式。ERP 功能强大，面向全球，从企业全局角度对经营与生产进行的计划，是制造业的综合集成经营系统。

（一）ERP 的核心思想

对于企业来说 ERP 首先是管理思想，其次是管理手段和信息系统。管理思想是 ERP 的灵魂。管理思想体现：

1. 帮助企业实现体制创新

ERP 能帮助企业实现体制创新，其意义在于它能帮助企业建立一种新的管理体制，特点是：实现企业内部相互监督和相互促进。保证每个员工都自觉的发挥最大的潜力去工作。使员工的报酬与劳动紧密相连，管理层不会出现独裁现象。从思想上删除管理者的旧概念，注入新观念。国内、外的 ERP 都要看是否新颖又实用。

2. "以人为本"的竞争机制

ERP 的管理思想认为"以人为本"必须在企业内部建立一种竞争机制，仅靠员工的自觉性和职业道德是不够的。在建立竞争机制的基础上，给出每个员工的工作价值标准，以此进行考核奖励，以鼓励为主，从而提高生产效率。

3. 组织——一个社会系统

ERP 把组织看作一个社会系统，系统要人们相互工作。ERP 认为组织是一个协作的系统，利用 IT 技术在组织内部建立上情下达、下情上达的有效信息交流沟通系统，系统保证上报及时，掌握情况，取得决策所需准确信息。保证指令顺利下达和执行。

4. 以"供应链管理"为核心

ERP 把客户需求和企业内部的制造活动以及供应商的制造资源整合在一起，形成一个完整的供应链（SCM），并对 SCM 上所有环节进行有效的管理。SCM 跨部门与企业形成了以产品或服务为核心的业务流程。ERP 以 SCM 为核心，它适应了企业知识经济时代，市场激烈竞争环境中生存和发展需要，给企业带来显著效益。

5. 以"客户关系管理"为前台的重要支撑

ERP 在以供应链为核心的基础上，增加了客户关系管理（CRM）以后，着重解决了企业业务活动的自动化和改进了流程，尤其是在销售、营销及与客户打交道的前台领域，CRM 帮助企业最大限度利用以客户为中心的资源（人力资源，有形和无形资源），并将这些资源集中到客户和潜在客户上。以达到让客户满意，留住客户。

6. 实现电子商务，全面整合企业吸收资源

ERP 不断随 IT 技术、网络技术发展不断改进，ERP 将使企业适应全球化竞争所起的管理模式的变革。显现出了数字化、网络化、集成化、智能化、柔性化、行业化和本地化的特点。

电子商务时代的 ERP，还将要进行改进。把它从专为企业资源管理的框子里拿出来，与电子商务有机结合。以便充分利用 Internet 技术和信息集成技术宽带多媒体技术将 SCM、CRM、OA（办公自动化）全面集成优化，以支持产品协同商务等企业信息化的需要。

（二）ERP 主要功能模块

ERP 主要功能模块有物料清单、生产计划大纲、主生产计划、粗能需求计划、物料需求计划、车间作业管理、财务会计、客户订单输入、人力资源计划、分销管理、库存管理、管理会计等。

（三）电子商务与 ERP

以网络经济、知识经济和电子商务革命为特征的新经济的迅猛发展，不但深刻地改变了人类社会的生产、贸易、生活和学习方式，而且也促使企业的发展趋势发生了巨大变化。

（1）时间、质量、成本、服务和环境这 5 个要素已经成为衡量供应链和企业整体水平与竞争力的主要标志。

（2）建立一个"产权清晰、权责明确，政企分开、管理科学"的现代企业制度是企业改革的目标，其中管理科学是重要内容。改革是解放生产力、强化企业管理的动力，其结果具体表现为企业经济效益的提高和竞争能力的增强。而发展和提高生产力则要靠管理，没有科学、规范和严格的企业管理，改革的成果也不可能稳固。

（3）全球企业的竞争趋势已由原来的企业与企业之间的竞争转变为供应链与供应链之间的竞争，而且越来越多的企业开始走出领域和地域的限制，参与到国际竞争的大环境中。

（4）企业对外的接口界面大大扩展。传统的系统一般只能给系统使用者提供单一的使用方式和界面，而电子商务时代的终端是多种多样的，除了固定和可以移动的电脑之外，还有类型更为广泛的各种数字终端。这就要求新一代的系统要能很好地利用这些资源，方便系统用户的使用。

（5）创新是企业生存与发展的永恒动力，也是衡量一个企业可持续发展能力的主要标志。企业创新包括制度创新、技术创新和管理创新，电子商务的引人无疑同时顾及了这三个方面。

从上面的特点可以看出，建立一个高效快捷的电子商务模式是企业发展的必然趋势，而这个发展同时还是一个循序渐进，从基础到高级的过程。典型的企业电子商务发展模式应该包含几个步骤：首先是构建网络基础设施、实现办公自动化（OA）、建设企业核心的业务管理和应用系统（此环节中最有代表性的是 ERP 和外部网站的建设），然后是针对企业经营中 3 个增值环节而设计的 SRM、SCM 以及 PLM（产品研发管理）。

在建立企业电子商务模式的过程中，最重要的是建设核心的业务管理和应用系统，而这个系统中最有代表性的就是企业内部的 ERP 系统。ERP 是信息化科学管理思想的具体实现。它对产品的研发和设计、作业控制、生产计划、产品采购、市场营销、库存、财务和人事等方面以及相应的模块组成部分采取集成优化的方式进行管理。ERP 不是机械地适应企业现有的流程，而是对企业流程中不合理的部分提出改进和优化建议，并可能导致组织机构的重新设计和业务流程的重组。因此我们可以这样认为，电子商务是建立在 ERP 基础之上的应用，两者之间并不是相互独立的，应该把它们有机地联系在一起进行认识。

（四）ERP 在电子商务建设中的优势

为了提高市场竞争能力，许多企业在实现内部信息化管理的同时，都积极投身于电子商务领域的发展。而 ERP 作为一种能有效促使企业管理朝着更加科学化、合理化和规模化方向发展的方法，应该被更多的企业及时掌握和应用。总起来说，ERP 在帮助企业进行电子商务建设方面具有以下 8 项优势：

（1）系统作用范围广泛企业在建设电子商务的过程中，可能需要经过决策层的数据查询与综合分析、中间层的管理与控制、作业层的业务实现等几个业务过程。在这几个过程中，ERP 系统均起着很重要的作用。

（2）内部模块可以自由配置由于 ERP 软件系统在设计和开发的过程中，内部的各个子系统都是模块化的，而且这些内部的模块可以相互独立，企业可以对这些模块化的系统进行自由的剪裁和重新配置，并根据自己的需要，结合本单位的特点，对系统进行不同程度的取舍和配置，如对总账系统内部的数量账、银行账、部门账等功能进行有针对性的选取。这样，ERP 就可以为企业建立电子商务系统提供灵活的基础。

（3）能灵活提供多种电子商务解决方案为了迅速建立一套高效快捷的电子商务方案，ERP 软件可以提供多种灵活的解决方案：首先是可外挂于 ERP 系统下的 CRM 功能模块，如让企业建置、经营网络商店的模块；然后是可外挂于 ERP 系统下的 SCM 功能模块，可根据实时的供应链信息实现自动订货等功能；最后则是提供中介软件来协助企业整合前后端信息，帮助企业达到内外信息全面整合的境界。

（4）提高各环节资源的利用效率。由于 ERP 系统中包含了更为先进的管理经验，它可以整合企业的所有资源以增强企业整体的凝聚力和竞争力，避免快速发展中潜在的各种问题和风险，改善企业结构松散、财务漏洞多、市场反应慢等弱点，从而提高企业各环节资源的利用效率，例如提高市场预测和计划的准确性、降低库存周转率等。

（5）强大的信息处理功能。在信息化时代，企业每天需要处理的信息不计其数，单纯靠手工操作的方式已经很难满足要求。而 ERP 系统凭借其先进的智能处理功能能够对普通业务按事先设定好的方法进行处理，仅将过滤出的特例留给工作人员来处理，大大提高了工作效率。同时，ERP 还能够自动对大量数据的分析结果做出判断，对超出正常值范围的异常状况（包括好坏两方面）给出解释、说明和分析，预警其可能产生的影响并给出建议的应对措施。

（五）ERP 的优点：

（1）ERP 采用了客户/服务器（C/S）分布式结构，面向对象的技术，电子数据交换（EDI）多数据库集成，图形用户界面，第四代语言及辅助工具等。

（2）强调企业流程与工作流通过工作流实现企业的人员、财务、制造与分销间的集成。

（3）在生产制造计划中，ERP 支持多种生产方式的管理模式。

（4）缩短报价订单、合同等单据的处理时间、提高处理的准确性和整个过程的效率，有利于使用采购协议的直接生产物资的补偿订单。

（六）ERP 的主要问题：

（1）实施费用昂贵，局限于大型生产企业，软件适用性有限，目前还没有公认的 ERP。

（2）太多的考虑人的因素，作为资源在生产经营规划中的作用。

（3）提取能力有限，无法让买卖双方以简单的方式沟通和交易。

（4）注重内部的管理忽视了企业与外部的交易的整合，不适合于今天的开放的全球贸易环境。

第二节 电子商务交易的 B to C 模式

伴随因特网的爆发式发展和网上消费群体的日益增长，传统零售业纷纷向网上进行扩展，网络零售商越来越关注以先进的网络技术来维护客户关系，实现互动式客户关系管理。个性化和客户化由此日渐成为网络时代的焦点。B TO C 模块它面向网上零售商的模式，结合传统交易习惯，改善客户购物流程，增进网上零售商与客户间的交流与沟通，通过一系列个性化的功能成功实现了网上零售商对客户的一对一互动式管理。而 B to C 是一种商业渠道，在现实世界已经存在，在网络上只不过是改变了形式而已。

家庭用户网上购物的普及将使 B to C 跨过临界点，在未来一两年内迅猛发展。B to C 已经度过了品牌建设期，正在步入业务推广期。B to C 只要简单地扩大规模便可以实现盈利。B to C 的优势还来自于货物的零库存，先进的信息化技术使供货商能够实时地了解自己产品的销售与售后情况，加快了供货商的资金周转率。B to C 厂商库存中的货物均是两三天内要发出的紧俏商品。在库存时间内要完成打印订单、包装，将购买记录加入 CRM 系统中进行分析等过程。从这个意义上来说，库存是中转站，与传统商业定义中的库存是不同的。

B to C 还可以做到当客户下订单时才向厂商提供发货要求，与之形成鲜明对比的，是在传统的图书发行渠道中，每进库 10 本书就会有 3－4 本书卖不出去。

B to C 未来的两个发展方向值得关注。

其一，个性化服务的地位越来越高，过去个性化服务是比较浅层次的，因为客户的购买记录太少，无法积累足够的数据。然而今天每天上万张订单，当然可以为客户提供有经济价值分析。在传统经济分析中人们发现"尿布的销售量与啤酒的销售量"有关，而现在的 B to C 正是要引进更多这样的传统商业领域的规律。自从有了连锁店后就有人研究 POS 机应该摆放在客户的左边还是右边，最后发展成一门专门的学问，网络上虽然没有 POS 机，但存在着很多类似的消费习惯。因此，互联网需要自己的商业规律，但没有足够多的数据与商业实践是无法总结出规律的，互联网期待着全新的 B to C 零售理论与规律的出现，每一个规律的发现都会使 B to C 向前走一大步。以个性化作为突破口将会带来 B to C 的全新商业模式。

其二，处理好与传统供货商的关系。在中国，许多供货商的信息化程度都不高，有的甚至连电脑都没有，因此中国的"鼠标＋水泥"要比国外难得多。他们同样可以进行电子商务，比如通过手机短信息等方式传达其客户的订单及要求。

一、B to C 模式的结构

网上零售网站，通过其基础结构中的匹配机制，可以根据个人简况和历次访问本站点的记录，按照零售商的业务"规则"，把"内容"个性化地匹配给访问者，省却了顾客每次都要进行的搜索，采用该平台，零售商可以向消费者提供"一对一"资讯，在线交易等服务，并能满足扩展型企业关系的管理（包括对企业员工，合作伙伴和客户的需求的支持），这对提高客户满意度、增加忠诚度，因而增加网上零售商的收益，是非常有效的。

B to C 还具有良好的开放性和直观性，也能与零售企业后台的整体 IT 环境完全兼容，自如运用和集成现有业务系统中的信息（价格、税收、装运、销售等等），如通过提供开放的应用程序接口，通过与多种不同的第三方软件的集成，可以保护已有业务系统的投资。作为现代互联网的销售系统，它具有完美的个性化技术为网上零售业务独辟蹊径，让每一位网上零售商能从容地面对新经济风云。

二、B to C 主要功能概述

（一）个性化服务

B to C 平台解决方案最突出的特点就是个性化服务。随着 Internet 的发展，网上信息浩如烟海。当前对有效访问方式和处理费用都令网上访问者望而却步，对此，解决方案不仅提供强大的搜索引擎，还提出了面向访问者的信息个性化服务。

1. 个性化页面

利用强大的个性化引擎驱动在页面上注册用户显示其定制的个性化信息，

如针对特别用户有的促销信息、用户关心信息的等等。对于匿名用户，系统也可以根据产品的点击率，销售排名等进行信息发布。大大提高了页面的亲和力。

2. 客户档案

在 B to C 平台系统中，客户档案在用户第一次进行登录或注册时就有效生成，当用户在以后访问网站时，系统会自动观察用户习惯，根据预先定制的商业规则，将一些特定的客户行为附加在客户档案中。用户也可以方便地对自己的档案进行修改。

3. 个性化提醒

在平台强大的个性化引擎驱动下，系统可以采用多种方式对用户进行提醒。如在浏览器上生成一个即时警告信息，或者给用户发送 e - mail 等。

在 B to C 系统中，商家可以设立灵活的商业规则，如在用户购物时提示对某种商品买一送一，或消费一定数额就可以参加抽奖活动等等。通过这种提醒功能，可以随时和用户进行联系，在维护客户关系的同时，使商家抓住商机。

4. 个性化信息频道定制

系统允许用户自定制信息频道，利用系统提供的各种功能函数，可以按频道和节目组织，让用户定制最感兴趣的书签和提醒，真正做到使每一个用户都可享受具有自己个人风格的信息平台。

（二）角色管理

在 B to C 方案中将客户群、产品经理、业务经理、合作伙伴等这些角色分离，在每一项业务中对不同的人提供不同的权限和工具，通过对账户的严格管理确立他们之间的相互关系，从而定义完整的管理体系结构以适应大型门户网站平台的迫切需求。

（三）产品展示（网上商店）系统有以下功能

1. 各种产品的分类、简介和发布；

2. 登录系统；

3. 信用卡的检查；

4. 选购产品的价格和数量、重量的计算；

5. 形成订单；

6. 订货单的打印。

（四）在线购物（购物车）

1. 浏览查询网上商品；

2. 选择要购买商品放在购物车；

3. 选中商品的增删改；

4. 已购商品结算；

5. 确认；

6. 支付选择；

7. 在线银行卡购物或邮寄；

8. 在线支付提供与多个银行连接的支付接口。

（五）订单管理系统

1. 关于订单的产品协商：包括产品属性的增、删、改；产品协商状态的更改；协商意见的发布和传递；对于订单改动作的记录；某部门处理时间的记录；订单的删除。

2. 关于订单的协商：包括产品和产品属性的增、删、改；附加品和附加品属性的增、删、改；协商意见的发布和传递；订单查询；对于订单更改动作的记录；协商意见的发布和传递；某部门处理时间的记录；订单的删除。

3. 合同的形成：包括双方的签字过程（为二期工程预留 CA 认证的环节）；订单的删除；合同的打印；流传单的形成。

（六）配送信息系统

1. 产品数量的更改（针对以批号计量的产品）；

2. 产品发票的填制；

3. 流传单的打印；

4. 备货报站完成状态的设置；

5. 运货信息（发车时间、预计到达时间、司机信息等）的发布；

6. 报销结账。

（七）用户服务：包括留言板—客户反馈意见；退、换货物；保修及管理；自动、实时地向用户发出确认、更新、修改、订单及送货通知。

（八）运行维护系统；

1. 用户账户维护系统（包括网站部账户的增、删、改；总部账户的增、删、改）；

2. 产品目录的维护；

3. 运输车辆状态的维护。

（九）查询系统

1. 基于订单号的历史记录的查询；

2. 基于时间的历史记录查询。

（十）促销

系统可以对购物刺激提供以下管理：

1. 提供目标化赠送券，刺激客户在整个网上商店范围内购物；提供一些组合优惠政策以加强刺激，包括百分比折扣，价格折扣，价格调整，以及组合销售优惠。

2. 允许商家向产品/SKUs，产品种类，产品属性提供刺激（如库存或产品报价），对选定的用户分发刺激，建立刺激的使用期限。

3. 根据客户以前所购商品，客户决定的购买的商品内容，客户所在社区及其他条件向客户提供交叉销售或升级销售。

4. 创建动态的商品比较表格，向客户提供充分的比较信息，促使客户做出采购决定。

（十一）价格策略

系统强健的价格引擎可支持来自内部或外部商务系统的价格动态，实施实时的价格政策；同时，可配合促销、刺激等手段实施定价，也可通过引用功能进行价格销定。

（十二）运输与支付

系统对销售商品提供多种运输和交付支持：

1. 使用多种运输模式，像按总重量、总费用、或总条目计算。

2. 按商品/交货地点提供减税/加税。

3. 根据商品/交货地点限定运输方式。

4. 每一订单支持联合运输方式。

5. 通过基于 Web 的 GUI 工具配置和管理运输系统。

6. 系统提供开放接口插件支持现有运输公司系统如联邦快运、UPS 等。

（十三）讨论组

系统可以根据客户是谁，对什么产品感兴趣，来建立讨论组，并可以使用 E - Retail 的匹配引擎技术向用户推荐讨论组，从而更好地了解客户。

（十四）管理支持工具

系统对于网站的维护提供了完善、强大且易用的管理支持工具。使用业务管理员，内容管理员和技术员工能轻松、动态地实现网站管理，保证页面的趣味性，信息的广博性和内容的新颖性。

业务管理工具使业务管理员能在无须编程的环境下实时控制商业规则。

三、B to C 模式的特点

1. 基于 INTEL 安全电子商务硬件平台的安全网络架构—完善的硬件加密验证体系，快速的服务器 SSL 连接响应，为安全实现电子商务提供了理想基础；

2. 简单容易的客户上网—最少一台 PC 即可上网，免费主页服务，众多的主页模板及生成向导快速生成个性化的企业主页，基于 WEB 的服务命名上网变成对鼠标的操作；

3. 方便快捷地浏览查询—多种选择的简易组合搜索，迅速获得所需的信息；

4. 灵活多样的订单管理—单击拖拽式的在线采购与表格式的订购方式相结合，轻松自如的自动生成网上订单；

5. 开放的商务撮合平台—其强大的商务撮合功能，可以方便地找到最合适的商务合作伙伴；

6. 高效、安全的在线商务洽谈—基于各种加密机制的在线商务洽谈平台，不用担心商业秘密的泄露；

7. 规范机密的签约机制—在合同的签订过程中，更加规范保密的机制确保签约各方同等、同时、同效的进行合同签字；

8. 网上商务服务—权威认证的支付系统，方便的网上报税与网上支付，解除您的后顾之忧；

9. 基于敏捷供销思想的高效商务运作—提供全面的上下游匹配信息及符合 XML 标准的与 ERP 的连接，保证您在业界的领先地位；

10. 全程的客户跟踪—通过对客户信息的跟踪管理，实现对客户资信度的评估以及黑名单的管理；

11. 完善的交易历史数据管理—通过对交易历史数据的管理及统计计算，使您不仅能迅速体察市场变化，更能事先预测市场前景；

12. 售后服务支持—完善的售后服务支付与客户投诉处理功能，实现电子商务的完整服务。

四、网上商城

网上商城是企业推出的针对网上零售 B to C 的多对多的交易的完整解决

方案，其核心内容是各家供应商在商城里开出自己独立的专卖店，而商城提供一个完整的查询、订购、结算、配送、售后服务的运作环境，从而帮助各商户做好网络营销业务。该系统集企业介绍、最新动态、产品发布、产品促销、在线销售等项功能于一体，使商品的交易更加简便、有效、低成本。

（一）网上商城购物流程

网上商城购物流程如图3-3所示。

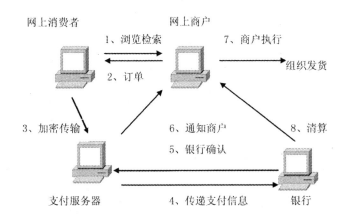

图3-3 网上商城购物流程

（二）网上商城主要功能

1. 商品发布：商品的基本信息、价格和促销信息的发布；

2. 网上购物：引导用户完成整个购物过程。同时系统还提供了个性化的服务；

3. 商店管理：可对店铺的商品信息进行维护；

4. 商家管理：管理入住的商家，包括商家的申请的服务；

5. 订单管理：及时查看本店铺的订单情况，及用户发货；

6. 站点管理：管理和维护系统公共资源信息。

（三）网上商城主要特点

1. 易于操作

商城提供了丰富的易于操作，逻辑结构清晰的系统维护界面，对系统管理者，只需对商家英特网的基础知识，便可完成入住商家/代理/行业下属部门的登录，虚拟结构的自动配送管理等，订单信息等用户，简单到只需懂得计算机的基本操作以及一系统的销售策略便可维护商品的诸多信息。

2. 商品信息的及时性

根据商家的促销策略，商家管理员可利用商城提供的商品管理的相应模块，对商品信息价格促销期间，推荐商品等随时进行调整和维护，修改了的信息会自动地及时同步到因特网的信息发布平台。

3. 灵活方便的店面风格设置

店面的风格商城提供了多种店面风格模板，根据商家的喜好，店面风格可方便地预览并选择适合自己的模板。商城会不断追加新的模板，以满足更多商家的需求。

4. 灵活多样，易于扩展的商品信息描述

由于各行业商品特征，属性的不同，商城采取了面向目标的数据库设计方法，使得系统可根据行业商品属性的不同，自动适应各种行业对商品描述的不同需求。在商品描述上去了图片，简介登录等基本信息系统要求外，其他信息如商品规格，技术指标，特殊说明，售后服务条款等均可用自由格式充分发挥了商家对商品信息描述的主观能动性。

5. 便于使用的购物平台

系统提供了诸于商品暂存处，用户信息管理，订单查询及常用收货人管理和一点通购物个性化服务方案，极大程度上方便了消费者购物，同时提高了商家的竞争力。凝聚了网站的成功运营经验。商城正是借鉴了国外成熟的电子商务模式，结合国内的特有的运作模式以及一些成功的实践经验的基础上开发而成。该系统的导入使得企业站在了巨人的肩膀上与其他先进的电子商务网站并驾齐驱避免许多不必要的失败经历，加快了企业向世界电子商务进军的步伐，拓展了新商业机会。

6. 降低了系统的导入周期及开发维护费用

采用商城电子商务解决方案，系统的开发及维护不需要再组建新的开发队伍，也不需要专门的系统集成公司，便可以数分之一的研发费用，构筑理想中的电子商务网站，最大程度地降低了系统的初期导入周期及研发费用。商城电子商务解决方案的另一个好处是对构筑的商务网站，系统提供了多功能强大的维护手段，象日常的信息更新，会员管理，订单管理等均可通过简单易行的手段去操作，使得网络平台的维护、管理费用降低到最低限。

7. 安全可靠的电子商务平台

系统采用了多种安全解决方案，首先系统级的安全方案杜绝了来自外部的蓄意攻击，对外系统还可以通过设置防火墙以加强可能来自外部的攻击，对内强化了权限管理杜绝了来自内部的有意或无意的毁坏，在用户端与系统

的交互上采用 SST 信息加密技术，以加强信息传递的安全性，在支付环节上采用了 SSL 及 set 进行的方式确保用户交易的安全，对客户的关键信息经过加密后保存于库，因此即便是系统管理员也无法得到这些信息。

8. 提供多种支付手段

系统提供包括邮局汇款、银行电汇等多种支付手段。

9. 开放式的电子商务平台

在保证多功能必需的商业处理流程的基础上，系统还为企业的不同需求，新的功能模块添加预留可用的接口，使得系统能够灵活方便地与企业内部系统相结合。例如利用商城的订单数据处理功能可等订单数据生成标准的 XML 格式，可简单完成和企业内部 ERP 系统的有机结合。

第三节　电子商务交易的 B to B 模式

B to B 是电子商务中最重要的一种模式。据统计，B to B 的市场规模是 B to C 的 6 倍。它的对象为不确定的、企业以外的、潜在的大宗批发商或零售商，客户关系不稳定，没有发展为长期客户的关系的客户。B to B 市场蕴藏着巨大的机会，是电子商务的主流，是新经济最重要的特征和基础，它的主要效益为：提高销售工作效率，减少库存，降低采购、销售，售后服务等方向的成本；打破时空限制，可在世界范围内以最快的速度销售产品和做产品广告。

B to B 的发展是美国企业十多年来在公司技术上投资的直接结果，这些技术包括：计算技术、网络技术和客户服务技术。这些技术在企业内部的运用使得企业内部原先的信息孤岛连成了 Internet。B to B 实际是这些企业把应用在局域网的技术应用在现在的市场行为中了。

B to B 是一个完整的体系，它需要企业不仅对行业和企业间的交易方式非常了解，而且需要其他的配套设施也都跟上。B to B 的未来前景虽然看好，然而从事 B to B 是一项非常艰难的事业。

一、B to B 模式概述

（一）B to B 市场机遇

B to B 大致上由电子市场和电子基础设施构成，它提供的机会远远超出了我们的想象。B to B 的市场机遇基础部分是 B to B 的基础概述，它包括物流配送、应用服务提供商外包解决方案、拍卖解决方案软件、内容管理软件，应用集成软件，网络商业软件以及传统的 ERP 公司等是把卖方与买方连接起来。正是这些基础设施和市场共同组成了 B to B 的交易市场。

（二）B to B 基础设施

B to B 电子商务网站仅仅是电子商务 1% 的部分，99% 的后端支持是基础设施，从价值链的角度分析 B to B 市场各组成部分的内在联系，大致可以将价值链分成四部分：

1. 电子商务基础提供商，包括：基础设施提供商、托管服务提供商、加密认证服务商、技术平台提供商；

2. 服务提供商，包括应用服务提供商、内容提供商；

3. B to B 的主要功能模块；

4. 系统集成商，在每个阶段提供系统集成技术，或者帮助企业重组业务流程，以便更好地为企业提供服务。

（三）B to B 系统构架

B to B 分前台和后台两大部分。

1. B to B 分前台

前台主要提供经销商使用，分五大部分，基本信息录入，预订单管理、订单管理、退货单管理、综合查询经销商在进入前台管理系统之前，必须登录自己的编号和口令，登录到指定的站点（经销商的编号和首次口令由供应商提供）。进入管理系统后，经销商通过菜单可以方便地更改和录入自己的基本信息和密码，生成修改、查询预订单、订单及退货单。

2. B to B 分后台

后台管理系统同时提供由供应商（厂商）使用的分为五大部分，基本信息录入、预订单管理、订单管理、退货单管理、库存管理、综合相称查询。进入后台管理系统，供应商必须录入自己的编号和口令登录到指定站点，供应商的编号和口令的获得是由超级用户 SYSTEM 分配的。

与前台相似，后台系统也提供了综合查询模块。模块提供了对经营过程各种情况的查询。主要包括：销售排行榜、报警查询、资格分析、销售比较、销售日报表、库存分析，提供对销售情况，库存情况的分析与查询，使得客户可以及时地把握企业经营状况，做出正确的决定。

其优点：能极大的发挥互联网的优势

简单地说，企业的系统应用 Web 化，合作伙伴通过互联网浏览信息，同时，它集成一些现有的应用，使企业及合作伙伴可以在互联网上进行传统功能交易。

二、B to B 系统主要功能

（一）企业形象展示功能

发布企业形象信息，以主（网）页和列表的方式介绍企业概况，并可随时改版更新。

（二）企业产品展示和查询功能

发布企业产品信息，采用分类查询，单个产品网页介绍的方式供买方查询，买方查询前须先注册。

（三）网上订货功能

系统支持买方网上订货、买方确定订货对象后，进入订货系统下订单。

（四）在线洽谈、议价功能

系统设立网上洽谈室，支持买卖双方在线商谈、议价。

（五）合同（订单）管理功能

系统设立构成由合同（订单）生成，订单入库，合同（订单）查询完整的合同（订单）处理流程。

（六）网上结算银行功能

系统采用网上银行支付方式，支持网上结算，买方注册，取得授权后，即得一个银行账号，凭此账号在网上处理交易结算。

（七）客户管理功能

系统实行会员注册，对买卖双方的相关信息、交易信息等实行跟踪管理。

（八）配送管理功能

合同（订单）成交后，卖方向买方下提货单证，网上下载，凭单提货、送货。

（九）系统后台管理功能

系统拥有强大的后台管理功能，支持整个交易过程各个环节的后台管理和后台操作，包括：企业信息的更新、商品信息的更新，会员信息注册修改、商品库存后台管理，交易信息管理，银行支付管理。

表 3 - 2　B to B 商业模型

模式类型	目 录	拍 卖	交 易
描 述	集中了大量产品和服务，为买方的采购站点，为卖方提供了低成本的分销渠道	提供了一个购买和销售特殊物品的场所，这些物品包括多余库存、使用过的固定资产、中止生产的产品、容易腐烂的物品	为一个产业提供商品交易的场所
价 格	静态、价格事先制定好，支持买方和卖方单独制定价格条款	动态：在传统拍卖中，竞价使得价格上升有利于卖方，在反向拍卖中，竞价驱使价格下降，有利于买方	动态：报价系统使得价格高低决定于市场的供求关系
买方获得的利益	降低采购过程的成本及库存成本；扩大了潜在的供应商来源，更容易比较产品的各项性能（价格、质量、服务、获取的方便性等）	找到特殊产品和服务更简单的办法：更多的选择性，在卖方竞标的反向拍卖中，可以获得更低的价格	满足立即购买需求的场所
卖方获得的利益	更低的销售成本，新的销售渠道和收入来源，更低的处理费用，更高的顾客满意度	卖方吸引更多的竞价者，能够获取更高的销售价，去除变现中间商，增加存货周转资金	以市场价格清除多余能力的场所
收入来源	交易额的提成 供应商进入列表的费用 来自供应商广告收入	交易额的提成 供应商进入列表的费用 来自供应商广告收入	交易额的提成 加价出售会员费 订阅费 软件许可费 第三方的增值服务

三、B to B 模型分析比较

互联网企业最怕的就是认为具有失败的商业模型。商业模型的失败是彻底的失败。没有一个风险投资商会把自己的钱投给商业模型失败的企业。

B to B 就其本质而言，适合企业特别是在线中间商。但这种中间商与传统的中间商不同。它不仅使得交易双方的成本大大降低，范围大大扩展，还提供一系列增值服务，使得交易更加便捷、顺利和安全。

实际上 B to B 是造就一个新的市场。它在传统的交易方式上为交易各方提供了一个新的选择机会。

它可以提供买卖双方的资格认证、信用记录，还与第三方合作，提供保险、后勤运输、金融等各方面服务。还可以根据用户的个人背景信息，提供相关的贸易机会，更好地维持与客户间的关系。

B to B 的商业模型很多，从交易机制来分，归纳起来基本有四种：目录、拍卖、交易、社区，如表3－2所示。这些模型的基本特点是会为卖方和买方都带来利益，也只有这样，他们才能吸引到足够多的供应商和采购商，突破收益临界点。

四、网上交易市场

网上交易市场是企业间电子商务所需要的电子化和网络化的商务平台。通过网上交易社会所在的市场，可以改变传统贸易中的一对一或一对多的模式，变成了多对多模式，并创造众商家聚集的在线交易空间。

买卖双方仅可以寻找到更多的贸易伙伴，增加更多的商业机会，还能够享受更多方便和服务，获得一个良好的商务服务环境。

网上交易市场系统用于快速创建各种水平和垂直的在线交易市场。它为市场运营方提供了创建、管理和运营网上交易市场的基本功能和组件，并通过内嵌的专业版采购方和供应方模块，为加入网上交易市场的企业用户提供在线贸易的基本功能。同时也可以连接用户端的采购和销售平台，达到与企业业务集成更加紧密的在线业务。

市场运营方通过网上交易向企业用户提供认证（身份认证、金融认证），法律服务和产品实时的动态行情，在线交易，以及订购匹配，认企业用户随时准确地把握商机。结构可以很容易地和商业服务提出供应商系统连接，并且每一个单独的网上交易市场都可以实现与其他市场的相连，从而形成一个巨大的多行业的市场群和企业群。

（一）交易市场的交易环境

1. 身份认证（CA）体系——是建立网上交易主体间相互信任机制，保障网上交易与支付安全的关键环节和基础设施。

2. 金融认证——以金融资信为基础的身份认证体系，提供"身份真实、信用可靠"服务，网上交易市场 CFCA 认证过程（图3－4）

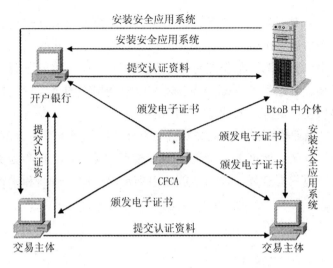

图 3 - 4　网上交易市场 CFCA 认证流程图

3. 网上交易市场安全保密设施

安全产品的进口政策限制、市场应用推广的制约；采用国际通用标准（SSL 协议），符合国家安全管理政策的高强度加密技术（SSL - 128），解决信息在 INTERNET 上传输中的防假冒、防窃听、防篡改。

实现与国外高强度加密用户（SSL - 128）的无缝联结；国内低强度加密用户（SSL - 40）的便捷升级；为外延用户的高强度加密应用体系进行方便的安全协议配置。

网上交易市场安全支付平台如图 3 - 5 所示。

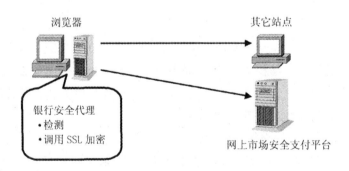

图 3 - 5　网上市场安全支付平台

4. 网上交易市场法律、规则设施

（1）《电子商场电子商务规则》：规范电子合同成立的条件；

（2）会员制组织：经营管理者会员：企业、商户、电信、商业银行、政府管理机构等，将《规则》作为经营管理者会员共同遵从的平等主体间的行为准则，以多边协议的形式在会员组织内实施；

（3）仲裁机制：依据《规则》，解决纠纷，保障实施。

（二）网上交易市场的作用

1. 网上交易市场是电子商务发展到一定阶段后出现的一种商业模式，以其立体化、智能化、开放性、通用性展现在公众面前，这是真正意义上的在线交易模式，协调了整个供应链的机制，实现了从客户到供应商的完全连通，企业的内部流程与外部交易完全一体化；网上交易市场聚集了大量的信息及商业机会，使其价格具备可比性、合理性，从而使整个市场充满了竞争性，无形中推动了整个交易市场的发展，网上交易市场为商家创造了商业机会，同时理顺商家的思路，使商家制定出较为切合于市场实际的商业目标，从而提高了效率，及时得到投资回报。

2. 通过供应链的管理，保证了销售渠道的畅通；实时的交易，使交易的供应几乎同时发生，使供应商及时了解物料需求状况，实现企业零库存；快速、实时、柔性的交易模式，及其完善而流畅的服务与物流配送体制，使电子商务达到其高级阶段。

3. 是 B to B 电子商务的新的革命，是 B to B 电子商务的演变、发展和完善。B to B 电子商务是水平［不同行业间的相互贸易］与垂直［相同行业间的相互贸易］两种交易体系的交互。网上交易市场［e - Marketplace］是这两条交易体系的衍生和完善，以其综合、立体的构架服务于企业，加快市场响应，并为企业提供各种解决方案。

（三）网上交易市场的构架

网上交易市场是以互联网为其基础平台，数据库服务器、应用服务器、Web 服务器集群为支撑，并支持多种后台操作系统和数据库系统，通过网上交易市场的商业组件来为各商家提供服务，为商家实现网上交易提供了完整而可靠的手段。具体结构如图 3 - 6 所示。

网上交易市场综合考虑了中、小型企业的需求，并完整的与大型企业的内部系统整合，对于拥有自己 ERP/MRP/MIS 定制系统的企业，网上交易市场作为其信息载体，一方面，使商家可以充分利用已有内部体系及原有投资，保持商家原有的动作模式，另一方面协助商家实现与其他网上交易市场的互联，为商家开拓一个更为广阔的交易空间。网上交易市场拥有良好的扩展性及柔韧性，商家网上交易平台根据自己的行业特点、要求以及其特定的商业

采购商		供应商			合作伙伴	
增值服务		电子商务解决方案			专业服务	
库存管理	竞买竞卖 客户管理	采购管理	企业销售	订单支付	财务系统	物流配送和实施
采购方系统		网上交易市场			销售方系统	
商业组件						
数据库服务器		应用服务器			WEB 服务器	
操作系统						
网络系统架构						

图 3 – 6   网上交易市场基础构架图

流程对交易系统进行定制，以满足其特殊需求。图 3 – 7 给出了网上交易市场的交易流程。

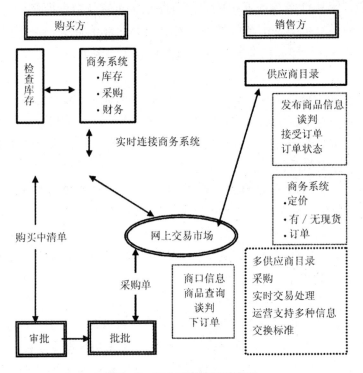

图 3 – 7   网上交易市场流程图

（四）网上交易市场系统功能

网上交易市场提供对交易各方提供种类多样、方便易用的中介服务，其目的主要是提供一实时、可信的应用系统平台，使商家和企业有一个放心而又便利的购物环境，本着用户至上、伙伴第一的理念，为用户提供多种电子商务服务方式。

交易市场"提供的功能包括商品内容管理、目录聚合、供应商管理、采购管理、订单匹配、在线招投标、竞买竞卖、拍卖、在线结算"等等，同时提供完善的商务服务如企业资信认证、物流配送、在线支付等。

1. 内容管理和目录聚合：多供应商的商品按照商品分类自动聚合成统一目录，使得用户可以方便地查找和选择，并增加供应商信息透明性。

2. 供应商管理：辅助市场经营者增加更多的供应商进入交易市场。

3. 采购管理：通过嵌入的采购方模块提供采购管理的功能。

4. 订单匹配：包括静态和动态报价、询价和拍卖等行为的订单撮合。

5. 交易履行：包括商品的运输和配送，同时通过在线过程为用户提供透明的服务。

6. 在线结算：提供企业间的支付以及多种信用结算方式。

7. 商业目录管理：自助式的商品目录管理，帮助用户定义、开发和整理目录数据，目录服务的在线管理，维护客户的数据和目录，不断更新商品分类、商品描述和价格，从而使商家及时获取最新的商业动态，掌握商机。销售方在维持内部的商业流程的同时，可以随时访问供应商目录，供应商可以利用已有的电子商务架构及商品目录。

8. 拍卖服务：支持各种拍卖类型和拍卖模式，如顺向拍卖、逆向拍卖/RFQ 等。拍卖模式包括预底拍卖、一般拍卖、荷兰式、秘密拍卖、逾底成交，用户有身临其境之感。拍卖服务可以对拍卖参数进行控制，同时它还支持多时区、异种语言、异种货币、真正实现了一个开放的全球性市场。同时还包含强大的报表、电子邮件功能和实时提醒功能。

9. 数据管理/分析：采购商和供应商可以使用报表来跟踪他们在网上交易市场的活动。同时还可以使用精确的数据分析方法来预测市场前景、交易风险；评估采购商与供应商的交易能力。

10. 管理工具：具有强大的过程和商业交易管理能力。提供有效的工具进行注册企业的账号、版本升级管理；商品目录和内容的管理；用户、商品内容、交易情况、交易信息的综合统计及分析；网站收费条款的设置以及对企业收费的计算统计；以及对系统运行状况的监控，包括日志、页面传输和数据库性能等各个方面的监控。

11. 企业内部系统集成：实现与企业内部系统（ERP/MRP/MIS）的集成，从而为企业从传统经济向网络经济转型提供了有效的渠道，实现了企业管理系统与外部交易市场的整合，增强了企业的市场竞争力。

12. 企业认证服务：为确保企业的产品质量及企业的可信度，它采用认证中心作为可靠的第三方机构，通过对非对称加密算法对外发行"证书"，并对证书的拥有者提供身份担保。使用基于 CA 机构发放的证书保证了交易的安全性与不可抵赖性。

13. 在线支付/结算服务：B to B 交易市场具备真正安全、有效的支付方式。它采用 SSL 加密传输的敏感信息。用户可以通过中国银行、招商银行、建设银行的网上支付系统进行实现在线支付，保证了网上交易流程的完整性和安全性。

14. 物流配送服务：B to B 交易市场整合了企业自有的物流体系，及其他物流资源，为企业提供完善的配送一体化服务，使交易双方克服了传统交易中的障碍，而专注于自己的核心事务中，交易市场有一套实用的、第三方提供的异地采购配送一体化服务系统，其物流可有效到达世界各地。

第四节　电子合同的签订

在线洽谈是利用网上聊天室的功能而建立的。洽谈室可以根据业务需要设立。洽谈时用户与商家共同约定时间到 N 号洽谈室进行洽谈合同、价格、质量等，为了保守商业机密，一个洽谈室仅双方各一个进入，第三人进入就会出现错误提示。洽谈成功转入重新填写订单详细信息，选择重填的订单号，然后产生购销合同，签字，去网上银行支付，领取配送单等。如图 3 - 8 所示（本节内容也可以在学完第四章后讲解）。

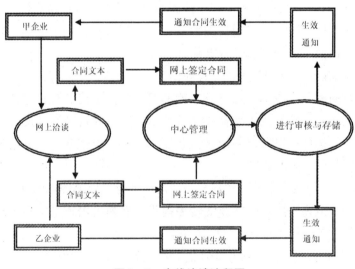

图 3 - 8　在线洽谈流程图

1. 企业根据各自要求，进行网上洽谈；

2. 企业双方在网上签订合同。

3. E 交易服务区：

（1）我的购物车—购物车的内容及状态

（2）我的注册信息—会员资料及修改

（3）我的 e – mail

（4）我的活动列表—会员上张、购买、下订单日期

（5）我的订单—会员所有订单

4. 合同洽谈过程的加密

合同洽谈的往来信息都要经过数字签名加密，加密采用 128 位的 DES 加密，密码通过 1024 位的 RSA 加密传输。加密后的合同，只有买卖双方可以看到。其流程如图 3 – 9 所示：

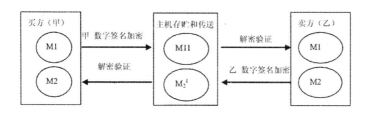

图 3 – 9　合同洽谈加密签名流程

5. 加密与解密流程

（1）数字签名和加密（甲方为例）如图 3 – 10 所示：

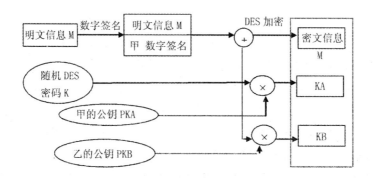

图 3 – 10　数字签名和加密流程图

（2）解密及验证（从乙方为例）如图3-11所示：

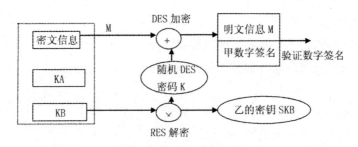

图3-11 解密与验证图

6. 合同签订过程的加密

签订过程中的合同及最后签订完成的合同都存在主机中，买、卖方只能下载、查询；不能修改，以保证合同双方一致，其流程如图3-12所示：

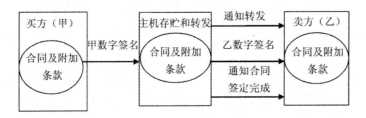

图3-12 合同签定加密流程图

第五节 企业电子商务网站转化率

企业电子商务网站转化率就是指网站访问者中，有多少比例的人数进行了某项对网站有利动作行为。"转化率"主要分成三项数量指标：将互联网的流量转化成企业网站的流量；将企业网站的流量转化成第一次购买量；将第一次购买量转化成为重复购买量。不管是网站搜索引擎优化，还是做竞价广告网站推广，初步的效果只能带来更多访客，暂时性的提高网站流量，而网站要做强做大，不但要把客户引进来，还要把客户留下来，这就要考虑如何提高网站转化率，这也是网站优化发展的关键策略之一。很多企业网络营销的实施过程中，网络推广部分投入了比较大的精力，也产生了不错的效果，为网站带来了很多的流量，但真正通过网络产生的订单数量却没有多大的提升。这是因为企业网站用户转化方面出现了问题。网站推广只能给网站带来更多流量，但我们更应该做的是如何提高转化率，将更多的流量转化为黏性客户，为企业创造效益。

一、转化率是衡量企业电子商务网站优劣的一个重要指标

据第三方机构艾瑞调查显示，使用电子商务交易平台进行网络交易的中小企业，其生存状况远远优于囿于传统线下模式的企业，陷入困境的线下企业比例高达84.2%，而线上企业仅为16.8%，两者相差5倍。阿里巴巴方面提供的数据显示，此轮经济危机中，线上中小企业将比传统线下企业的存活率高出5倍。进入2009年，金融危机所导致的原材料价格上涨、外贸和内需不旺、融资渠道匮乏等问题更加显著。不少企业遇到了前所未有的困境，特别大多数依赖于出口而生存的中小企业可能无法得到足够的外贸出口市场，企业发展受到严峻的挑战。同时，由于中小企业资金周转力度薄弱，技术和品牌价值不高，因此遭遇到的裁员和倒闭的风险也随之加大。此时，不少企业瞄准了电子商务在交易过程中低成本、高效率、营销面广的优势，大力开拓国内的销售市场，启动了利用电子商务挖掘内需的商业战略。

无论是针对企业级服务的B2B网站，还是针对个人用户的B2C网站，都把网络推广所带来的访问量产生的顾客转化看作一个重要的效果评价指标，这一方面是主流网络推广服务如竞价排名价格越来越贵，企业成本压力增加，反映出对"产出"的要求更高，另一方面也是企业对网络营销效果量化评估的需求更加明确的表现。受金融危机影响，江苏省很多传统企业转型开拓电子商务市场，但他们并不十分清楚如何通过互联网赢得客户、赢得市场、获取利润。很多企业不清楚电子商务网站最关键的因素是转化率（Take Rates），转化率是电子商务网站的运营核心。相当多的中小企业电子商务网站仍然停留在"公司介绍、产品展示、在线订单、联系我们"这不变的套路上。

企业电子商务网站运营成功的关键在于网站的转化率，即潜在客户能转变成访问者，访问者能转换成销售线索、服务申请者、客户或者一个订阅者。在普通的商业模式下，整个转换过程主要涉及三个要素，第一就是访问者的需求，第二是符合访问者需求的产品或服务，第三是访问者获知产品或服务，并以一定代价获取产品或服务的过程。在网站运营经过了初期的宣传阶段之后，相比起流量，网站运营人员会更关注网站转化率。提高网站转化率的方法有很多，比如提供更好的售前咨询沟通服务，提供更多的权威信息，提高

用户对网站的信任等。企业电子商务网站不同于一般靠流量支撑的门户网站或新闻网站，更需要的是点击率转化成有效客户的比率。

二、转化率与网站流量及投资回报率的关系

（一）网站流量与转化率的关系

网站流量是转化的基础，转化是网站流量价值的最终体现。流量是网络营销之源，转化是网络营销之果。中小企业网站营销的目的在于获取销售机会，促进销售，不论是网站建设，还是网络推广都应当围绕这个目的来进行。企业网站是企业开展网络营销的基础平台，网络推广把众多的访问者（也就是流量）带到了企业网站，企业网站要通过各种手段，促使网站访问者采取下一步行动：发起订单、咨询或留下联系信息，以实现流量变商机，帮助企业获取潜在客户，促进企业产品的销售，最终实现流量变销量。

在注意力经济时代，很多网站为提高流量不择手段，但最终并没有取得盈利，那是因为没有正确认识网站流量与转化的关系，只有得到转化的流量，才是有价值的流量。受现实条件约束，企业电子商务网站转化率不可能无限提高，而且越提高代价越大，而基于网民基数和企业接触面的有限，流量在一定时期内是无止境的，流量平均成本也不一定会随流量规模而提高，因此，获得合理成本的规模化流量成为企业电子商务网站突破性发展的核心。

企业电子商务网站在最初获得的廉价流量之后，要想获得流量规模的突破，没有流量成本投入是不可能的。低价策略是流量成本，是试图通过低价获得口碑流量和回头客；可接受高退货率的退货保障付出是流量成本；品牌策略、社区策略、回头客策略等本质上都是流量成本的设计。总之，能够带来流量的付出都可以看成是流量成本。企业电子商务网站的流量成本如果对转化率的影响和对利润的影响在可接受范围内，企业就应当放心地投资。

（二）转化率与投资回报率成正比

中小企业电子商务网络营销成功与否的判断标准是投资回报率。

投资回报率 = 回报/投资 =（订单数×订单价值）÷投资

注：回报 = 订单数＊订单价值 =［（流量×转化率）×订单价值］÷投资

注：订单数 = 流量×转化率

　　　　 = ｛［（投资÷单流量成本）×转化率］×订单价值｝÷投资

注：流量 = 投资÷单流量成本 =（转化率×订单价值）÷单流量成本

上面的公式中，假设某企业的订单价值是一个常量，那么该企业开展网

络营销的投资回报率与企业电子商务网站转化率是成正比，与单流量成本成反比。

三、影响转化率的若干因素

转化率是企业电子商务网站的运营核心，一个销售转化率千分之几数字看似简单，其实一个电子商务网站的所有部门其实都是为了提高转化率数字而奋斗，提高转化率比例是网站综合运营实力的结果，单一部门与功能改善与努力不一定能提高这个数字，而且这个转化率数据到一定地步会有一个瓶颈，提高一点点都非常难。我们认为影响企业电子商务网站转化率的因素有网站品牌、商品吸引力、客户服务、顾客行为、用户体验、流量质量等因素，每一因素又包括很多影响因子，如流量质量因素就包括直接输入名称或地址的流量、非搜索引擎的外部链接的流量、通用关键字或品牌关键字的流量、商品信息和顾客需求的契合度等影响因子，具体内容见表3-3：影响企业电子商务网站转化率的若干因素。

表3-3　影响企业电子商务网站转化率的若干因素

1. 网站品牌	2. 商品吸引力	3. 客户服务	4. 顾客行为	5. 用户体验	6. 流量质量
网站知名度、可信度、口碑、定位	商品是否有特色	及时的在线客户服务	搜索关键词的用户真实需求	网站访问速度	直接输入名称或地址的流量
完整的联系方式	商品是否有价格优势	通畅的800或400电话	顾客忠诚度	网站易用性	非搜索引擎的外部链接的流量
权威的网络安全认证标志	商品描述的详细程度	在线留言板/及时解答	重复购买率	网站内容的关联性	通用关键字/品牌关键字的流量
第三方诚信认证	商品图片真实美观诱人	合理的配送周期/地理区域	用户真实点评	网站设计美观度	商品信息和顾客需求的契合度
经营资质展示	商品的音频、视频展示	可靠、安全的多种支付渠道	顾客验收商品	购买流程便捷性	线上、线下投资回报率
顾客两次购买行为的间隔	商品折扣等促销活动	有效的换、退货等保证	访问者行动路线短	商品陈列的合理性	活跃用户/企业客户的流量

续表

1. 网站品牌	2. 商品吸引力	3. 客户服务	4. 顾客行为	5. 用户体验	6. 流量质量
网站备案信息	是否有积分返现或礼品	查询和跟踪订单	引导老客户进行转介绍	站内搜索/分类导航	流量用户从何而来
媒体报道	商品质量是否有保证	物流服务水平	订单平均金额	下单到收货时间	单流量成本

　　企业电子商务网站转化率过高或过低都不是合适的。企业电子商务网站转化率过高可能是因为尚未充分拓展规模性流量来源，说明网站推广力度不够或方法不当；网站转化率过低说明推广过度，精细化程度不高，大量访问量都是来自非目标客户，不仅不会提高公司的销售量，反而给客服咨询人员带来不必要的骚扰。这两种状态都没有使企业投资回报率达到最佳值。企业电子商务网站转化率的高低应当根据所处行业、所售商品、网站发展阶段及企业的经营策略等因素综合考虑，使之处于最优平衡状态。

　　练习三

　　1. 理解下列概念：企业间电子商务、ERP
　　2. B-C电子商务模式有哪些？其如何实现营利？
　　3. 访问网上商城，了解购买流程及尝试购买。
　　4. 举出几个有代表性的 B-B、B-C、C-C 的网站，并理解其经营特点。
　　5. 企业间电子商务有哪些类型？如何实施？
　　6. 分析企业间电子商务的模式及特点
　　7. 访问阿里巴巴站点，了解其企业间电子商务的业务流程。尝试为一家公司申请成为网站会员。

第四章　电子商务安全技术

随着信息技术日新月异的发展，人类正在进入以网络为主的信息时代，基于 Internet 开展的电子商务已逐渐成为人们进行商务活动的新模式。越来越多的人通过 Internet 进行商务活动，电子商务的发展前景十分诱人，但随之而来的是其安全问题也变得越来越突出。如何建立一个安全、便捷的电子商务应用环境，保证整个商务过程中信息的安全性，使基于 Internet 的电子交易方式与传统交易方式一样安全可靠，已经成为在电子商务应用中所关注的重要技术问题。

据权威机构调查表明，目前国内企业发展电子商务的最大顾虑是网上交易的安全问题。因此，信息的安全是当前发展电子商务最迫切需要研究和解决的问题。Internet 之所以能发展成为今天的全球性网络，主要是依赖于它的开放性。但是，这种开放式的信息交换方式使其网络安全具有很大的脆弱性。

2011 年 12 月 21 日，中国最大的 IT 网站遭到黑客攻击，大量用户数据库被公布在互联网上，600 多万个明文的注册邮箱和密码被泄露。2011 年 12 月 22 日，疑似人人、开心、多玩、7k7k、178 游戏、嘟嘟牛等网站用户信息被黑客公布，涉及用户资料近 5000 万份。更为严重的是，由于很多用户的用户名和密码在各个网站几乎一样，一旦有一个账号密码泄露，就很可能波及所有重要账号的安全，如网上支付、邮箱、聊天账号等，这些账户一旦被非法分子利用，用户将遭受巨大的损失。此次密码泄露事件的蔓延速度之快和涉及面之大，给各大网站企业、银行、第三方支付以及用户都带来了巨大的损失。但换个角度，此次事件也为互联网和整个金融行业，电子商务行业敲响了警钟，有利于企业及用户尽早筑起保护的壁垒，预防支付安全威胁事件的产生。因此，必须更加重视网络安全技术，尤其是涉及支付的电子商务安全技术。

本章首先从分析电子商务面临的各种安全性威胁出发，讨论了基于 Internet 进行的电子商务活动提出的安全需求。在此基础上，我们将概要地介绍目前业界用于电子商务一些基本安全保密技术，目的是为了让读者对本章所讨论的电子商务安全保密技术先有一个总体概要的认识。

第一节 电子商务的安全问题

电子商务的安全问题，主要是在开放的网络环境中如何保证信息传递中的完整性、可靠性、真实性以及预防未经授权的非法入侵者这几个方面的问题上。而解决这些问题主要是表现在技术上，并在采用和实施这些技术的经济可行性上。这方面的问题是电子商务安全考虑和研究的主要问题。简单讲一是技术上的安全性，二是安全技术的实用可行性。大量的事实表明，安全是电子商务的关键问题。安全得不到保障，即使使用 Internet 再方便，电子商务也无法得到广大用户的认可。

一、电子商务的安全隐患

与现实商务不同，参与电子商务的各方不需要面对面来进行商务活动，信息流和资金流都可以通过 Internet 来传输。而 Internet 是一个向全球用户开放的巨大网络，其技术上的缺陷和用户使用中的不良习惯，使得电子商务中的信息流和资金流在通过? Internet 传输时，存在着许多安全隐患，这就是电子商务的安全问题。

1. 中断系统—破坏系统的有效性 网络故障、操作错误、应用程序错误、硬件故障、系统软件错误及计算机病毒都能导致系统不能正常工作，因而要对由此所产生的潜在威胁加以控制和预防，以保证贸易数据在确定的时刻、确定的地点是有效的。

2. 窃听信息—破坏系统的机密性 电子商务作为贸易的一种手段，其信息直接代表着个人、企业或国家的商业机密。传统的纸面贸易都是通过邮寄封装的信件或通过可靠的通信渠道发送商业报文来达到保守机密的目的。电子商务是建立在一个较为开放的网络环境上的，维护商业机密是电子商务全面推广应用的重要保障。因此，要预防通过搭线和电磁泄漏等手段造成信息泄漏，或对业务流量进行分析从而获取有价值的商业情报等一切损害系统机密性的行为。

3. 篡改信息—破坏系统的完整性 电子商务简化了贸易过程，减少了人为的干预，同时也带来维护贸易各方商业信息的完整、统一的问题。由于数据输入时的意外差错或欺诈行为，可能导致贸易各方信息的差异。此外，数据传输过程中信息的丢失、信息重复或信息传送的次序差异也会导致贸易各方信息的不同。贸易各方信息的完整性将影响到贸易各方的交易和经营策略，保持贸易各方信息的完整性是电子商务应用的基础。因此，要预防对信息的随意生成、修改和删除，同时要防止数据传送过程中信息的丢失和重复并保证信息传送次序的统一。

4. 伪造信息—破坏系统的可靠性、真实性电子商务可能直接关系到贸易双方的商业交易，如何确定要进行交易的贸易方正是进行交易所期望的贸易方这一问题则是保证电子商务顺利进行的关键。在传统的纸面贸易中，贸易双方通过在交易合同、契约或贸易单据等书面文件上手写签名或印章来鉴别贸易伙伴，确定合同、契约、单据的可靠性并预防抵赖行为的发生。这也就是人们常说的"白纸黑字"。在无纸化的电子商务方式下，通过手写签名和印章进行贸易方的鉴别已是不可能的。因此，要在交易信息的传输过程中为参与交易的个人、企业或国家提供可靠的标识。

5. 一个网络的用户未经授权访问了另一个网络。目前许多企业的内部网（Intranet）通常与 Internet 互连在一起的，但如果没有经过企业的许可，外面的用户是不能够进入企业网进行访问。但是，在安全措施不得力的情况下，有的未经授权的非法用户会想办法窜入企业内部网，这就是所谓的"黑客"侵扰。有的"黑客"甚至会登录企业内部的核心服务器，给企业的信息系统安全造成极大的危害。为了防止"黑客"的入侵，目前技术上一般采用设置防火墙的办法，在企业内部网和 Internet 之间设置一道"有孔的墙"，只有那些经过授权的合法用户才能进入企业内部网络。

6. 计算机病毒。计算机技术发展到今天，新的计算机病毒层出不穷。Internet 的出现，更是刺激了计算机病毒的传播。而且，计算机病毒的危害性也越来越严重。电子商务是一种依赖于计算机和计算机网络的新的商务模式，危害计算机和计算机网络的计算机病毒自然对对电子商务造成了很大的危害。今天，在技术上有各种各样的计算机病毒防治措施。

二、电子商务给交易双方带来的安全威胁

在传统交易过程中，买卖双方是面对面的，因此很容易保证交易过程的安全性和建立起信任关系。但在电子商务过程中，买卖双方是通过网络来联

系的，而且彼此远隔千山万水。由于因特网既不安全，也不可信，因而建立交易双方的安全和信任关系相当困难。电子商务交易双方（销售者和购买者）都面临不同的安全威胁。

1. 销售者面临威胁

对销售者而言，他面临的安全威胁主要有：

（1）中央系统安全性被破坏：入侵者假冒成合法用户来改变用户数据（如商品送达地址）、解除用户订单或生成虚假订单。

（2）竞争者检索商品递送状况：恶意竞争者以他人的名义来订购商品，从而了解有关商品的递送状况和货物的库存情况。

（3）客户资料被竞争者获悉。

（4）被他人假冒而损害公司的信誉：不诚实的人建立与销售者服务器名字相同的另一个服务器来假冒销售者。

（5）消费者提交订单后不付款。

（6）虚假订单。

（7）获取他人的机密数据：比如，某人想要了解另一人在销售商处的信誉时，他以另一人的名字向销售商订购昂贵的商品，然后观察销售商的行动。假如销售商认可该订单，则说明被观察者的信誉高，否则，则说明被观察者的信誉不高。

2. 购买者面临威胁

对购买者而言，他面临的安全威胁主要有：

（1）虚假订单：一个假冒者可能会以客户的名字来订购商品，而且有可能收到商品，而此时客户却被要求付款或返还商品。

（2）付款后不能收到商品：在要求客户付款后，销售商中的内部人员不将订单和钱转发给执行部门，因而使客户不能收到商品。

（3）机密性丧失：客户有可能将秘密的个人数据或自己的身份数据（如账号、口令等）发送给冒充销售商的机构，这些信息也可能会在传递过程中被窃取。

（4）拒绝服务：攻击者可能向销售商的服务器发送大量的虚假定单来穷竭它的资源，从而使合法用户不能得到正常的服务。

三、电子商务的安全风险来源

上面从交易双方分析了电子商务交易的安全威胁。如果从整个电子商务系统着手分析，可以将电子商务的安全问题，归类为下面四类风险，即信息传输风险、信用风险、管理风险以及法律方面风险。

（一）信息传输风险

信息传输风险是指进行网上交易时，因传输的信息失真或者信息被非法的窃取、篡改和丢失，而导致网上交易的不必要损失。从技术上看，网上交易的信息传输风险主要来自三方面：

1. 冒名偷窃。如"黑客"为了获取重要的商业秘密、资源和信息，常常采用源 IP 地址欺骗攻击。

2. 篡改数据。攻击者未经授权进入网络交易系统，使用非法手段，删除、修改、重发某些重要信息，破坏数据的完整性，损害他人的经济利益，或干扰对方的正确决策，造成网上交易的信息传输风险。

3. 信息丢失。交易信息的丢失，可能有三种情况：一是因为线路问题造成信息丢失；二是因为安全措施不当而丢失信息；三是在不同的操作平台上转换操作不当而丢失信息。

4. 信息传递过程中的破坏。信息在网络上传递时，要经过多个环节和渠道。由于计算机技术发展迅速，原有的病毒防范技术、加密技术、防火墙技术等始终存在着被新技术攻击的可能性。计算机病毒的侵袭、"黑客"非法侵入、线路窃听等很容易使重要数据在传递过程中泄露，威胁电子商务交易的安全。此外，各种外界的物理性干扰，如通信线路质量较差、地理位置复杂、自然灾害等，都可能影响到数据的真实性和完整性。

5. 虚假信息。从买卖双方自身的角度观察，网上交易中的信息传输风险还可能来源于用户以合法身份进入系统后，买卖双方都可能在网上发布虚假的供求信息，或以过期的信息冒充现在的信息，以骗取对方的钱款或货物。现在还没有很好的解决信息鉴别的办法。

与传统交易不同的是，网上交易的信息传输风险更为严重。传统交易中的信息传递和保存主要通过有形的单证进行的，信息接触面比较窄，容易受到保护和控制。即使在信息传递过程出现丢失、篡改等情况时，也可以通过留下的痕迹查找出现偏差原因。而在网上传递的信息，是在开放的网络上进行的，与信息的接触面比较多，而且信息被篡改时可以不留下痕迹，因此网上交易时面临的信息传输风险比传统交易更为严重。

（二）信用风险

信用风险主要来自三个方面：

1. 来自买方的信用风险。对于个人消费者来说，可能在网络上使用信用卡进行支付时恶意透支，或使用伪造的信用卡骗取卖方的货物行为；对于集团购买者来说，存在拖延货款的可能，卖方需要为此承担风险。

2. 来自卖方的信用风险。卖方不能按质、按量、按时寄送消费者购买的货物，或者不能完全履行与集团购买者签订的合同，造成买方的风险。

3. 买卖双方都存在抵赖的情况。传统交易时，交易双方可以直接面对面进行，信用风险比较容易控制。由于网上交易时，物流与资金流在空间上和时间上是分离的，因此如果没有信用保证网上交易是很难进行的。再加上网上交易一般是跨越时空的，交易双方很难面对面交流，信用的风险就很难控制。这就要求网上交易双方必须有良好的信用，而且有一套有效的信用机制降低信用风险。

（三）管理方面的风险

网上交易管理风险是指由于交易流程管理、人员管理、交易技术管理的不完善所带来的风险。

1. 交易流程管理风险。在网络商品中介交易的过程中，客户进入交易中心，买卖双方签订合同，交易中心不仅要监督买方按时付款，还要监督卖方按时提供符合合同要求的货物。在这些环节上，都存在着大量的管理问题，如果管理不善势必造成巨大的潜在风险。为防止此类问题的风险需要有完善的制度设计，形成一套相互关联、相互制约的制度群。

2. 人员管理风险。人员管理常常是网上交易安全管理上的最薄弱的环节，近年来我国计算机犯罪大都呈现内部犯罪的趋势，其原因主要是因工作人员职业道德修养不高，安全教育和管理松懈所致。一些竞争对手还利用企业招募新人的方式潜入该企业，或利用不正当的方式收买企业网络交易管理人员，窃取企业的用户识别码、密码、传递方式以及相关的机密文件资料。

3. 网络交易技术管理的漏洞也带来较大的交易风险。有些操作系统中的某些用户是无口令的，如匿名 FTP，利用远程登录命令登陆这些无口令用户，允许被信任用户不需要口令就可以进入系统，然后把自己升级为超级用户。

传统交易经过多年发展，在交易时有比较完善的控制机制，而且管理比较规范。而网上交易还只经历了很短时间，还存在许多漏洞，这就要求加强对其进行管理和规范交易。

四、正确看待电子商务的安全问题

1. 安全是一个系统的概念。安全问题不仅仅是个技术性的问题，不仅仅只涉及技术，更重要的还有管理，而且它还与社会道德、行业管理以及人们的行为模式都紧密地联系在一起了。

2. 安全是相对的。房子的窗户上只有一块玻璃，一般说来这已经很安全，但是如果非要用石头去砸，那就不安全了。我们不会因为石头能砸碎玻璃而去怀疑它的安全性，因为大家都有一个普遍的认识：玻璃是不能砸的，有了窗玻璃就可以保证房子的安全。同样，不要追求一个永远也攻不破的安全技术，安全与管理始终是联系在一起的。也就是说安全是相对的，而不是绝对的，如果要想以后的网站永远不受攻击，不出安全问题是很难的，我们要正确认识这个问题。

3. 安全是有成本和代价的。无论是现在国外的 B – to – B 还是 B – to – C，都要考虑到安全的代价和成本的问题。如果只注重速度就必定要以牺牲安全来作为代价，如果能考虑到安全速度就得慢一点，把安全性保障得更好一些，当然这与电子商务的具体应用有关。如果不直接牵涉到支付等敏感问题，对安全的要求就低一些；如果牵涉到支付问题对安全的要求就要高一些，所以安全是有成本和代价的。作为一个经营者，应该综合考虑这些因素；作为安全技术的提供者，在研发技术时也要考虑到这些因素。

4. 安全是发展的、动态的。今天安全明天就不一定很安全，因为网络的攻防是此消彼长、道高一尺、魔高一丈的事情，尤其是安全技术，它的敏感性、竞争性以及对抗性都是很强的，这就需要不断地检查、评估和调整相应的安全策略。没有一劳永逸的安全，也没有一蹴而就的安全。

第二节 电子商务的安全需求

一、电子商务信息安全的要求

信息（Information），广义上讲是物质和能量在时间、空间上定性或定量的模型或其符号的集合。而在经济生活中，信息通常指的是与企业的生产、经营、销售相关的商业消息、情报、数据、密码、知识等。而通过计算机网络传递的经济信息（包括文字、数据、图表、影音等能够被人或计算机识别的符号内容），则称其为网络商务信息，是电子商务活动中信息的主要组成部分。信息在网络空间内的流动（传递）称为网络信息通信，在网络上停留时则称为存储。

（一）信息是一种特殊的商品

信息与其他商品一样，具有价值和使用价值。因为信息的收集、加工和传递等工作都要付出劳动，都要消耗一定的人、财、物，因而信息是具有劳动价值的。有效信息能够传递给接收者并被接收、理解和应用，能够产生相应的社会或经济效益，因而信息又具有使用价值。所以说，信息本质上也是商品，是一种特殊的商品。

（二）信息商品的特殊性

信息商品的特殊性主要体现在两个方面：

1. 价值性

企业要生产并创造利润，除了人、财、物等要素的投入外，还必须具备相应的信息要素，当人类社会商品极大丰富，由卖方市场转变为买方市场之后，市场竞争变得日益激烈，信息要素的价值显得更为突出，但信息的价值却是难以量化的。

2. 时效性

信息的价值会随着信息被理解和被投入使用的时间的延迟而下降，甚至丧失其价值。信息只有被及时地识别和使用才能体现出它本身的价值，以往由于信息传递速度慢、传递渠道不畅等原因，经常出现"信息获得了也失效了"的现象。

（三）信息安全的要求

1. 可用性

如果一个数据文件的名字被从受害人拥有的计算机内的文件子目录中移走，用户就不能再调用这个文件，显然，其他信息安全性要素无法说明这类丢失，因而可用性的维护必须作为信息安全性的一个目标，可用性丧失的严重性是不同的，例如有的无法恢复，有的可部分延后恢复，有的也许可全部恢复。

有很多控制可用来维护或恢复计算机内数据文件的可用性，如作备份子目录；对计算机和指定数据文件有力的存取控制等。

2. 实用性

如当有价值信息的唯一拷贝在一台计算机中被例行地加密，而加密密钥被意外清除或改变时，信息的实用性才可能被恢复。尽管这情况也可当做丢失或改变密钥，但该丢失行为影响到信息及其实用性的丢失，密钥的丢失可能是一种不同信息财富的丢失。实用性丢失的严重性是不同的，最严重的可能不能恢复，不太严重的可能部分或全部恢复。

为维护信息的实用性，可以有以下控制：在处理之前和之后进行数据验证的内部应用控制；在应用开发期间的安全性浏览在使用时间和地点方面限制信息的无答复格式；关于信息使用安全性负面作用的极小化；存取控制等。

3. 完整性

软件产品因为某种原因在交货时，如果没有包括一个重要的控制可付款程序，使该程序在用来完成双重计账控制时失效，被会计利用这一疏漏参与一次巨大的可付账公款盗用。因为程序是不完善的，该产品缺少完整性整体性可靠性以及遵守一种处理规则的状态。完整性丢失的严重性可以是不同的。

预防信息完整性丢失的控制有：使用和检查序列号及校验；对特定范围内的信息类型作合理性校验；对记录子程序、段落或标题执行人工或自动文本检查；对计算机程序中的不可执行代码和不匹配条件转移的检验；促进人们道德规则的遵守。

4. 真实性

真实性丢失的严重性有下列几种形式。

确保信息真实性的控制有：口令、数字签名以及在工作站和 LAN 服务器上用来鉴别用户的标号的使用；对超界值的检验。

5. 保密性

顾客个人标识号（PIN）及账户结余秘密被破坏，它们的保密受侵犯。

保密性丧失的严重性可能不同，最坏的情况是信息泄露给最有危害的人，带来永久的影响。

维护保密性的措施包括：使用密钥，控制计算机和网络的访问。

6. 占有性

某公司磁带和磁盘上主文件如被全部拷贝，导致唯一占有性（即独占性）的丢失，占有性丧失的严重性随犯罪种类而变化。

保护信息占有性措施：使用商业秘密法；提供物理和逻辑的存取限制方法；维护和检查有关偷盗迹象的审计记录；使用文件标签等。

信息安全性框架可用图 4-1 来概括：

二、电子交易的安全需求

电子商务安全问题的核心和关键是电子交易的安全性，因此，下面我们首先讨论在 Internet 上进行商务交易过程中的安全问题。由于 Internet 本身的开放性以及目前网络技术发展的局限性，使网上交易面临着种种安全性威胁，

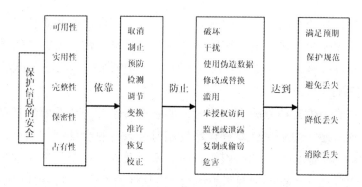

图 4-1 信息安全性框架图

也由此提出了相应的安全控制要求。

（一）身份的可认证性

身份的可认证性是指交易双方在进行交易前应能鉴别和确认对方的身份。在传统的交易中，交易双方往往是面对面进行活动的，这样很容易确认对方的身份。即使开始不熟悉、不能确信对方，也可以通过对方的签名、印章、证书等一系列有形的身份凭证来鉴别他的身份。另外，在传统的交易中如果是采用电话进行通信，也可以通过声音信号来识别对方身份。然而，参与网上交易的双方往往素不相识甚至远隔万里，并且在整个交易过程中都可能不见一面。因此，如果不采取任何新的保护措施，就要比传统的商务更容易引起假冒、诈骗等违法活动。例如，在进行网上购物时，对于客户来说，如何确信计算机屏幕上显示的页面就是大家所说的那个有名的网上商店，而不是居心不良的黑客冒充的呢？同样，对于商家来说，怎样才能相信正在选购商品的客户不是一个骗子，而是一个当发生意外事件时能够承担责任的客户呢？

因此，电子交易的首要安全需求就是要保证身份的可认证性。这就意味着，在双方进行交易前，首先要能确认对方的身份，要求交易双方的身份不能被假冒或伪装。

（二）信息的保密性

信息的保密性是指对交换的信息进行加密保护，使其在传输过程或存储过程中不被他人所识别。在传统的贸易中，一般都是通过面对面的信息交换，或者通过邮寄封装的信件或可靠的通信渠道发送商业报文，达到保守商业机密的目的。而电子商务是建立在一个开放的网络环境下，当交易双方通过 Internet 交换信息时，因为 Internet 是一个开放的公用互联网络，如果不采取适当的保密措施，那么其他人就有可能知道他们的通信内容；另外，存储在网络的文件信息如果不加密的话，也有可能被黑客窃取。上述种种情况都有可能造成敏感商业信息的泄露，导致商业上的巨大损失。例如，如果客户的信用卡的账号和用户名被人知悉，就可能被盗用；如果企业的订货和付款的信息被竞争对手获悉，就可能丧失商机。

因此，电子商务另一个重要的安全需求就是信息的保密性。这意味着，一定要对敏感重要的商业信息进行加密，即使别人截获或窃取了数据，也无法识别信息的真实内容，这样就可以使商业机密信息难以被泄露。

（三）信息的完整性

信息的完整性指确保信息在传输过程中的一致性，并且不被未经授权者所篡改，也称不可修改性。上面所讨论的信息保密性，是针对网络面临的被动攻击一类威胁而提出的安全需求，但它不能避免针对网络所采用的主动攻击一类的威胁。所谓被动攻击，就是不修改任何交易信息，但通过截获、窃取、观察、监听、分析数据流和数据流式获得有价值的情报。而主动攻击就是篡改交易信息，破坏信息的完整性和有效性，以达到非法的目的。例如，在电子贸易中，乙给甲发了如下一份报文："请给丁汇 100 元钱。乙"。报文在报发过程中经过了丙之手，丙就把"丁"改为"丙"。这样甲收到后就成了"请给丙汇 100 元钱。乙"，结果是丙而不是丁得到了 100 元钱。当乙得知丁未收到钱时就去问甲，甲出示有乙签名的报文，乙发现报文被篡改了。

因此，保证信息的完整性也是电子商务活动中的一个重要的安全需求。这意味着，交易各方能够验证收到的信息是否完整，即信息是否被人篡改过，或者在数据传输过程中是否出现信息丢失、信息重复等差错。

（四）不可抵赖性

交易的不可抵赖性是指交易双方在网上交易过程的每个环节都不可否认其所发送和收到的交易信息，又称不可否认性。由于商情千变万化，交易合同一旦达成就不能抵赖。在传统的贸易中，贸易双方通过在交易合同、契约或贸易单据等书面文件上手写签名或印章，确定合同、契约、单据的可靠性并预防抵赖行为的发生，这也就是人们常说的"白纸黑字"。但在无纸化的电子交易中，就不可能再通过传统的手写签名和印章来预防抵赖行为的发生。因此，必须采用新的技术，防止电子商务中的抵赖行为，否则就会引起商业纠纷，使电子商务无法顺利进行。例如，在电子商务活动中订购计算机时，如果订货时计算机价格较低，但收到订单后，计算机价格上涨了，假如供应商能否认收到订单的事实，则采购商就会蒙受损失；同样，如果收到订单后，计算机价格下跌了，假如订货方能否认先前发出订货单的事实，则供应商就会蒙受损失。

因此，保证交易过程中的不可抵赖性也是电子商务安全需求中的一个重要方面。这意味着，在电子交易通信过程的各个环节中都必须是不可否认的，即交易一旦达成，发送方不能否认他发送的信息，接收方则不能否认他所收到的信息。

（五）不可伪造性

在商务活动中，交易的文件是不可被修改的，如上例所举的订购计算机一案，如果供应商在收到订单后，发现计算机价格大幅上涨了，假如能改动文件内容，将订购数 100 台改为 10 台，则可大幅受益，那么采购商就会因此而蒙受巨大损失。在传统的贸易中，可以通过合同字迹的技术鉴定等措施来防止交易过程中出现的伪造行为，但在电子交易中，由于没有书面的合同，因而无法采用字迹的技术鉴定等传统手段来裁决是否发生了伪造行为。

因此，保证交易过程中的不可伪造性也是电子商务安全需求中的一个方面。这意味着，电子交易文件也要能做到不可修改，以保障交易的严肃和公正。

三、计算机网络系统的安全

在公用互联网 Internet 上进行电子商务活动时，除了在交易过程中会面临上述一些特殊的安全性问题外，毫无疑问，还会涉及一般计算机网络系统普遍面临的一些安全问题。威胁计算机网络安全的因素很多，有些因素可能是有意的，有些因素可能是无意的；有些因素可能是人为的，有些因素可能是非人为的。归结起来，针对网络安全的主要问题有如下几种。

（一）物理实体的安全

物理实体的安全主要包括以下几种。

1. 设备的功能失常。任何一种设备都不是十全十美、万无一失的，或多或少都存在着这样或那样的缺陷。有时出现一些比较简单的故障，而有些则是灾难性的。有些简单故障，特别是周期性故障，往往比那些大的故障更难于查找与修复。有些故障是当它们已经破坏了系统数据或其他设备时才被发现，而这时往往为时已晚，后果也是非常严重的。

2. 电源故障。由于各种意外的原因，网络设备的供电电源可能会突然中断或者产生较大的波动，这可能会突然中断计算机系统的工作。如果这时正在进行某些数据操作，这些数据很可能会出错或丢失。另外，突然断电对系统硬件设备也会产生不良后果。

3. 由于电磁泄漏引起的信息失密。计算机和其他一些网络设备大多数都是电子设备，当它工作时会产生电磁泄漏。一台计算机就像一部电台，带有信息的电磁波向外辐射，尤其视频显示装置辐射的信息量最强，用先进的电子设备在一公里之外的地方就能接收下来。另外，电子通信线路同样也有辐射。这样，非法之徒就可以利用先进的接收设备窃取网络机密信息。

4. 搭线窃听。这是非法者常用的一种手段，将导线搭到无人值守的网络传输线路上进行监听，通过解调和正确的协议分析可以安全掌握通信的全部内容。

（二）自然灾害的威胁

计算机网络设备大多是一种易碎品，不能受重压或强烈的震动，更不能受强力冲击。所以，各种自然灾害、风暴、泥石流、建筑物破坏等，对计算机网络系统构成了严重的威胁。另外，计算机设备对环境的要求也很高，如温度、湿度、各种污染物的浓度，等等，所以要特别注意像火灾、水灾、空气污染等对计算机网络系统所构成的威胁。

（三）黑客的恶意攻击

2003 年初，全世界传媒都在关注美国著名网站被袭事件。在这次事件中，包括雅虎、亚马逊书店、eBay、ZDNet、有线电视新闻网 CNN 在内的美国主要网站接连遭到黑客的攻击。这些网站被迫中断服务数小时，据估算，造成的损失达到 12 亿美元以上。这次袭击事件不仅使著名商业网站蒙受羞辱，更使公众对网络安全的信心受到打击。

所谓黑客，现在一般泛指计算机信息系统的非法入侵者。黑客的出现可以说是当今信息社会，网络用户有目共睹、不容忽视的一个独特现象。黑客们在世界各地四处出击，寻找机会袭击网络几乎到了无孔不入的地步。黑客攻击目前成为计算机网络所面临的最大威胁。如今，无论是个人、企业、还是政府机构，只要进入计算机网络，都会感受到黑客带来的网络安全威胁。大至国家机密，小到个人隐私，还有商业秘密，都随时可能被黑客发现并公布。

黑客的攻击手段和方法多种多样，一般可以粗略地分为以下两种：一种是主动攻击，它以各种方式有选择地破坏信息的有效性和完整性；另一类是被动攻击，它是在不影响网络正常工作的情况下，进行截获、窃取、破译以获得重要机密信息。这两种攻击均可对计算机网络造成极大的危害，并导致机密数据的泄漏。

（四）软件的漏洞和"后门"

随着计算机系统的越来越复杂，一个软件特别是大的系统或应用软件，要想进行全面彻底的测试已经变得越来越不可能了。虽然在设计与开发一个大型软件的过程中可以进行某些测试，但总是会多多少少留下某些缺陷和漏洞，这些缺陷可能长时间也发现不了，而只有当被利用或某种条件得到满足时，才会显现出来。目前最常用的一些大型的软件系统，例如 Windows98、Windows 2000 和一些 UNIX 系统软件，以及 MS Internet Explore 和 Netscape Communicator 等大型应用软件，都不断被用户发现有这样或那样的安全漏洞。另外，软件的"后门"都是软件公司的设计和编程人员为了自便而设置的，一般不为外人所知，但一旦"后门"洞开，其造成的后果将不堪设想。

（五）网络协议的安全漏洞

网络服务一般都是通过各种各样的协议完成的，因此网络协议的安全性是网络安全的一个重要方面。如果网络通信协议存在安全上的缺陷，那么敌手就有可能不必攻破密码体制即可获得所需要的信息或服务。值得注意的是，网络协议的安全性是很难得到绝对保证的。目前协议安全性的保证通常有两种方法：一种是用形式化方法来证明一个协议是安全的；另一种是设计者用经验来分析协议的安全性。形式化证明的方法是人们所希望的，但一般的协议安全性也是不可判定的，所以对复杂的通信协议的安全性，现在主要采用找漏洞分析的方法。无疑，这种方法有很大的局限性。实践证明，目前 Internet 提供的一些常用服务所使用的协议，例如，Telnet、FTP 和 HTTP 协议，在安全方面都存在一定的缺陷。当今许多黑客攻击都是利用了这些协议的安全漏洞才得逞的。实际上，网络协议的漏洞是当今 Internet 面临的一个严重安全问题。

（六）计算机病毒的攻击

什么是病毒？计算机病毒（Computer Virus）在《中华人民共和国计算机信息系统安全保护条例》中被明确定义为："指编制或者在计算机程序中插入的破坏计算机功能或者破坏数据，影响计算机使用并且能够自我复制的一组计算机指令或者程序代码。"

目前全球出现的数万种病毒按照基本类型划分，可归为 6 种类型：引导型病毒、可执行文件病毒、宏病毒和混合病毒、特洛伊木马型病毒、Internet 语言病毒。

计算机病毒作为一种具有破坏性的程序，往往想尽一切手段将自身隐藏起来，保护自己；但是病毒最根本的目的还是达到其破坏目的，在某些特定条件被满足的前提下，病毒就会发作，这也就是病毒的破坏性。病毒的破坏性有些只是显示一些图片、放一段音乐或和你开个玩笑，这类病毒就是良性病毒；而有些病毒则含有明确的目的性，像破坏数据、删除文件、格式化磁盘等，这类病毒就是恶性病毒。计算机病毒的破坏行为体现了病毒的杀伤能力，病毒破坏行为的激烈程度取决于病毒作者的主观愿望和他所具有的技术能量。

第三节　电子商务基本安全技术

针对前面介绍的电子商务所面临的安全性威胁，以及由此提出的安全需求，迄今为止，国内外学术界和相关厂商已指出了很多相应的解决方案，并且基本上满足了人们在 Internet 上开展安全的电子商务活动的愿望。在许许多多的解决方案中，涉及的安全保密技术主要有加密技术、认证技术、CA 安全认证体系、安全电子交易协议、虚拟专用网技术、反病毒技术、黑客防范及其他相关的网络安全技术。下面分别简要加以介绍。

一、防火墙

网络安全是电子商务安全的基础，一个完整的电子商务系统应建立在安全的网络基础设施之上。网络安全技术非常多，如防火墙技术、虚拟专用网（VPN）技术、各种反黑客技术和漏洞检测技术等。其中最重要的就是防火墙技术。

（一）防火墙原理

作为近年来新兴的保护计算机网络安全技术性措施，防火墙（FireWall）是一种隔离控制技术，在某个机构的网络和不安全的网络（如 Internet）之间设置屏障，阻止对信息资源的非法访问，也可以使用防火墙阻止专利信息从企业的网络上被非法输出。防火墙是一种被动防卫技术，由于它假设了网络的边界和服务，因此对内部的非法访问难以有效地控制，因此，防火墙最适合于相对独立的与外部网络互连途径有限、网络服务种类相对集中的单一网络。

在逻辑上，防火墙是一个分离器、一个限制器、也是一个分析器，能有效地监控内部网和 Internet 之间的任何活动，从而保证内部网络的安全。

防火墙是在内部网与外部网之间实施安全防范的系统，可被认为是一种访问控制机制，基于两种准则进行设计：

一切未被允许的就是禁止的。基于该准则，防火墙应封锁所有信息流，然后对希望提供的服务逐项开放。这种方法可以创造十分安全的环境，但用户使用的方便性、服务范围受到限制。

一切未被禁止的就是允许的。基于该准则，防火墙转发所有信息流，然后逐项屏蔽有害的服务。这种方法构成了更为灵活的应用环境，可为用户提供更多的服务。但在日益增多的网络服务面前，网管人员的疲于奔命可能很难提供可靠的安全防护。

（二）防火墙的种类

真正意义下的防火墙有两类：一类被称为标准防火墙；一类叫双家网关。标准防火墙系统包括一个 Unix 工作站，该工作站的两端各按一个路由器进行缓冲。其中一个路由器的接口是外部世界，即公用网；而另一个则连接内部网。标准防火墙使用专门的软件，并要求较高的管理水平，而且在信息传输上有一定的延迟。而双家网关则是对标准防火墙的扩充，双家网关又称堡垒主机或应用层网关，它是一个单个的系统，但却能同时完成标准防火墙的所有功能。其优点是能运行更复杂的应用，同时防止在互联网和内部系统之间建立的任何直接的连接，可以确保数据包不能直接从外部网络到达内部网络，反之亦然。

随着防火墙技术的进步，在双家网关的基础上又演化出两种防火墙配置：一种是隐蔽主机网关；另一种是隐蔽智能网关（隐蔽子网）。隐蔽主机网关当前也许是一种常见的防火墙配置。顾名思义，这种配置一方面将路由器进行隐蔽，另一方面在互联网和内部网之间安装堡垒主机。堡垒主机装在内部网上，通过路由器的配置，使该堡垒主机成为内部网与互联网进行通信的唯一系统。目前技术最为复杂而且安全级别最高的防火墙当属隐蔽智能网关。所谓隐蔽智能网是将网关隐藏在公共系统之后，它是互联网用户唯一能见到的系统。所有互联网功能则是经过这个隐藏在公共系统之上的保护软件来进行的。一般来说，这种防火墙是最不容易被破坏的。

从实现原理上分，防火墙的技术包括四大类：网络级防火墙（也叫包过滤型防火墙）、应用级网关、电路级网关和规则检查防火墙。它们之间各有所长，具体使用哪一种或是否混合使用，要看具体需要。

1. 网络级防火墙

一般是基于源地址和目的地址、应用或协议以及每个 IP 包的端口来作出通过与否的判断。一个路由器便是一个"传统"的网络级防火墙，大多数的路由器都能通过检查这些信息来决定是否将所收到的包转发，但它不能判断出一个 IP 包来自何方，去向何处。

防火墙检查每一条规则直至发现包中的信息与某规则相符。如果没有一条规则能符合，防火墙就会使用默认规则，一般情况下，默认规则就是要求防火墙丢弃该包。其次，通过定义基于 TCP 或 UDP 数据包的端口号，防火墙能够判断是否允许建立特定的连接，如 Telnet、FTP 连接。

2. 应用级网关

应用级网关能够检查进出的数据包，通过网关复制传递数据，防止在受信任服务器和客户机与不受信任的主机间直接建立联系。应用级网关能够理解应用层上的协议，能够做复杂一些的访问控制，并做精细的注册和稽核。它针对特别的网络应用服务协议即数据过滤协议，并且能够对数据包分析并形成相关的报告。应用网关对某些易于登录和控制所有输出输入的通信的环境给予严格的控制，以防有价值的程序和数据被窃取。在实际工作中，应用网关一般由专用工作站系统来完成。但每一种协议需要相应的代理软件，使用时工作量大，效率不如网络级防火墙。

应用级网关有较好的访问控制，是目前最安全的防火墙技术，但实现困难，而且有的应用级网关缺乏"透明度"。在实际使用中，用户在受信任的网络上通过防火墙访问 Internet 时，经常会发现存在延迟并且必须进行多次登录（Login）才能访问 Internet 或 Intranet。

3. 电路级网关

电路级网关用来监控受信任的客户或服务器与不受信任的主机间的 TCP 握手信息，这样来决定该会话（Session）是否合法，电路级网关是在 OSI 模型中会话层上来过滤数据包，这样比包过滤防火墙要高二层。

电路级网关还提供一个重要的安全功能：代理服务器（Proxy Server）。代理服务器是设置在 Internet 防火墙网关的专用应用级代码。这种代理服务准许网管员允许或拒绝特定的应用程序或一个应用的特定功能。包过滤技术和应用网关是通过特定的逻辑判断来决定是否允许特定的数据包通过，一旦判断条件满足，防火墙内部网络的结构和运行状态便"暴露"在外来用户面前，这就引入了代理服务的概念，即防火墙内外计算机系统应用层的"链接"由两个终止于代理服务的"链接"来实现，这就成功地实现了防火墙内外计算机系统的隔离。同时，代理服务还可用于实施较强的数据流监控、过滤、记录和报告等功能。代理服务技术主要通过专用计算机硬件（如工作站）来承担。

4. 规则检查防火墙

该防火墙结合了包过滤防火墙、电路级网关和应用级网关的特点。它同包过滤防火墙一样，规则检查防火墙能够在 OSI 网络层上通过 IP 地址和端口号，过滤进出的数据包。它也像电路级网关一样，能够检查 SYN 和 ACK 标记和序列数字是否逻辑有序。当然它也像应用级网关一样，可以在 OSI 应用层上检查数据包的内容，查看这些内容是否能符合企业网络的安全规则。

规则检查防火墙虽然集成前三者的特点，但是不同于一个应用级网关的是，它并不打破客户机/服务器模式来分析应用层的数据，它允许受信任的客户机和不受信任的主机建立直接连接。规则检查防火墙不依靠与应用层有关的代理，而是依靠某种算法来识别进出的应用层数据，这些算法通过已知合法数据包的模式来比较进出数据包，这样从理论上就能比应用级代理在过滤数据包上更有效。

（三）防火墙的使用

防火墙是企业网安全问题的流行方案，即把公共数据和服务置于防火墙外，使其对防火墙内部资源的访问受到限制。一般说来，防火墙是不能防病毒的，尽管有不少的防火墙产品声称其具有这个功能。防火墙技术的另外一个弱点在于数据在防火墙之间的更新是一个难题，如果延迟太大将无法支持实时服务请求。此外，防火墙采用滤波技术，滤波通常使网络的性能降低50%以上，如果为了改善网络性能而购置高速路由器，又会大大提高经济预算。

作为一种网络安全技术，防火墙具有简单实用的特点，并且透明度高，可以在不修改原有网络应用系统的情况下达到一定的安全要求。但是，如果防火墙系统被攻破，则被保护的网络处于无保护状态。如果一个企业希望在 Internet 上开展商业活动，与众多的客户进行通信，则防火墙不能满足要求。

二、非对称加密技术

（一）加密技术概述

加密技术是电子商务采取的主要安全技术手段。采用加密技术可以满足信息保密性的安全需求，避免敏感信息泄露的威胁。通常信息加密的途径是通过密码技术实现的，密码技术是保护信息的保密性、完整性、可用性的有力手段，它可以在一种潜在不安全的环境中保证通信及存储数据的安全，密码技术还可以有效地用于报文认证、数字签名等，以防止种种电子欺骗。可以说，加密技术是认证技术及其他许多安全技术的基础，也是信息安全的核心技术。

密码技术包括密码设计、密码分析、密钥管理、验证技术等内容。密码设计的基本思想是伪装信息，使局外人不能理解信息的真正含义，而局内人却能够理解伪装信息的本来含义。其中，密码设计的中心内容就是数据加密和解密的方法。所谓"加密"，简单地说，就是使用数学的方法将原始信息（明文）重新组织与变换成只有授权用户才能解读的密码形式（密文），而"解密"就是将密文重新恢复成明文。密码的出现可以追溯到远古时代，密码学也和其他学科一样随着社会的发展而发展，先后经历了手工阶段、机械阶段、电子阶段，而现在则进入了计算机和网络时代。目前，密码学已发展成一门系统的技术科学，是集数学、计算机科学、电子与通信等诸多学科于一身的交叉学科。根据不同的标准，密码体制的分类方法很多，其中常用的主要有对称密码体制（也叫做单钥密码体制、秘密密钥密码体制、对称密钥密码体制）、非对称密码体制（也叫做双钥密码体制、公开密钥密码体制、非对称密钥密码体制）等。

在对称密码体制中，其中加密密钥与解密密钥是相同的。早期使用的加密算法大多是对称密码体制，所以对称密码体制通常也称作传统密码体制，或常规密码体制。在这种密码体制下，有加密（或解密）的能力就意味着必然也有解密（或加密）的能力。对称密码体制的优点是具有很高的保密强度，可以达到经受国家级破译力量的分析和攻击，但它的密钥必须通过安全可靠的途径传递。由于密钥管理成为影响系统安全的关键性因素，使它难以满足系统的开放性要求。

为了解决对称密码体制的密钥分配问题，以及满足对数字签名的需求，20 世纪 70 年代产生了非对称密码体制。在这种密码体制下，人们把加密过程和解密过程设计成不同的途径，当算法公开时，在计算上不可能由加密密钥求得解密密钥，因而加密密钥可以公开，而只需秘密保存解密密钥即可。在非对称密码体制中，最具代表性的算法当数 RSA，它从 1978 年公布至今，一直是加密算法中的主要算法之一。尽管该算法吸引了无数研究者，但在数学上还未找到最佳破译方法。

非对称加密技术（公开密钥算法）是在 1976 年由当时在美国斯坦福大学的迪菲（Diffie）和赫尔曼（Hellman）两人首先发明的。目前最流行的非对称加密技术 RSA 算法是由 R. Rivest、A. Shamir 和 L. Adleman 于 1977 年提出的。RSA 的? 取名就是来自于这三位发明者的姓的第一个字母，它既能用于加密也能用于数字签名。

（二）非对称加密技术 RSA 的算法原理

RSA 的演算方法是：

1. 用户选择 2 个够大的保密质数 q、p（一般为 100 位以上十进制数）

2. 令 n = pq，n 是公开的，从 n 分解出 q、p 是极其困难的。

n 的欧拉函数：$\Phi(n) = (p-1)(q-1)$

$\Phi(n)$ 小于等于 n，并与 n 互质

3. 选择一个相对大的整数 e 作为加密指数，使 e 与 $\Phi(n)$ 互质，

4. 解同等方程：

$ed = 1 mod \Phi(n)$

求出解密指数 d

5. 设 M、C 分别为要加密的明文和被加密的密文（M、C 小于 n）

则：加密运算为：$C = M^e mod\ n$

解密运算为：$M = C^d mod\ n$

6. 每个用户都有一组密钥（e、d、n）

（e、n）叫公开密钥（Public Key, PK），可以公开在手册上，e 为加密指数，公开密钥可以公开给任何需要知道的人。

（d, n）为叫私人密钥（Private Key, SK），由个人所有、保密。

将 p、q 销毁

7. 要求明文 M < n

现在，用一个简单的例子来说明 RSA 公开密钥密码系统的工作原理。

选两个质数：p = 3、q = 5，计算出 n = pq = 15 和 $\Phi(n) = (3-1)(5-1) = 8$；

选 e = 11（e 必须与 $\Phi(n)$ 互质），可以通过 $ed = 1 mod \Phi(n) = 1 mod(8)$，计算出 d = 3，其实 ed = 11 * 3 = 33 除以 8 确实余 1。

将 e、n 公布，d 保密，p、q 销毁。

如果田女士要发送机密信息 M = 13 给子君小姐，她已经查到子君小姐的公开密钥是（n, e）=（15, 11），于是田女士算出加密值 $C = M^e mod\ n = 13^{11} mod\ 15 = 1,792,160,394,037 mod\ 15 = 7$ 并发给子君小姐。

子君小姐收到密文 C = 7 后，利用只有她知道的私人密钥（n, d）=（15, 3）计算 $M = C^d mod\ n = 7^3 mod\ 15 = 343 mod\ 15 = 13$。

（三）非对称加密技术 RSA 的安全性

数学上的单向陷门函数的特点是一个方向求值很容易，但其逆向计算却很困难。许多形式为 Y = f（x）的函数，对于给定的自变量 x 值，很容易计算出函数 Y 的值；而由给定的 Y 值，在很多情况下依照函数关系 f（x）计算 x 值十分困难。例如，两个大素数 p 和 q 相乘得到乘积 n 比较容易计算，但从它们的乘积 n 分解为两个大素数 p 和 q 则十分困难。如果 n 为足够大，当前的算法不可能在有效的时间内实现。

RSA 公开密钥密码体制的安全性取决于从公开密钥（n，e）计算出秘密密钥（n，d）的困难程度，而这等同于从 n 找出它的两个质因数 p 和 q。目前认为寻求有效的因数分解的算法就是破解 RSA 公开密钥密码系统的最佳方法。由于 n 的长度是控制非对称加密技术 RSA 算法的安全可靠性的重要因素，因此我们可以通过增加 n 的长度来保证其安全性。

1977 年，《科学的美国人》杂志悬赏征求分解一个 129 位十进数（426 比特），直至 1994 年？3 月，才由 Atkins 等人在因特网上动用了 1600 台计算机，前后花了八个月的时间，才找出了答案。现在，在技术上还无法预测攻破具有 2048 位密钥的 RSA 加密算法需要多少时间。美国 Lotus 公司悬赏 1 亿美元，奖励能破译其 Domino 产品中 1024 位密钥的 RSA 算法的人。从这个意义上说，目前 1024 位以上密钥的 RSA 算法是绝对安全的。

总之，随着硬件资源的迅速发展和因数分解算法的不断改进，为保证 RSA 公开密钥密码体制的安全性，最实际的做法是不断增加 n 的位数。

（四）非对称加密技术 RSA 的不足之处

RSA 的缺点主要有：1）产生密钥很麻烦，受到素数产生技术的限制，因而难以做到一次一密。2）分组长度太大，为保证安全性，n 至少也要 600 bits 以上，使运算代价很高。且随着大数分解技术的发展，这个长度还在增加，不利于数据格式的标准化。3）速度较慢，由于进行的都是大数计算，使得非对称加密技术 RSA 最快的情况也比对称加密技术 DES 慢上几个数量级，无论是软件还是硬件实现，速度一直是 RSA 的缺陷，因此，RSA 一般来说只用于少量数据加密。

三、虚拟专用网技术

虚拟专用网（VPN）技术是一种在公用互联网络上构造企业专用网络的技术。通过 VPN 技术，可以实现企业不同网络的组件和资源之间的相互连接，它能够利用 Internet 或其他公共互联网络的基础设施为用户创建隧道，并提供与专用网络一样的安全和功能保障。虚拟专用网络允许远程通信方、销售人员或企业分支机构使用 Internet 等公共互联网络的路由基础设计，以安全的方式与位于企业内部网内的服务器建立连接。VPN 对用户端透明，用户好像使用一条专用路线在客户计算机和企业服务器之间建立点对点连接，进行数据的传输。

虚拟专用网络技术支持企业通过 Internet 等公共互联网络与分支机构或其他公司建立连接，进行安全通信。这种跨越 Internet 建立的 VPN 连接在逻辑上等同于两地之间使用专用广域网建立的连接。VPN 利用公共网络基础设施为企业各部门提供安全的网络互联服务，它能够使运行在 VPN 之上的商业应用享有几乎和专用网络同样的安全性、可靠性、优先级别和管理性。

VPN 网络可以利用 IP 网络、帧中继网络和 ATM 网络建设。VPN 具体实现是采用隧道技术，将企业内的数据封装在隧道中进行传输。隧道协议可分为第二层隧道协议 PPTP、L2F、L2TP 和第三层隧道协议 GRE、Ipsec。

利用 VPN 技术可以建设用于 Internet 交易的专用网络，它可以在两个系统之间建立安全的信道（或隧道），用于电子数据交换（EDI）。在 VPN 中通信的双方彼此都较熟悉，这意味着可以使用复杂的专用加密和认证技术，只要通信的双方默认即可，没有必要为所有的 VPN 进行统一的加密和认证。现有的或正在开发的数据隧道系统可以进一步增加 VPN 的安全性，因而能够保证数据的保密性和可用性。

四、认证技术

安全认证技术也是为了满足电子商务系统的安全性要求采取的一种常用的必需的安全技术。安全认证的主要作用是进行信息认证。信息认证的目的有两个：

（1）确认信息的发送者的身份；

（2）验证信息的完整性，即确认信息在传送或存储过程中未被篡改过。

安全认证技术主要有数字摘要（Digital Digest）、数字信封（Digital Envelop）、数字签名（Digital Signature）、数字时间戳（Digital Time－Stamp）、数字证书（Digital Certificate，Digital ID）等。

（一）数字摘要

数字摘要是采用单向 Hash 函数对文件中若干重要元素进行某种变换运算

得到固定长度的摘要码（数字指纹 Finger Print），并在传输信息时将之加入文件一同送给接收方，接收方收到文件后，用相同的方法进行变换运算，若得到的结果与发送来的摘要码相同，则可断定文件未被篡改，反之亦然。

加密方法亦称安全 Hash 编码法（SHA：Secure Hash Algorithm）或 MDS（Standards for Message Digest），由 Ron Rivest 所设计。该编码法采用单向 Hash 函数将需加密的明文"摘要"成一串 l28bit 的密文，这一串密文亦称为数字指纹（Finger Print），它有固定的长度，且不同的明文摘要成密文，其结果总是不同的，而同样的明文其摘要必定一致。这样这串摘要便可成为验证明文是否是"真身"的"指纹"了。这种方法可以与加密技术结合起来使用，数字签名就是上述两法结合使用的实例。

（二）数字信封

数字信封是用加密技术来保证只有规定的特定收信人才能阅读信的内容。在数字信封中，信息发送方采用对称密钥来加密信息，然后将此对称密钥用接收方的公开密钥来加密（这部分称为数字信封）之后，将它和信息一起发送给接收方，接收方先用相应的私有密钥打开数字信封，得到对称密钥，然后使用对称密钥解开信息。这种技术的安全性相当高。

（三）数字签名

日常生活中，通常通过对某一文档进行签名来保证文档的真实有效性，可以对签字方进行约束，防止其抵赖行为，并把文档与签名同时发送以作为日后查证的依据。在网络环境中，可以用电子数字签名作为模拟，从而为电子商务提供不可否认服务。

把 HASH 函数和公钥算法结合起来，可以在提供数据完整性的同时，也可以保证数据的真实性。完整性保证传输的数据没有被修改，而真实性则保证是由确定的合法者产生的 HASH，而不是由其他人假冒。而把这两种机制结合起来就可以产生所谓的数字签名（Digital Signature），其原理为：

1. 被发送文件用安全 Hash 编码法 SHA（Secure Hash Algorithm）编码加密产生 128bit 的数字摘要；

2. 发送方用自己的私用密钥对摘要再加密，这就形成了数字签名；

3. 将原文和加密的摘要同时传给对方；

4. 对方用发送方的公共密钥对摘要解密，同时对收到的文件用 SHA 编码加密产生又一摘要；

5. 将解密后的摘要和收到的文件在接收方重新加密产生的摘要相互对比。如两者一致，则说明传送过程中信息没有被破坏或篡改过。否则不然。

数字签名是通过 hash 函数与公开密钥算法来实现的，其工作过程是如图 4-2 所示。

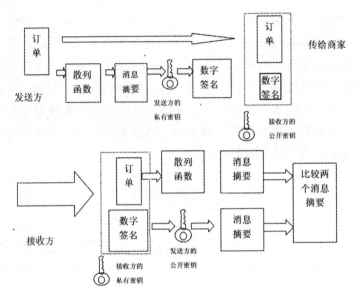

图4-2　用非对称加密实现数字签名

如果第三方冒充发送方发送了一个文件，因为接收方在对数字签名进行解密时使用的是发送方的公开密钥，只要第三方不知道发送方的私用密钥，解密出来的数字摘要与计算机计算出来的新摘要必然是不同的。这就提供了一个安全的确认发送方身份的方法。

一个签名体制一般包含两个组成部分：签名算法和验证算法。签名算法或签名密钥是秘密的，只有签名人掌握。验证算法应当是公开的，以便于他人进行验证。

数字签名相对于手写签名在安全性方面具有如下好处：数字签名不仅与签名者的私有密钥有关，而且与报文的内容有关，因此不能将签名者对一份报文的签名复制到另一份报文上，同时也能防止篡改报文的内容。

（四）数字时间戳（Digital Time - Stamp）

交易文件中，时间是十分重要的信息。在书面合同中，文件签署的日期和签名一样均是十分重要的，是防止文件被伪造和篡改的关键性内容。而在电子交易中，同样需对交易文件的日期和时间信息采取安全措施，而数字时间戳服务（DTS - Digital Time - stamp Service）就能提供电子文件发表时间的安全保护。数字时间戳服务（DTS）是网络安全服务项目，由专门的机构提供。

时间戳（time – stamp）是一个经加密后形成的凭证文档，它包括三个部分：

1. 需加时间戳的文件的摘要（digest）；

2. DTS 收到文件的日期和时间；

3. DTS 的数字签名。

时间戳产生的过程为：用户首先将需要加时间戳的文件用 HASH 编码加密形成摘要，然后将该摘要发送到 DTS，DTS 在加入了收到文件摘要的日期和时间信息后再对该文件加密（数字签名），然后送回用户。由 Bellcore 创造的 DTS 采用如下的过程：加密时将摘要信息归并到二叉树的数据结构；再将二叉树的根值发表在报纸上，这样更有效地为文件发表时间提供了佐证。注意，书面签署文件的时间是由签署人自己写上的，而数字时间戳则不然，它是由认证单位 DTS 来加的，以 DTS 收到文件的时间为依据。因此，时间戳也可作为科学家的科学发明文献的时间认证。

（五）数字证书（Digital certificate，Digital ID）

在交易支付过程中，参与各方必须利用认证中心签发的数字证书来证明各自的身份。所谓数字证书，就是用电子手段来证实一个用户的身份及用户对网络资源的访问权限。在网上电子交易中，如果双方出示了各自的数字证书，并用它来进行交易操作，那么双方都可不必为对方身份的真伪担心。

数字证书是用来唯一确认安全电子商务交易双方身份的工具。由于它由证书管理中心做了数字签名，因此，任何第三方都无法修改证书的内容。任何信用卡持有人只有申请到相应的数字证书，才能参加安全电子商务的网上交易。

数字证书的内部格式是由 CCITT X. 509 国际标准所规定的，它必须包含以下几点：

证书的版本号；

数字证书的序列号；

证书拥有者的姓名；

证书拥有者的公开密钥；

公开密钥的有效期；

签名算法；

办理数字证书的单位；

办理数字证书单位的数字签名。

在电子商务中，数字证书一般有四种类型：客户证书，商家证书，网关证书及 CA 系统证书。

（六）安全认证机构

电子商务授权机构（CA）也称为电子商务认证中心（Certificate Authority）。在电子交易中，无论是数字时间戳服务还是数字证书的发放，都不是靠交易的双方自己能完成的，而需要有一个具有权威性和公正性的第三方来完成。认证中心（CA）就是承担网上安全电子交易认证服务，能签发数字证书，并能确认用户身份的服务机构。认证中心通常是企业性的服务机构，主要任务是受理数字证书的申请、签发及对数字证书的管理。

在做交易时，向对方提交一个由 CA 签发的包含个人身份的证书，使对方相信自己的身份。顾客向 CA 申请证书时，可提交自己的驾驶执照、身份证或护照，经验证后，发放证书，证书包含了顾客的名字和他的公钥。以此作为网上证明自己身份的依据。

认证机构的核心职能是发放和管理用户的数字证书。认证机构在整个电子商务环境中处于至关重要的位置，它是整个信任链的起点。认证机构是开展电子商务的基础，如果认证机构不安全或发放的证书不具权威性，那么网上电子交易就根本无从谈起。

认证机构发放的证书一般分为持卡人证书、支付网关证书、商家证书、银行证书、发卡机构证书。

CA 有四大职能：证书发放、证书更新、证书撤销和证书验证。下面具体阐述各职能要完成的工作。

1. 证书发放。对于 SET 的用户，可以有多种方法向申请者发放证书，可以发放给最终用户签名的或加密的证书，向持卡人只能发放签名的证书，向商户和支付网关可以发放签名并加密的证书。

2. 证书更新。持卡人证书、商户和支付网关证书应定期更新，更新过程与证书发放过程是一样的。

3. 证书撤销。证书的撤销可以有许多理由，如私有密钥被泄露，身份信息的更新或终止使用等。对持卡人而言，他需要确认他的账户信息不会发往一个未被授权的支付网关。因此，被撤销的支付网关证书需包含在撤销清单中并散发给持卡人；由于持卡人不会将任何敏感的支付信息发给商家，所以，持卡人只需商户证书的有效性即可。对商户而言，需检查持卡人不在撤销清单中，并需与发卡行验证信息的合法性；同样支付网关需检查商户证书不在撤销清单中，并需与收单行验证信息的合法性。

4. 证书验证。SET 证书是通过信任分级体系来验证的，每一种证书与签发它的单位相联系，沿着该信任树直接到一个认可信赖的组织，我们就可以确定证书的有效性，信任树"根"的公用密钥对所有 SET 软件来说都是已知的，因而可以按次序检验每一个证书。

第四节 电子商务安全协议

电子商务出现之后，为了保障电子商务的安全性，人们不断通过各种途径进行大量的探索，SSL 安全协议和 SET 安全协议就是这种探索的两项重要结果。

一、SSL 协议

（一）SSL 协议简介

SSL 是 Secure socket Layer 英文缩写，它的中文意思是安全套接层协议，指使用公钥和私钥技术组合的安全网络通讯协议。SSL 协议是网景公司（Netscape）推出的基于 WEB 应用的安全协议，SSL 协议指定了一种在应用程序协议（如 Http、Telenet、NMTP 和 FTP 等）和 TCP/IP 协议之间提供数据安全性分层的机制，它为 TCP/IP 连接提供数据加密、服务器认证、消息完整性以及可选的客户机认证，主要用于提高应用程序之间数据的安全性，对传送的数据进行加密和隐藏，确保数据在传送中不被改变，即确保数据的完整性。

SSL 以对称密码技术和公开密码技术相结合，可以实现如下三个通信目标：

1. 秘密性：SSL 客户机和服务器之间传送的数据都经过了加密处理，网络中的非法窃听者所获取的信息都将是无意义的密文信息。

2. 完整性：SSL 利用密码算法和散列（HASH）函数，通过对传输信息特征值的提取来保证信息的完整性，确保要传输的信息全部到达目的地，可以避免服务器和客户机之间的信息受到破坏。

3. 认证性：利用证书技术和可信的第三方认证，可以让客户机和服务器相互识别对方的身份。为了验证证书持有者是其合法用户（而不是冒名用户），SSL 要求证书持有者在握手时相互交换数字证书，通过验证来保证对方身份的合法性。

（二）SSL 安全协议的运行步骤

1. 接通阶段。客户通过网络向服务商打招呼，服务商回应。

2. 密码交换阶段。客户与服务商之间交换认可的密码。一般选用 RSA 密码算法，也有的选用 Diffie – Hellman 和 Fortezza – KEA 密码算法。

3. 会谈密码阶段。客户与服务商间产生彼此交谈的会谈密码。

4. 检验阶段。检验服务商取得的密码。

5. 客户认证阶段。验证客户的可信度。

6. 结束阶段。客户与服务商之间的相互交换结束的信息。

当上述动作完成之后，两者间的资料传送就会加以密码，等到另外一端收到资料后，再将编码后的资料还原。即使盗窃者在网络上取得编码后的资料，如果没有原先编制的密码算法，也不能获得可读的有用资料。

在电子商务交易过程中，由于有银行参与，按照 SSL 协议，客户购买的信息首先发往商家，商家再将信息转发银行，银行验证客户信息的合法性后，通知商家付款成功，商家再通知客户购买成功，将商品寄送客户。

（三）SSL 安全协议的应用

SSL 安全协议也是国际上最早应用于电子商务的一种网络安全协议，至今仍然有许多网上商店在使用。在使用时，SSL 协议根据邮购的原理进行了部分改进。在传统的邮购活动中，客户首先寻找商品信息，然后汇款给商家，商家再把商品寄给客户。这里，商家是可以信赖的，所以，客户须先付款给商家。在电子商务的开始阶段，商家也是担心客户购买后不付款，或使用过期作废的信用卡，因而希望银行给予认证。SSL 安全协议正是在这种背景下应用于电子商务的。

SSL 协议运行的基点是商家对客户信息保密的承诺。如美国著名的马逊（Amazon）网上书店在它的购买说明中明确表示："当你在亚马逊公司购书时，受到'亚马逊公司安全购买保证'保护，所以，你永远不用为你的信用卡安全担心"。但是上述流程中我们也可以注意到，SSL 协议有利于商家而不利于客户。客户的信息首先传到商家，但整个过程中缺少了客户对商家的认证。在电子商务的开始阶段，由于参与电子商务的公司大都是一些大公司，信誉较高，这个问题没有引起人们的重视。随着电子商务参与的厂商迅速增加，对厂商的认证问题越来越突出，SSL 协议的缺点完全暴露出来。SSL 协议逐渐被新的 SET 协议所取代。

二、SET 安全协议

（一）SET 协议简介

SET 协议（Secure Electronic Transaction，安全电子交易）是由 VISA 和 MasterCard 两大信用卡公司联合推出的规范。SET 主要是为了解决用户、商家和银行之间通过信用卡支付的交易而设计的，以保证支付信息的机密、支付过程的完整、商户及持卡人的合法身份以及可操作性。SET 中的核心技术主要有公开密匙加密、电子数字签名、电子信封、电子安全证书等。SET 协议比 SSL 协议复杂，因为前者不仅加密两个端点间的单个会话，它还可以加密和认定三方间的多个信息。

在开放的互联网上处理电子商务，如何保证买卖双方传输数据的安全成为电子商务能否普及的最重要的问题。为了克服 SSL 安全协议的缺点，两大信用卡组织，Visa 和 Master - Card，联合开发了 SET 电子商务交易安全协议。这是一个为了在互联网上进行在线交易而设立的一个开放的以电子货币为基础的电子付款系统规范。SET 在保留对客户信用卡认证的前提下，又增加了对商家身份的认证，这对于需要支付货币的交易来讲是至关重要的。由于设计合理，SET 协议得到了 IBM、HP、Microsoft 、VeriFone、GTE、VeriSign 等许多大公司的支持，已成为事实上的工业标准。目前，它已获得了 IETF 标准的认可。

1996 年 2 月 1 日，Master Card 和 Visa 国际信用卡组织与技术合作伙伴 GTE、Netscape、IBM、Terisa Systems、Verisign、Microsoft、SAIC 等一批跨国公司共同开发了安全电子交易规范（SET）。SET 是在开放网络环境中的卡支付安全协议，它采用公钥密码体制（PKI）和 X. 509 电子证书标准，通过相应软件、电子证书、数字签名和加密技术能在电子交易环节上提供更大的信任度、更完整的交易信息、更高的安全性和更少受欺诈的可能性。SET 协议用以支持 B to C（Business to Consumer）这种类型的电子商务模式，即消费者持卡在网上购物与交易的模式。B to C 模式。

1997 年 2 月 19 日，由 Master Card 和 Visa 发起成立 SETCO 公司（也获得了 American Express 和 JBC Credit Card Company 的赞同）。SETCO 成立后，立即着手建设认证体系（CA）。即为了推动电子商务的发展，首先要验证或识别参与网上交易活动的各个主体（如持卡消费者、商户、收单银行的支付网关）的身份，并用相应的电子证书代表他们的身份。电子证书是由权威性的公正认证机构管理的，在每次交易活动时还需逐级往上地验证各认证机构电子证书的真伪。各级认证机构是按根认证机构（Root CA），品牌认证机构（Brand CA），以及持卡人、商户或收单行支付网关认证机构（Holder Card CA，Merchant CA or Payment Gateway CA）由上而下按层次结构建立的。在认证机构的最高层（顶层）即根认证机构（Root CA），由 SETCO 负责管理，其功能为：

1. 生成和安全保存符合 SET 协议要求的属于根认证机构的公、私密钥；

2. 生成和自行签署符合 SET 协议要求的根证书及其数字签名；

3. 处理品牌认证机构的申请，生成、验证品牌证书并在品牌证书上进行数字签名；

4. 生成品牌证书撤销清单；

5. 支持跨域交叉认证；

6. 制定安全认证政策。

安全电子交易是基于互联网的卡基支付，是授权业务信息传输的安全标准，它采取 RSA 公开密钥体系对通信双方进行认证，利用 DES、RC4 或任何标准对称加密方法进行信息的加密传输，并用 HASH 算法来鉴别消息真伪，有无篡改。在 SET 体系中有一个关键的认证机构（CA），CA 根据 X509 标准发布和管理证书。

（二）SET 安全协议运行的目标 SET 安全协议要达到的目标主要有五个：

1. 保证信息在互联网上安全传输，防止数据被黑客或被内部人员窃取。

2. 保证电子商务参与者信息的相互隔离。客户的资料加密或打包后通过商家到达银行，但是商家不能看到客户的账户和密码信息。

3. 解决多方认证问题。不仅要对消费者的信用卡认证，而且要对在线商店的信誉程度认证，同时还有消费者、在线商店与银行间的认证。

4. 保证网上交易的实时性，使所有的支付过程都是在线的。

5. 效仿 EDI 贸易的形式，规范协议和消息格式，促使不同厂家开发的软件具有兼容性和互操作功能，并且可以运行在不同的硬件和操作系统平台上。

（三）SET 安全协议涉及的范围 SET 协议规范所涉及的对象有：

1. 消费者。包括个人消费者和团体消费者，按照在线商店的要求填写订货单，通过由发卡银行发行的信用卡进行付款。

2. 在线商店。提供商品或服务，具备相应电子货币使用的条件。

3. 收单银行。通过支付网关处理消费者和在线商店之间的交易付款问题。

4. 电子货币（如智能卡、电子现金、电子钱包）发行公司，以及某些兼有电子货币发行的银行。负责处理智能卡的审核和支付工作。

5. 认证中心（CA）。负责对交易对方的身份确认，对厂商的信誉度和消费者的支付手段进行认证。

SET 协议规范的技术范围包括：

1. 加密算法的应用（例如 RSA 和 DES）。

2. 证书信息和对象格式。

3. 购买信息和对象格式。

4. 认可信息和对象格式。

5. 划账信息和对象格式。

6. 对话实体之间的消息的传输协议。

（四）SET 安全协议的工作原理

根据 SET 协议的工作流程，可将整个工作程序分为下面七个步骤：

1. 消费者利用自己的 PC 机通过互联网选所要购买的物品，并在计算机在输入订货单。订货单上需包括在线商店、购买物品名称及数量、交货时间及地点等相关信息。

2. 通过电子商务服务器与有关在线商店联系，在线商店做出应答，告诉消费者所填订货单的货物单价、应付款数、交货方式等信息是否准确，是否有变化。

3. 消费者选择付款方式，确认订单，签发付款指令。此时 SET 开始介入。

4. 在 SET 中，消费者必须对订单和付款指令进行数字签名，同时利用双重签名技术保证高家看不到消费者的账号信息。

5. 在线商店接受订单后，向消费者所在银行请求支付认可。信息通过支付网关到收单银行，再到电子货币发行公司确认。批准交易后，返回确认信息给在线商店。

6. 在线商店发送订单确认信息给消费者。消费者端软件可记录交易日志，以备将来查询。

7. 在线商店发送货物或提供服务，并通知收单银行将钱从消费者的 转移到商店账号，或通知发卡银行请求支付。

在认证操作和支付操作中间一般会有一个时间间隔，例如，在每天的下班前请求银行结一天的账。前两步与 SET 无关，从第三步开始 SET 起作用，一直到第七步。在处理过程中，通信协议、请求信息的格式、数据类型的定义等，SET 都有明确的规定。在操作的每一步，消费者、在线商店、支付网关都通过 CA 来验证通信主体的身份，以确保通信的对方不是冒名顶替。所以，也可以简单地认为，SET 规格充分发挥了认证中心的作用，以维护在任何开放网络上的电子商务参与者所提供信息的真实性和保密性。

（五）SET 安全协议的缺陷

从 1996 年 4 月 SET 安全协议 1.0 版面市以来，大量的现场实验和实施效果获得了业界的支持，促进了 SET 良好的发展趋势。但细心的观察家也发现了一些问题。

这些问题包括：

1. 协议没有说明收单银行给在线商店付款前，是否必须收到消费者的货物接受证书。否则的话，在线商店提供的货物不符合质量标准，消费者提出疑义，责任由谁承担。

2. 协议没有担保"非拒绝行为"，这意味着在线商店没有办法证明订购是不是由签署证书的消费者发出的。

3. SET 技术规范没有提及在事务处理完成后，如何安全地保存或销毁此类数据，是否应当将数据保存在消费者、在线商店或收单银行的计算机里。这些漏洞可能使这些数据以后受到潜在的攻击。

4. 在完成一个 SET 协议交易的过程中，需验证电子证书 9 次，验证数字签名 6 次，传递证书 7 次，进行 5 次签名、4 次对称加密和 4 次非对称加密。所以，完成一个 SET 协议交易过程需花费 1.5 ~ 2 分钟，甚至更长的时间（新式小型电子钱包将多数信息放在服务器上，时间可缩短到 10 ~ 20 秒）。SET 协议过于复杂，使用麻烦，成本高，且只适用于客户具有电子钱包的场合。

5. SET 的证书格式比较特殊，虽然也遵循 X.509 标准，但它主要是由 Visa 和 Master Card 开发并按信用卡支付方式来定义的。银行的支付业务不光是卡支付业务，而 SET 支付方式和认证结构适应于卡支付，对其他支付方式是有所限制的。

6. 一般认为，SET 协议保密性好，具有不可否认性，SETCA 是一套严密的认证体系，可保证 B to C 类型的电子商务安全顺利地进行。事实上，安全是相对的，我们提出电子商务中信息的保密性，要保证支付和订单信息的保密性，即要求商户只能看到订单信息（OI），支付网关只能解读支付信息（PI）。但在 SET 协议中，虽然账号不会明文传递，它通常用 1024 位 RSA 不对称密钥加密，商户电子证书确实指明了是否允许商户从支付网关的响应消息中看到持卡人的账号，可是事实上大多数商户都收到了持卡人的账号。

三、SSL 与 SET 的比较

可以从以下 4 个方面来比较 SSL 和 SET 的异同。

1. 认证机制：SET 的安全要求较高，因此，所有参与 SET 交易的成员（持卡人、商家、支付网关等）都必须先申请数字证书来识别身份，而在 SSL 中只有商店端的服务器需要认证，客户端认证则是有选择性的。

2. 设置成本：持卡者希望申请 SET 交易，除了必须先申请数字证书之外，也必须在计算机上安装符合 SET 规格的电子钱包软件，而 SSL 交易则不需要另外安装软件。

3. 安全性：一般公认 SET 的安全性较 SSL 高，主要是因为整个交易过程中，包括持卡人到商店端、商店到付款转接站再到银行网络，都受到严密的保护，而 SSL 的安全范围只限于持卡人到商店端的信息交换。

4. 基于 Web 的应用：SET 是为信用卡交易提供安全的，它更通用一些。然而，如果电子商务应用只通过 Web 或是电子邮件，则可能并不需要 SET。

通过以上分析，我们可以看出，SET 从技术上和流程上都相对优于 SSL，但这是否就意味着未来 SET 就会超过 SSL 的应用，最后完全取代 SSL 呢？问题的结论是：不一定。因为虽然 SET 通过制定标准和采用各种技术手段，解决了一直困扰电子商务发展的安全问题，其中包括购物与支付信息的保密性、交易支付完整性、身份认证和不可抵赖性，在电子交易环节上提供了更大的信任度、更完整的交易信息、更高的安全性和更少受欺诈的可能性。但是由于 SET 成本太高，互操作性差，且实现过程复杂，所以还有待完善。而 SSL 的自主开发性强，我国已有很多单位均已自主开发了 128 位对称加密算法，并通过了检测，这大大提高了它的破译难度；并且 SSL 协议已发展到能进行表单签名，在一定程度上弥补了无数字签名的不足。

以上是电子商务安全问题概述，在实施电子商务的过程中，可通过不断的实践和学习来加深和掌握对安全技术的了解。

练习四

1. 电子商务主要面临哪些方面的安全问题？相应的技术上的对策是什么？
2. 简述什么是防火墙。
3. 为什么说使用非对称加密可以防止赖账行为？

4. 试述电子签名的过程。

5. 简述什么是认证机构，其功能有哪些。

6. 什么是数字证书，为什么要使用数字证书？

7. 简述数字认证原理，数字证书是如何颁发的？

8. 试比较 SET 协议和 SSL 协议。

第五章 电子支付

电子商务较之传统商务的优越性，成为吸引越来越多的商家和个人进行网上交易的原动力。然而，如何通过电子支付安全地完成整个交易过程，又是人们在选择网上交易时所必须面对而且是首先要考虑的问题，电子支付是商务活动中一个极为重要的关键性的组成部分。

第一节 电子支付概述

一、 电子支付的涵义

电子支付（Electronic payment）是以计算机和通信技术为手段，通过计算机网络系统以电子信息传递形式实现的货币支付与资金流通。

与传统的支付方式相比较，电子支付具有以下特点：

（1）电子支付是采用先进的信息技术来完成信息传输的，其各种支付方式都是采用数字化的方式进行款项支付的，而传统的支付方式则是通过现金的流转、票据的转让及银行的汇兑等物理实体的流转来完成款项支付的。

（2）电子支付的工作环境是基于一个开放的系统平台（如互联网）之上，而传统支付则是在较为封闭的系统中运作。

（3）电子支付使用的是最先进的通信手段，如互联网、外联网，传统支付使用的则是传统的通信媒介。电子支付对软、硬件设施的要求很高，如联网的微机、相关的软件及其他一些配套设施，而传统支付则没有这么高的要求。

（4）电子支付具有方便、快捷、高效、经济的优势。用户只要拥有一台联网的微机，足不出户便可在很短的时间内完成整个支付过程。

二、 电子支付的发展阶段

电子支付方式的出现要早于互联网，银行采用信息技术进行电子支付的形式有五种，分别代表着电子支付发展的不同阶段。

第一阶段是银行利用计算机处理银行之间的业务，办理结算；

第二阶段是银行计算机与其他机构计算机之间资金的结算，如代发工资、代交水费、电费、煤气费、电话费等业务；

第三阶段是利用网络终端向用户提供各项银行服务，如用户在自动柜员机（ATM）上进行存、取款操作等；

第四阶段是利用银行销售点终端（POS）向用户提供自动扣款服务，这是现阶段电子支付的主要方式；

第五阶段是最新发展阶段，电子支付可随时随地通过互联网络进行直接转账结算，形成电子商务环境。这是正在发展的形式，也将是 21 世纪的主要电子支付方式。我们称这一阶段的电子支付为网上支付。网上支付的形式称为网上支付工具，主要有信用卡，电子现金、电子支票等。

第二节　电子货币、电子钱包和电子现金

一、电子货币

（一）电子货币的涵义及特点

电子货币作为当代最新的货币形式，从 20 世纪 70 年代以来，其应用越来越广泛，电子货币已经成为电子商务实施的核心，建立电子货币系统是发展电子商务的基础和保证。自从 1995 年 10 月美国率先建立世界第一家网络银行——"安全第一网络银行"以来，相继推出了各种电子货币，如电子现金（E-Cash）、数字式信用卡（IC）等。人们对电子货币的认识慢慢地也趋于一致：电子货币是采用电子技术和通讯手段，以电子数据形式存储、并通过计算机网络以电子信息方式实现流通和支付功能的货币。

电子货币与传统货币相比，由于二者产生的背景不同，也表现出其自身固有的特点：

（1）电子货币是以计算机技术为依托，进行相应的支付处理和存储，没

有传统货币的大小、重量和印记；

（2）在电子货币支付时，其金额信息是以电子数据形式流动或通过网络系统送到网上银行或转移到收款人指定的账户，流通速度远远快于传统货币；

（3）可广泛应用于生产、交换、分配和消费等各个领域，集储蓄、信贷和非现金结算等多种功能为一体；

（4）电子货币的使用和结算不受金额限制，不受对象限制、不受区域限制，且使用极为简便；如能够使用以"分"或更小的货币单位出现的大量低价值的交易；

（5）不像传统货币是国家发行并强制流通的，电子货币是由银行发行的，其使用只能宣传引导，不能强迫命令，并且在使用中，要借助法定货币去反映和实现商品的价值，结清商品生产者之间的债权和债务关系；

（6）此外，信息加密、数字签名、数据时间戳等技术的应用使电子货币更具有安全可靠性。

（二）电子货币的种类

电子货币的形式多种多样，但基本形态大致是类似的，即电子货币的使用者以一定的现金或存款从发行者处兑换并获得等值的电子数据，并以可读写的电子信息方式储存起来，当使用者购物或需要清偿债务时，可以通过某些电子化的方法将该电子数据直接转移给支付对象。

电子货币作为一种电子化支付方式，其种类大致可以分为以下四种：

（1）"储值卡型"电子货币——功能得到进一步提高的储值卡。

（2）"信用卡应用型"电子货币——实现了电子化应用的信用卡。

（3）"支票账单型"电子货币——用作支付手段在计算机网络上被传递的存款货币。

（4）"数字现金型"电子货币——模仿现金当面支付方式的电子现金。

二、电子钱包

电子钱包（Electronic Purse）是一个可以由持卡人进行安全电子交易和储存交易记录的软件，应像生活中随身携带的钱包一样。

（一）电子钱包的起源

英国西敏寺（National – Westminster）银行开发的电子钱包 Mondex 是世界上最早的电子钱包系统，于 1995 年 7 月首先在英国的斯温顿（Swindon）市试用，很快就在斯温顿打开了局面，被广泛应用于超级市场、酒吧、珠宝店、宠物商店、食品店、停车场、电话间和公共车辆之中。由于电子钱包使用起来十分简单，只要把 Mondex 卡插入终端，几秒钟之后，读取器将从 Mondex 卡中将所要支付的钱款扣除掉，并且收据能从终端中送出，一笔交易即告结束。此外，Mondex 卡还大都具有现金货币所具有的诸多属性，如作为商品尺度的属性、储蓄的属性和支付交换的属性，通过专用终端还可将一张卡上的钱转移到另一张卡上，而且，卡内存有的钱一旦用光，一旦遗失，Mondex 卡内的金钱价值不能重新发行，也就是说持卡人必须负起管理上的责任。有的卡如被别人拾起照样能用，有的上有持卡人的姓名和密码锁定功能，只有持卡人才能使用，比现金安全。Mondex 卡损坏时，持卡人向发卡机关申报卡内的余额，由发卡机关确认后重新制作新卡发还。

Mondex 卡终端支付只是电子钱包的早期使用，从形式上看，它与智能卡十分相似。而今天电子商务中的电子钱包则已完全摆脱了实物形态，成为真正的虚拟钱包了。

网上购物使用电子钱包，需要在电子钱包服务系统中进行。电子商务活动中电子钱包软件通常都是免费提供的。用户可以直接使用与自己银行账号相连接的电子商务系统服务器上的电子钱包软件，也可以通过各种保密方式利用因特网上的电子钱包软件。目前世界上有 Visa Cash 和 Mondex 两大电子钱包服务系统，其他电子钱包服务系统还有 MasterCardCash、EurlPay 的 Clip 和比利时的 Proton 等。

使用电子钱包的顾客通常要在有关银行开立账户。在使用电子钱包时，将电子钱包通过电子钱包应用软件安装到电子商务服务器上，利用电子钱包服务系统就可以把自己的各种电子货币或电子金融卡上的数据输入进去。在发生收付款时，如顾客需用电子信用卡付款，如用 Visa 卡和 Mondex 卡等收款时，顾客只要单击一下相应项目（或相应图标）即可完成。这种电子支付方式称为单击式或点击式支付方式。

在电子钱包内只能装电子货币，即装入电子现金、电子零钱、电子信用卡、数字化币等。这些电子支付工具都可以支持单击式支付方式。

在电子商务服务系统中设有电子货币和电子钱包的功能管理模块，叫做电子钱包管理器（Wallet Administration），顾客可以用它来改变保密口令或保密方式，用它来查看自己银行账号上收付往来的电子化币账目、清单和数据。电子商务服务系统中还有电子交易记录器，顾客通过查询记录器，可以了解自己都买了什么物品，购买了多少，也可以把查询结果打印出来。

（二）电子钱包的功能

（1）电子安全证书的管理 包括电子安全证书的申请、存储、删除等。

（2）交全电子交易 进行 SET 交易时辨认用户的身份并发送交易信息。

（3）交易记录的保存 保存每一笔交易记录以备日后查询。

比如，持卡人在使用中国银行长城卡进行网上购物时，卡户信息（如账号和到期日期）及支付指令可以通过电子钱包软件进行加密传送和有效性验证。电子钱包能够在 Microsoft、Netscape 等公司的浏览器软件上运行。持卡人要在互联网上进行符合 SET 标准的安全电子交易，必须安装符合 SET 标准的电子钱包。

（三）电子钱包的使用

利用电子钱包在网上购物，通常包括以下步骤：

（1）客户使用浏览器在商家 Web 主页上查看在线商品目录浏览商品，选择要购买的商品。

（2）客户填写订单，包括项目列表、价格、总价、运费、搬运费、税费。

（3）订单可通过电子化方式来传输，或由客户的电子购物软件建立。

（4）顾客确认后，选定用电子钱包付钱。将电子钱包装入系统，单击电子钱包的相应项目或电子钱包图标，电子钱包立即打开；然后输入自己的保密口令，在确认是自己的电子钱包后，从中取出一张电子信用卡来付款。

（5）电子商务服务器对此信用卡号码采用某种保密算法加密后，发送到相应的银行去，同时销售商店也收到经过加密的购货账单，销售商店将自己的顾客编码加入电子购货账单后，再转送到电子商务服务器上去。这里，商店对顾客电子信用卡上的号码是看不见的，不可能也不应该知道，销售商店无权也无法处理信用卡中的钱款。因此，只能把信用卡送到电子商务服务器上去处理。经过电子商务服务器确认这是一位合法顾客后，将其同时送至信用卡公司和商业银行。在信用卡公司和商业银行之间要进行应收款项和账务往来的电子数据交换和结算处理。信用卡公司将处理请求再送到商业银行请求确认并授权，商业银行确认并授权后送回信用卡公司。

（6）如果经商业银行确认后拒绝并且不予授权，则说明顾客的这张电子信用卡上的钱数不够用了或者是没有钱了，或者已经透支或卡过期。遭商业银行拒绝后，顾客可以再单击电子钱包，相应再打开电子钱包，取出另一张电子信用卡，重复上述操作。

（7）如果经商业银行证明这张信用卡有效并授权后，销售商店就可交货。与此同时，销售商店留下整个交易过程中发生往来的财务数据，并且出示一份电子数据发送给顾客。

（8）上述交易成交后，销售商店就按照顾客提供的电子订货单将货物在发送地点交到顾客或其指定的人手中。

到这里，电子钱包购物的全过程就结束了。购物过程中间虽经过信用卡公司和商业银行等多次进行身份确认、银行授权、各种财务数据交换和账务往来等，但这些都是在极短的时间内完成的。实际上，从顾客输入订货单后开始到拿到销售商店出具的电子收据为止的全过程仅用 5~20 秒的时间。这种电子购物方式十分省事、省力、省时。而且，对于顾客来说，整个购物过程自始至终都是十分安全可靠的。在购物过程中，顾客可以用任何一种浏览器（如 Microsoft、Netscape 浏览器）进行浏览和查看。由于顾客的信用卡上的信息别人看不见的，因此保密性很好，使用起来十分安全可靠。另外，有了电子商务服务器的安全保密措施，就可以保证顾客去购物的商店必定是真的，不会假冒的，从而保证顾客安全可靠地购到货物。

我国深圳金融电子结算中心（http：//www.flink.net.cn/pgw/pgw.htm）开发的"金融联"电子钱包是一种保存银行卡的电子钱包。消费者注册使用"金融联"电子钱包的同时，必须要将至少一种"金融联"入网银行的银行卡存入电子钱包。在网上消费时，消费者首先要输入密码登录到电子钱包，然后从钱包中任意选择一张银行卡，向"金融联"支付网关发出付款指令即可完成整个操作。消费者在申请"金融联"电子钱包成功后，系统将在电子钱包服务器端为消费者开立一个属于个人的电子钱包档案。消费者可以在任何时候使用电子钱包进行支付，甚至当外出旅游或执行公务时，也无需随身携带银行卡就可以进行网上支付。图 5-1 显示了电子钱包开户的业务流程。

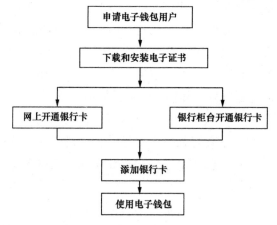

图 5-1　电子钱包开户的业务流程

三、电子现金

电子现金（E - Cash）又称为数字现金，是一种表示现金的加密序列数，它可以用来表示现实中各种金额的币值，是以数字化形式存在的电子货币。电子现金带来了纸币在安全和隐私性方面所没有的计算机化的便利，电子现金的应用开辟了一个全新的市场。

电子现金既具有现钞所拥有的基本特点，又由于和网络结合而具有互通性、多用途、快速简便等特点，已经在国内外的网上支付中广泛使用。数字签名技术的推广应用又使得电子现金的安全性大大提高。在网上交易中，电子现金主要用于小额零星的支付业务，使用起来比借记卡、信用卡更为方便和节省。不同类型的电子现金都有其自己的协议，每个协议由后端服务器软件（电子现金支付系统）的客户端软件（电子现金软件）执行。

电子现金目前有两种典型的实用系统：Digicash 和 Netcash。Digicash 是无条件的匿名电子现金支付系统，主要特点是通过数字记录现金，集中控制和管理现金，是一种足够安全的电子交易系统。Netcash 是可记录的、匿名电子现金支付系统，其主要特点是设置分级货币服务器来验证和管理电子现金，使电子交易的安全性得到保证。

（一）电子现金的属性

电子现金是纸币现金的电子化，它具有以下 6 个属性。

1. 货币价值

电子现金必须有一定的现金、银行授权的信用或银行证明的现金支票进行支持。

2. 可交换性

电子现金可以与纸币、商品或服务、网上银行卡、银行账户存储金额、支票或负债等进行互换。电子现金，他们甚至不使用同一个国家银行的电子现金。因而电子现金就面临多银行的广泛使用问题。

3. 可存储性

可存储性将允许用户在家庭、办公室或途中对存储在一个计算机的外存、IC 卡，或者其他更易于传输的标准或特殊用途的设备中的电子现金进行存储和检索。电子现金的存储是从银行账户中提取一定数量的电子现金，存入上述设备中，由于在计算机上产生或存储现金，因此复制电子现金非常容易，这种设备应该有一个友好的用户界面以有助于通过口令或其他方式的身份验证，以及对于卡内信息的浏览显示。

4. 不可重复性

必须防止电子现金的复制和重复使用。因为买方可能用同一个电子现金在不同国家、地区的网上商店同时购物，这就造成电子现金的重复使用。一般的电子现金系统会建立事后检测和惩罚。

5. 匿名性 电子现金用于匿名消费。买方用电子现金向卖方付款，除了卖方以外，没有人知道买方的身份或交易细节。如果买方使用了一个很复杂的匿名系统，甚至连卖方也不知道买方的身份。

6. 不可跟踪性 电子现金不能提供用于跟踪持有者的信息，不可跟踪性可以保证交易的保密性，也就维护了交易双方的隐私权。除了双方的个人记录之外，没有其他关于交易已经发生的记录。因为没有正式的业务记录，连银行也无法分析和识别资金流向，如果电子现金丢失了，就会同纸币现金一样无法追回。

（二）电子现金支付方式的特点

电子现金支付方式具有以下的特点：

1. 协议性

电子现金的应用要求银行和商家之间应有协议和授权关系，电子现金银行负责消费者和商家之间资金的转移。

2. 对软件的依赖性

消费者、商家和电子现金银行都需使用电子现金软件。

3. 支付的灵活方便性

电子现金具有现金特点，可以存、取、转让；它可以申请到非常小的面额，所以电子现金适用于小额交易。另外，电子现金的使用范围比信用卡更广，银行卡支付仅限于被授权的商户，而电子现金支付却不受此限制。

4. 可鉴别性

身份验证是由电子现金本身完成的，电子现金银行在发放电子现金时使用了数字签名，卖方在每次交易中，将电子现金传送给电子现金银行，由银行验证买方支持的电子现金是否有效（伪造或使用过等）。

（三）电子现金支付方式存在的问题

电子现金在使用中存在以下一些主要问题：

（1）目前的使用量小。只有少数商家接受电子现金，而且也只有少数几家银行提供电子现金开户服务。

（2）成本较高。电子现金对于硬件和软件的技术要求都较高，需要一个大型的数据库存储用户完成的交易和电子现金序列号以防止重复消费。因此，尚需开发出硬软件成本低廉的电子现金。

（3）存在货币兑换问题。由于电子货币仍以传统的货币体系为基础，因此各国银行只能以各国本币的形式发行电子现金，因此从事跨国贸易就必须要使用特殊的兑换软件。

（4）风险较大。如果某个用户的硬盘出现故障并且没有备份的话，电子现金丢失，就像丢失钞票一样，钱就无法恢复，这个风险许多消费者都不愿承担。

（5）不排除出现电子伪钞的可能性。一旦电子伪钞获得成功，那么发行人及其客户所要付出的代价则可能是毁灭性的。

尽管存在种种问题，电子现金的使用仍呈现增长势头。Jupiter 通信公司的一份分析报告称，1987 年电子现金交易在全部电子交易中所占的比例为 6%；到 2000 年底，这个比例超过 40%，在 10 美元以下的电子交易中所占的比例高达 60%。因此，随着较为安全可行的电子现金解决方案的出台，电子现金一定会像商家和银行界预言的那样，成为未来网上贸易方便的支付手段。

（四）电子现金的应用过程

电子现金的应用过程分五步。

1. 购买电子现金

用户在电子现金发行银行开立账户，通过在线或前往银行柜台向账户存入现金，购买电子现金。电子现金软件将现金分成若干成包的"硬币"，产生随机号码。随机号码加上银行使用私钥进行的电子签名形成数字货币（电子现金）。

2. 存储电子现金

用户使用计算机电子现金终端软件从电子现金银行取出一定数量的电子现金存在硬盘上，通常少于 100 美元。

3. 用电子现金购买商品或服务

用户在同意接收电子现金的商家购买商品或服务，用卖方的公钥加密电子现金后，传送给卖方。

4. 资金清算

接收电子现金的商家与电子现金发放银行之间进行清算，电子现金发行银行将买方购买商品的钱支付给卖方。

5. 确认订单

卖方获得付款后，向买方发送订单确认信息。

第三节　银行卡、电子支票、智能卡

一、银行卡

目前，我国在线购物大部分是用信用卡和借记卡来进行支付的。信用卡和借记卡是银行或金融公司发行的，是授权持卡人在指定的商店或场所进行记账消费的凭证，是一种特殊的金融商品和金融工具。银行卡分类汇总表见表 5－1。用户通过提供有效的卡号和有效期，商店就可以通过银行计算机网络与顾客进行结算。

信用卡和借记卡都是比较成熟的支付方式，在世界范围内得到了广泛的应用。银行卡的最大优点是持卡人可以不用现金，凭卡购买商品和享受服务，其支付款项由发卡银行支付。银行卡支付通常涉及三方，即持卡人、商家和银行。支付过程包括清算和结算，前者指支付指令的传递，后者指与支付相关的资金转移。

目前，信用卡的支付有四种类型：无安全措施的信用卡支付、通过第三方代理的信用卡支付、简单加密信用卡支付、基于 SET 的信用卡支付。

表 5－1　银行卡分类汇总表

分类	类型	使 用 特 点
结算方式	贷记卡	发卡行允许持卡人"先消费，后付款"，提供给持卡人短期消费信贷，到期依据有关规定完成清偿
	借记卡	持卡人在开立卡账户时按规定向发卡行交一定的备用金，持卡人完成消费后，银行会自动从其账户上扣除相应的消费款项，一般不可以透支，只能在卡上存有的金额内支付
使用权限	金卡	允许透支限额相对较大（我国为 1 万元）
	普通卡	透支限额低（我国为 5 千元）
持卡对象	个人卡	持有者是有稳定收入来源的社会各界人士，其信用卡账户上的资金属持卡人个人存款
	公司卡	又称单位卡，是各企事业单位、部门中指定人员使用的卡，其信用卡账户资金属公款

续表

分类	类型	使 用 特 点
使用范围	国际卡	可以在全球许多国家和地区通行使用，如著名的 VISA 卡和 MASTER 卡等
	地方卡	只局限在某地区内使用，如我国各大商业银行发行的人民币长城卡、牡丹卡、太平洋卡属地方卡
载体材料	磁卡	在信用卡背面贴有的磁条内存储有关信用卡业务所需的数据，使用时必须有专门的读卡设备读出其中所存储的数据信息
	IC 卡	IC 卡是集成电路卡（Integrated Circuits Card）的缩写，为法国人 Roland Moreno 于 1970 年所研制，并由法国 BULL 公司于 1979 年推出第一张可工作的 IC 卡。IC 卡的卡片中嵌有芯片，信用卡业务中的有关数据存储在 IC 芯片中，既可以脱机使用也可以联机使用

（一）无安全措施的信用卡支付

1. 流程

消费者从商家订货，信用卡信息通过电话、传真等非网上传送手段进行传输；也可以在网上传送信用卡信息，但无安全措施。商家与银行之间使用各自现有的授权来检查信用卡的合法性。其流程见图 5 - 2 如示。

图 5 - 2　无安全措施的信用卡支付流程

2. 特点

（1）风险由商家承担。由于卖方没有得到买方的签字，如果买方拒付或否认购买行为，卖方将承担一定的风险。

（2）信用卡信息可以在线传输，但无安全措施。买方（即持卡人）将承担信用卡信息在传输过程中被盗取及卖方获取信用卡信息的风险。

（二）通过第三方代理的银行卡支付

在采用无安全措施的信用卡支付模式中，由于商家完全掌握消费者的信用卡信息，存在着信用卡信息在网上多次公开传输而导致的信用卡信息被窃取的风险。为降低这一风险，采取在买方和卖方之间启用第三方代理人支付的方式，不失为一种好的选择。

1. 流程

用户在第三方代理人处开账号；第三方代理人持有用户账号和信用卡号；用户用账号从商家订货；商家将用户账号提供给第三方代理人；第三方代理人验证商家身份，给用户发送电子邮件，要求用户确认购买和支付后，将信用卡信息传给银行，完成支付过程。其流程见图5-3。

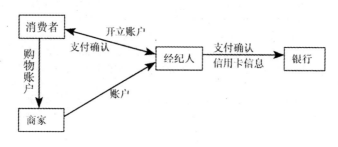

图5-3　通过第三方代理人支付的流程

2. 特点

通过第三方代理的银行卡支付特点是：用户账号的开设不通过互联网；信用卡信息不在开放的网络上传送；使用E-mail来确认用户的身份，防止伪造；商家自由度大，无风险；支付是通过双方都信任的第三方代理人完成的。

（三）简单加密信用卡支付

使用这种模式付费时，消费者信用卡号码被加密。采用的加密技术有SHTTP、SSL等。这种加密的信息只有业务提供商或第三方付费处理系统能够识别。由于消费者进行在线购物时只需一个信用卡号，所以这种付费方式给消费者带来方便。这种方式需要一系列的加密、授权、认证及相关信息传送，交易成本较高，所以对小额交易而言是不适用的。

现以CyberCash公司安全互联网信用卡支付系统为例，介绍简单加密信用卡支付流程。CyberCash公司提供一种软件，用户在CyberCash商家订货后，通过电子钱包将信用卡信息加密后传给商家服务器；商家服务器验证接收到的信息的有效性和完整性后，将用户加密的信用卡信息传给CyberCash服务器，商家服务器看不到用户的信用卡信息；CyberCash服务器验证商家身份后，将用户加密的信用卡信息转移到非互联网的安全地方解密，然后将用户信用卡信息通过安全专用网传送到商家银行；商家银行通过银行之间的电子通道与用户信用卡发卡行联系，确认信用卡信息的有效性。得到证实后，将结果传送给CyberCash服务器，CyberCash服务器通知商家服务器交易完成或拒绝，商家再通知用户。整个过程只要经历很短的时间。交易过程的每一步都需要交易方以数字签名来确认身份，用户和商家都必须使用支持此种业务的软件，数字签名是用户、商家在线注册系统时产生的，不能修改。其流程参见图5-4。

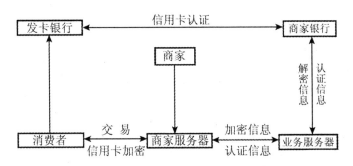

图5-4 简单加密信用卡支付流程图

二、电子支票

（一）传统支票的支付

为了阐述电子支票这种现代支付形式，首先来了解一下传统支票的运作流程。

对于传统支票大家比较熟悉。客户在银行有一个账户，可以通过这个账户进行结算。客户手里有支票本，购物或消费时，消费者在支票上填好有关的信息，比如金额、用途等，并签字、盖章，然后把支票交给商家；商家拿到支票后，先背书，然后向银行提示付款。如果商家和消费者都在一个银行开户，那么银行操作起来非常简单，直接把有关的金额从消费者账户上转移到商家账户上就行了。如果商家和消费者不在一个银行开户，那么商家一般把支票交给自己的开户行，商家的开户行和消费者的开户行之间通过票据清算系统进行清算。其运作流程图见图5-5。

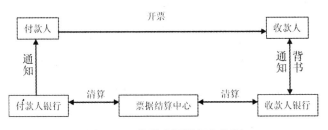

图5-5 传统支票的运作流程

传统的清算是通过手工进行的，耗费大量的人力、物力。出现自动清算系统以后，通过机器进行清分、结算，则大大节省了费用，提高了效率。一般来讲，一个国家的中央银行会提供一个全国的清算系统，先将纸质的支票进行清分结算，然后再通过银行间的网络系统在各个银行之间划拨资金余额，使不同层次、不同地区的票据结算和资金划拨有效地进行。因此，传统的支票实际上已经是纸质和电子化相结合的产物。不过，它仍然离不开纸质的支票，银行结算的成本仍然很高，同时，假造支票也给银行和消费者带来不少的损失。电子支票的出现，实际上使支票的概念发生了彻底的变革，完全脱离了纸质媒介，真正实现了资金转移的无纸化和电子化。

（二）电子支票的支付

电子支票（Electronic Check）是一种借鉴纸张支票转移支付的优点，利用数字传递将钱款从一个账户转移到另一个账户的电子付款形式。比起前几种电子支付工具，电子支票的出现和开发是较晚的。电子支票使得买方不必使用写在纸上的支票，而是用写在屏幕上的支票进行支付活动。电子支票几乎和纸质支票有着同样的功能。电子支票既适合个人付款，也适合企业之间的大额资金转账，故而可能是最有效率的电子支付手段。

用户可以在网络上生成一个电子支票，然后通过互联网络将电子支票发向商家的电子信箱，同时把电子付款通知单发到银行。像纸质支票一样，电子支票需要经过数字签名，被支付人数字签名背书，使用数字凭证确认支付者/接收者身份、支付银行以及账户，金融机构就可以根据签过名和认证过的电子支票把款项转入商家的银行账户。电子支票的使用过程如下：

1. 申请电子支票

用户首先必须在提供电子支票服务的银行注册，申请电子支票。注册时可能需要输入信用卡和银行账户信息以支持开具支票。电子支票应具有银行的数字签名。用户可能需要下载称作"电子支票簿"的软件用于生成电子支票。

2. 电子支票付款

（1）用户和商家达成购销协议选择用电子支票支付。

（2）用户在计算机上填写电子支票，电子支票上包含支付人姓名、支付人账户名、接收人姓名、支票金额等。用自己的私钥在电子支票上进行数字签名，用卖方的公钥加密电子支票，形成电子支票文档。

（3）用户通过网络向商家发出电子支票，同时向银行发出付款通知单。

（4）商家收到电子支票后进行解密，验证付款方的数字签名，背书电子支票，填写进账单，并对进账单进行数字签名。

（5）商家将经过背书的电子支票及签名过的进账单通过网络发给收款方开户银行。

（6）收款方开户银行验证付款方和收款方的数字签名后，通过金融网络发给付款方开户银行。

（7）付款方开户银行验证收款方开户银行和付款方的数字签名后，从付款方账户划出款项，收款方开户银行在收款方账户存入款项。

电子支票交易流程如图 5 - 6 所示。

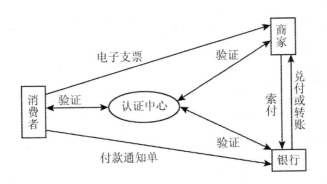

图 5 - 6　电子支票交易流程图

（三）电子支票支付方式的特点和优势

支票是一个被广泛应用的金融工具，随着网上交易额的快速增长，给电子支票的运用带来了广阔的前景。早期开发的电子支票系统（如 Netcheck、NetBill）主要适用于小额支付，但近期开发的电子支票系统（如 Echeck）主要向用于大额支付的方向发展，以满足 B to B 交易的支付需求。电子支票支付方式具有以下的特点和优势：

1. 电子支票支付方式的特点

（1）电子支票与传统支票工作方式相同，易于理解和接受。

（2）加密的电子支票使它们比数字现金更易于流通，买卖双方的银行只要用公开密钥认证确认支票即可，数字签名也可以被自动验证。

（3）电子支票适于各种市场，可以很容易地与 EDI 应用结合，推动 EDI 基础上的电子订货和支付。

（4）电子支票技术将公共网络连入金融支付和银行清算网络。

2. 电子支票支付方式的优势

与传统的纸质支票和其他形式相比，电子支票具有以下优点：

（1）处理速度高 电子支票的支付是在与商户及银行相连的网络上高速传递的，它将支票的整个处理过程自动化了，这一支付过程在数秒内即可实现。它为客户提供了快捷的服务，减少了在途资金。在支票使用数量很大时，这一优势特别明显。

（2）安全性能好 电子支票是以加密方式传递的，使用了数字签名或个人身份证号码（PIN）代替手写签名，还运用了数字证书，这三者成为安全可靠的防欺诈手段。

（3）处理成本低 用电子支票进行支付，减轻了银行处理支票的工作压力，节省了人力，降低了事务处理费用。

（4）给金融机构带来了效益 第三方金融服务者不仅可以从交易双方处收取固定的交易费用或按一定比例抽取费用，它还可以作为银行身份，提供存款账目，且电子支票存款账户很可能是无利率的，因此给第三方金融机构带来了收益。而且银行也能为参与电子商务的商户提供标准化的资金信息，故而可能是最有效率的支付手段。

三、智能卡

（一）智能卡的概念

智能卡（Smart Card）或称集成电路卡（Integrated Circuit Card）是一种将具有微处理器及大容量存储器的集成电路芯片嵌装于塑料基片上而制成的卡片。智能卡可以用来进行电子支付和存储信息。在芯片里存储了大量关于使用者的信息，如财务数据、私有加密密钥、账户信息、结算卡号码及健康保险信息等。

智能卡出现已经有十多年了。在欧洲和日本智能卡已经可以用于交电话费和有线电视费。智能卡在澳大利亚也非常普及，几乎所有的商店和饭店的结账台都有智能卡刷卡器。智能卡比传统结算卡更易防止滥用，因为智能卡上的信息是加密的，它需要用密钥来打开加密的信息，窃贼能得到的结算卡号或可模仿的签名则不起作用，另外智能卡还具有便于携带及方便使用的好处。

（二）智能卡的应用范围

智能卡的应用范围包括：

1. 电子支付

如智能卡用于支付电话费、代替信用卡；

2. 电子识别

如能够控制对大楼房间或系统的访问，如计算机或收银机；

3. 数字存储

即一种必须适时存储和查询数据的应用，如存储和查询病历，目标跟踪信息和处理验证信息。

（三）能卡的工作过程

智能卡系统的工作过程是：

首先，在适当的机器上启动消费者的因特网浏览器，这里所说的机器可以是 PC 机，也可以是一部终端电话，甚至是付费电话；

然后，通过安装在 PC 机上的读卡机，用消费者的智能卡登录到为消费者服务的银行 Web 站点上，智能卡会自动告知银行有关消费者的账号、密码和其他一切加密信息；

最后，消费者从智能卡中下载现金到厂商的账户上，或从银行账号下载现金存入智能卡。

在电子商务交易中，智能卡的应用类似于实际交易过程。只是消费者在自己的计算机上选好商品后，键人智能卡的号码登录到发卡银行，并输入密码和在线商店的账号，完成整个的支付过程。

（四）智能卡标准

智能卡作为网上的支付工具已经有了以下的标准：

1. 全球 PC/SC 计算机与智能卡联盟

由 Bull、HP、IBM、Microsoft、Simens、Nixdof、Sun、Toshiba、verifone 和 Gemplus 等组成了计算机与智能卡联盟，制定计算机和智能卡连用标准，以达到通过一张智能卡插入异地网络计算机，即可通过因特网查询本地资料或进行电子商务活动。

2. EMV 集成电路卡规范

是由 Visa 联合 Europayt 和 Mastercard 共同完成的基于 ISO 标准的集成电路卡规范。

3. PCSC（个人计算机智能卡）标准

这是一个由微软公司制定的标准。

4. Java Card APl 标准

由 Sun 提出，花旗银行、Visa、第一联合银行和 VeriFone 等组织支持。

5. 欧洲电讯工业智能卡规范

由欧洲电讯工业的"全球数据移动电话系统"所定义的一个用来鉴别移动电话用户的智能卡规范。

6. 中国 IC 卡系列标准与规范

为了规范中国智能卡发展，推广智能卡的应用，中国人民银行先后组织开发与制定了《中国金融集成电路（IC）卡系列规范》、《中国金融 IC 卡卡片规范》、《中国金融 IC 卡应用规范》和 POS 设备的规范。另外，国家金卡工程办也相继制定了《全国 IC 卡应用发展规划》、《IC 卡管理条例》、《集成电路卡注册管理办法》及《IC 卡通用技术规范》等。这些标准和规范的制定，为国内金融卡跨行跨地区通用、设备共享及与国际接轨提供了强有力的支持，为智能卡在金融业的大规模使用提供了安全性、兼容性的保障，为电子商务中电子在线支付提供了从支付手段到交易流程的解决方案，并为各种电子支付系统的规范化和兼容化提供了契机，使得用中国标准金融 IC 卡作为电子商务中的支付前端成为最终、最安全和最直接的解决方案。

（五）智能卡的优点

1. 智能卡使得电子商务中的交易变得简便易行

智能卡消除了某种应用系统可能对用户造成不利影响的各种情况，它能为用户"记忆"某些信息，并以用户的名义提供这种信息。使用智能卡就再也不用记住个人识别号码（密码），如打电话、取现金、支付等。无需记住个人识别号码是智能卡的一大优点。

2. 智能卡具有很好的安全性和保密性

它降低了现金处理的支出以及被欺诈的可能性，提供了优良的保密性能。使用智能卡，用户不需要携带现金，就可以实现像信用卡一样的功能，而保密性能高于信用卡，因此智能卡在网上支付系统中作用重大。

第四节 移动支付

一、移动支付的概念

从 2002 年开始，移动电子支付（简称移动支付）就已经成为移动增值业务中的一个亮点。2002 年 5 月，中国移动通信公司（以下简称中国移动）开始在浙江、上海、广东、福建等地进行小额支付试点，带动了相关兴趣方，尤其是以中国银联为主的金融机构表现出对该业务的极大关注。2003年起各地移动通信公司纷纷推出相应的移动支付业务，从年初湖南移动通信公司与中国银联长沙分公司推出的银行账号捆绑的手机支付业务，到9月份北京移动通信公司推出名为"手机钱包"的手机支付业务，直至到12月中旬上海推出出租车上的银行移动POS机，中国联通在大力推动CDMA业务的同时，也对移动支付业务寄予了厚望，也与中国银联签订了战略伙伴协议。2002年5月，中国联通在江苏无锡正式推出"小额支付移动解决方案"试验系统，从各种新业务中我们可以感受到经过移动公司和金融机构在相关方面的努力，使得移动支付业务已经逐渐浮出水面，真正走人手机用户的生活中。移动支付有着在任何时间、任何地点、任何方式支付的优势，并且随着基于SMS的移动内容与应用收费的普及，移动支付已经逐渐被人们普遍接受，拥有了广泛的用户基础。

二、国内外移动支付业务的应用

国外移动通信运营商早已推出手机小额支付服务。在英国的赫尔市，爱立信公司开发的手机支付服务允许汽车驾驶员使用手机支付停车费。用户把汽车停在停车场之后，即可用手机接通收费系统。用户可以与应用语音识别技术的计算机对话，也可以用手机发一条短信。用户只需说明停车的位置、注册的号码和需要购买的停车时间即可，负责收取停车费的计算机把这些资料登记下来。

在芬兰南部城市科特卡，客户通过芬兰的"移动支付系统"，使用手机支付货款简单易行。客户只需向研制这一系统的公司开一个"移动户头"，即可通过手机将有关付款数额和付款时间的文字信息发送到商家的户头上履行付款手续。如果客户将手机遗失，可通过发送文字信息或打电话给这家公司终止自己的移动账号。

瑞典的Paybox公司，在德国、瑞典、奥地利和西班牙等几个国家成功推出了手机支付系统之后，又将首次在英国推出这种无线支付系统。Paybox无线支付以手机为工具，取代了传统的信用卡。使用该服务的用户，只要到服务商那里进行注册取得账号，在购买商品或需要支付某项服务费时，直接向商家提供你的手机号码即可。

此外在澳大利亚悉尼，消费者可用手机拨号买饮料；在瑞典，手机用户可在自动售货机上买汽水；在日本，观众可以通过手机预订电影票；在诺基亚总部，雇员可用手机付账喝咖啡。

在国内，中国移动通信公司较早地开展了手机支付业务的试点。2001年6月，深圳移动通信公司与深圳福利彩票发行中心合作建设了手机投注系统，开通了深圳风采手机投注业务；2001年10月，中国移动通信公司与51CP（中彩通网站）合作，尝试推出世界杯手机投注足球彩票业务；2002年5月，中国移动通信公司开始在浙江、上海、广东、福建等地进行小额支付试点；浙江移动通信公司在嘉兴地区试行开通小额支付业务，提供网上支付、话费充值、自动售货机等服务；广东移动通信公司、福建移动通信公司和江苏移动通信公司也搭建了本省的小额支付平台，提供足球彩票和福利彩票投注等服务。支持移动支付的银行有招商银行、中国银行、建设银行、交通银行、商业银行、广东发展银行、深圳发展银行、中信银行、福建兴业银行等。网络公司更是积极支持移动支付，在搜狐网站，可用手机点歌；在新浪网站，可用手机购买邮箱；在其他商业网站，还可用手机支付网络游戏或视频点播。

三、移动支付的优点和潜力

（一）移动支付的优点

现代商业，速度至上，一切交易的成败往往都取决于速度。简化过程、方便操作，是提升交易速度的关键因素，移动支付的最大特色就是它在操作上的便捷。这一支付方式不仅大大方便了消费者，而且必将引起商业领域的深层变革。

移动支付作为一种崭新的支付方式，具有方便、快捷、安全、低廉等优点，将会有非常大的商业前景，而且将会引领移动电子商务和无线金融的发展。手机付费是移动电子商务发展的一种趋势，它包括手机小额支付和手机钱包两大内容。手机钱包就像银行卡，可以满足大额支付，它是中国移动通信公司近期的主打数据业务品牌，通过把用户银行账户和手机号码进行绑定，用户就可以通过短信息、语音、GPRS等多种方式对自己的银行账户进行操作，实现查询、转账、缴费、消费等功能，并可以通过短信等方式得到交易结果通知和账户变化通知。

与传统支付手段相比，移动支付操作简单、方便快捷，简单得会发短信就会操作，快捷得只用短信把数据传送到各发卡银行，很快就能收到处理结果。有了移动支付，用户再也不用满大街去找 ATM 机了，点击键盘即可轻松完成一笔交易。而且，凭借银行卡和手机 SIM 卡的技术关联，用户还可以用无线或有线 POS 打印消费单据，付出多少、结余多少，明明白白，一目了然。

（二）移动支付的潜力

目前，我国已成为全球最大的移动市场，手机用户总量现已接近 1.8 亿，银行卡的拥有量多达 4 亿张，这是任何一个欧洲国家都望尘莫及的"富矿"。在 1.8 亿手机用户中，同时拥有银行卡的可能会超过一半，即使十分之一的手机用户参与移动购物，也是一个大有可为的巨大市场。一旦移动支付普及开来，即使是那些暂无固定收入的在校大学生，也会接受这种全新的消费方式，因为他们是网上购书或短信息的最大消费群体。可以乐观想象一下，当全国手机用户总量突破 3 亿时，其中的一半持有银行卡，移动支付市场将会出现怎样一种火爆的局面呢？

四、移动支付的交易过程

从消费者购买行为来看，消费者在商场、超市等零售卖场进行购物时使用手机支付也应是符合市场发展规律和现代人生活方式的一种未来趋势。从手机支付工作原理来看，手机支付系统主要涉及 3 个方面：消费者、商家及无线运营商。手机支付流程如下：

1. 消费者通过互联网进入消费者前台系统选择商品。

2. 将购买指令发送到商家管理系统。

3. 商家管理系统将购买指令发送到无线运营商综合管理系统。

4. 无线运营商综合管理系统将确认购买信息指令发送到消费者前台消费系统或消费者手机上请求确认，如果没有得到确认信息，则拒绝交易。

5. 消费者通过消费者前台消费系统或手机将确认购买指令发送到商家管理系统。

6. 商家管理系统将消费者确认购买指令转交给无线运营商综合管理系统，请求缴费操作。

7. 无线运营商综合管理系统缴费后，告知商家管理系统可以交付产品或服务，并保留交易记录。

8. 商家管理系统交付产品或服务，并保留交易记录。

9. 将交易明细写入消费者前台消费系统，以便消费者查询。

五、移动支付推广普及的关键

移动支付能否得到推广和普及，最终取决于广大手机用户的认同。eNet 硅谷动力公司就网民是否使用联通和银联的移动支付业务展开调查，结果显示：33.23%的网民会使用这项服务，并表示完全信赖这项技术；16.15%的网民表示会考虑使用这项服务，但对技术还有些忧虑；9.94%的网民则直接表示不会使用这项新业务，主要原因是对技术还很担心；另外还有40.68%的网民认为，现金支付很方便。

中国人最根深蒂固的消费习惯是一手交钱一手交货。电子支付则是两头不见面，摸不着看不见，完全是一种虚拟交易方式。对于那些习惯于传统交易方式的消费者来说，采用移动支付购物，一开始必然会感到心里不踏实。26.09%的用户对移动支付表示担心，原因可能主要来自两个方面：一方面，害怕卖方在交易中不守信用，钱划出去了，却收不到商品，或者一不小心掉进不法奸商设置的陷阱，要讨说法都没地方找人去；另一方面，由于网上窃贼防不胜防，担心网络大盗为所欲为地窃取自己账户上的钱财。要消除用户对移动支付的担心，关键在于技术上加强安全防范，尽可能地堵塞一切漏洞。所以，培育移动支付市场，安全乃是第一要素。

只要移动支付在信用安全、手续费用、快捷程度以及和零售企业方的合作问题得到有效的解决，消费者在传统购物时使用手机支付这一新方式的可能性就会很大。通过国内、国外的手机实践，人们完全有理由相信手机支付将在未来大有作为，并成为传统支付手段的一种有效补充。无论如何，移动支付具备了现金支付和银行卡支付的各种优势，会随着手机用户稳步增长的速度而日益发展；手机支付必将成为人们生活购物方式的一种潮流。

练习五

1. 简述互联网上常用的几种支付方式。

2. 简述中国银行电子钱包的使用过程并实际使用之。

3. 阐述电子现金的概念、使用过程、优缺点和其主要提供商的情况。

4. 描述电子支票的使用过程，并将其和纸质支票的使用进行对比，以加深对其认识。

第六章　网络营销

第一节　网络营销的基本概念

一、网络营销的概念

20 世纪 90 年代初，Internet 的飞速发展在全球范围内掀起了互联网的应用热潮，网络成为新的商业环境。网上购物的迅猛发展，正在打破旧的商业习惯，创造新的各种机会，世界各大企业纷纷利用互联网提供信息服务和拓展公司的业务范围，并且按照互联网的特点积极改组企业内部结构和探索新的营销管理方法。

网络营销（Internet Marketing，e-Marketing 等）是以现代电子技术和通信技术的应用与发展为基础，与市场的变革、竞争以及营销观念的转变密切相关的一门新学科。它是企业整体营销战略的一个组成部分，是为实现企业总体经营目标所进行的、以互联网为基本手段营造网上经营环境的各种活动。

网上经营环境是指企业内部和外部与开展网上经营活动相关的环境，包括网站本身、客户、网络服务商、合作伙伴、供应商、销售商、相关行业等。网络营销的开展就是与这些环境建立关系的过程。网上经营环境的营造主要通过建立一个以营销为主要目的的网站，并以此为基础，通过一些具体策略对网站进行推广，从而建立并扩大与其他网站之间以及与客户之间的关系，其主要目的是为企业提升品牌形象、增进客户关系、改善客户服务、开拓网上销售渠道并最终扩大销售。

与许多新兴学科一样，"网络营销"目前同样也没有一个公认的、完善的定义。不过，以下几点理解已渐成共识：

（1）网络营销是手段而不是目的网络营销具有明确的目的和手段，但网络营销本身不是目的，网络营销是营造网上经营环境的过程，也就是综合利用各种网络营销方法、工具、条件并协调其间的相互关系，从而更加有效地实现企业营销目的手段。

（2）网络营销是企业整体营销战略的一个组成部分，在互联网时代网络营销将成为企业营销战略中必不可少的内容，只不过所扮演的角色不同而已。但不论其占主导或从属地位，网络营销活动都不可能脱离一般营销环境而独立存在。网络营销只不过是传统营销的一种扩展，即向互联网上的延伸，所有的网络营销活动都是实实在在的。

网上营销与网下营销是一个相辅相成、互相促进的营销体系。因此，一个完整的网络营销方案，除了在网上做推广之外，还很有必要利用传统营销方法进行网下推广。如网站本身的推广手段往往也要采取许多传统的方式：在传统媒体上做广告、召开新闻发布会、印发宣传册等。

（3）网络营销不等于网上销售网络营销是为实现产品销售目的而进行的一项基本活动，但网络营销本身并不等于网上销售。

网络营销的目的并不仅仅是为了促进网上销售，很多情况下，网络营销活动不一定能实现网上直接销售的目的，但是可能提升企业品牌价值、加强与客户之间的沟通、增加客户的忠诚度、拓展对外信息发布的渠道、改善客户服务等。

（4）网络营销不等于电子商务，网络营销和电子商务是一对紧密相关而又具有明显区别的概念。电子商务是指系统地利用电子工具，高效率、低成本地从事以商品交换为中心的各种活动的全过程。可以将电子商务简单地理解为电子交易，电子商务强调的是交易行为和方式。

企业在开展网络营销时利用 EDI、Internet 实现交易前的信息沟通、交易中的网上支付和交易后的售后服务。显然，网络营销是企业电子商务活动中最基本的、最重要的 Internet 上的商业活动。无论传统企业还是互联网企业都需要网络营销，网络营销仅是企业整体营销战略的一个组成部分；网络营销本身并不是一个完整的商业交易过程，而只是促进商业交易的一种手段。因此，可以说网络营销是电子商务的基础，开展电子商务离不开网络营销，但网络营销并不等于电子商务。

（5）网络企业、传统企业与网络营销前几年，人们把一开始就基于互联网的企业通常称为网络企业，将网络企业之外的所有企业都统称为传统企业。但近年来，纯网络公司已由盲目开张转入理性发展，有些网上零售商甚至发展实体商店来拓展销售渠道；而另一方面，传统企业上网的热潮也日益高涨，网络营销已经成为许多企业的重要营销策略，一些小企业对这种成本低廉的网上营销方式甚至比大中型企业表现出更大的热情。

网络企业与传统企业、网络营销与传统营销之间正在逐步相互融合。但对于大多数传统企业来说，网络营销仅是一种辅助性的营销策略，也是一个全新的领域，建立网站、网站推广、利用网站宣传自己的产品和服务等等，都是网络营销的内容，网站为人们提供了一个了解企业的窗口，在初级阶段，网站的形象与企业形象之间可能并不完全一致，因为在企业网站建立之前，企业的供应商、合作伙伴、客户等对于企业已经有了一定的认识，企业的品牌形象在建立企业网站之前就已经确立了。

与传统企业不同，网站代表着网络企业的基本形象，人们认识一个网络企业通常是从网站开始的，因而网站的形象在一定程度上代表着企业形象，在许多人的心目中，网站就是一个网络企业的核心内容。因此，对于网络企业来说，网站的品牌形象远比传统企业的网站重要。

传统企业的网络营销大都从建立网站开始，现在，国内的大多数大型企业也都建立了自己的网站，不过具有电子商务功能的网站还很少。根据全球最大的传播公司 TribalDDB 首次针对中国企业网站效果的调查，在已经建成的这些企业网站中，网站的形象与企业形象很不相称，功能和服务也不完善，实用性不强，而且，中国品牌的企业网站明显落后于国际品牌。由此可见，中国企业信息化的总体水平还不高，传统企业的网络营销水平还处于初级阶段。

二、网络营销的层次

根据企业对互联网的作用的认识及应用能力划分，企业网络营销可以划分为 5 个层次。

（1）企业上网宣传。这是网络营销最基本的应用方式。它是在把互联网作为一种新的信息传播媒体的认识基础上开展的营销活动。建立企业网站是企业上网宣传的前提。互联网让企业拥有一个属于自己而又面向广大上网受众的媒体，而且这一媒体的形成是高效率、低成本的，这是其超越传统媒体的一个特点。企业网站信息由企业制定，没有传统媒体的时间、版面等限制，也可伴随企业的进步发展不断地实时更新。企业网站可应用虚拟现实等多媒体手段吸引受众并与访问者双向交流，及时有效地传递并获取有关信息。这些都是吸引企业上网宣传，使其由内部或区域宣传转向外部和国际信息交流的重要因素。

媒体宣传的关键在于是否被受众注意并留下印象。与传统媒体相比，互联网上浩如烟海的信息很可能使企业网站成为浪花一朵。因此，企业网站如何让人知晓并吸引上网者浏览就成为上网宣传的难题。当一个新站点诞生后，如果没有人来看，再好的内容也无人知晓，信息传播无法到达受众，网络营销就无从谈起，所以，宣传网址是开展网络营销的前提之一。

宣传网址的方法大致可以划分为两类。

①利用传统媒体：利用广播、报纸、电视宣传都是很好的方法。现在已经有很多传统媒体上的广告，就是以网址为广告内容的主体。同时，企业所有的印刷品，包括名片等，都是宣传网址的良好介质。

②利用 Internet 本身的方法：诸如导航台、新闻组、电子邮件群组、图标广告、分类广告等等，都是宣传网址的好方法。

（2）网上市场调研。调研市场信息，从中发现消费者需求动向，为企业细分市场提供依据，是企业开展市场营销的重要内容。

企业通过访问行业门户、竞争对手网站、新闻网站，可以很便捷地了解有关政策、法规、业内动态、消费需求等信息，为开拓市场和制定企业的战略、战术等提供依据。由于网上的信息量大、检索快，所以，互联网已成为第二手资料的主要来源，越来越多的人在调研时首先从网上搜索信息着手。

在互联网上，企业可以通过自己的网站或借助 ISP 或专业网络市场研究公司的网站，利用留言簿、e-mail、网上论坛、调查问卷表等方式了解产品的使用信息、客户的需求，从而为产品开发、改进、销售、市场定位等提供决策依据。

（3）充分利用传统分销渠道。网络营销尽管在迅猛发展，但相对于传统营销渠道而言，其份额仍然是很小的。企业传统的分销渠道仍然是企业的宝贵资源，然而互联网高效及时的双向沟通功能，的确也为加强企业与其分销商的联系提供了很好的平台。

企业通过互联网构筑虚拟专用网络，将分销渠道的内部网融入其中，可以及时了解分销过程的商品流程和最终销售状况。这将为企业及时调整产品结构、补充脱销商品以及分析市场特征，实时调整市场策略等提供帮助，从而为企业降低库存，采用实时生产方式创造了条件。网络分销也开辟了及时获取畅销商品信息、处理滞销商品的巨大空间，从而加快销售周转。

从某种意义上看，通过网络加强制造企业与分销渠道的紧密联系，已经使分销成为企业活动的自然延伸，是加强双方市场竞争力的重要力量。利用互联网构筑零售商与供货商的新型实时联系框架，是企业提高市场竞争力的最佳路径。

（4）网上直接销售。数量众多的虚拟商场已经在互联网络上开张营业，这就是从事网上直接销售的网站。互联网是企业和个人相互面对的乐园，是直接联系分散在广阔空间中数量众多的消费者的最短渠道。它排除了时间的耽搁和限制，取消了地理的距离与障碍，并提供了更大范围的消费选择机会和灵活的选择方式，因此，网上直接销售为上网者创造了实现消费需求的新机会。网上直接销售不仅是面向上网者个体的消费方式，也包含企业间的网上直接交易，它是一种高效率、低成本的市场交易方式，代表了一种新的经营模式。

（5）网络营销集成。互联网是一种新的市场环境，这一环境不只是对企业的某一环节和过程产生重大影响，还将对企业组织、运作及管理观念上产生重大影响。一些企业已经迅速融入到这一环境中，依靠网络与原料供应商、制造商、消费者建立密切联系，并通过网络收集、传递信息，从而根据消费需求，充分利用网络伙伴的生产能力，实现产品设计、制造及销售服务的全过程。

三、网络营销的分类

按照交易对象的不同，网络营销可以分为以下4类：

（1）企业对企业的网络营销是指企业和企业之间进行网络营销活动。例如，某商店利用计算机网络向某电器工厂订购电视机，并且通过网络进行付款等。这一类网络营销已经存在很多年，其中以企业通过专用网或增值网（VAN）采用 EDI 方式所进行的商务活动尤为典型。这种类型是网络营销的主流，也是企业面临激烈的市场竞争，改善竞争条件，建立竞争优势的主要方法。

（2）企业对消费者的网络营销是指企业与消费者之间进行的网络营销活动。这类网络营销主要是借助于 Internet 开展的在线销售活动。近年来，Internet 为企业和消费者开辟了新的交易平台，再加上全球网民的增多，使得这类网络营销得到了较快发展。特别是企业的网站对于广大消费者，并不需要统一标准的单据传输，而且在线销售和支付行为通常只涉及信用卡、电子货币或电子钱包。另外，Internet 提供的搜索浏览功能和多媒体界面，又使得消费者更容易寻找和深入了解所需的产品。因此，开展企业对消费者的网络营销具有巨大的潜力，是今后网络营销发展的主要动力。目前，在我国由于消费观念与习惯、企业与个人信用水平不高、网络尚未普及等原因，这种在线销售方式还不够普及，还有一个逐步发展的过程。

（3）企业对政府的网络营销是指企业与政府机构之间进行的网络营销活动。例如，政府采购清单可以通过 Internet 发布，企业可以以电子化方式回应；另外，政府通过电子交换的方式向企业征税等。这种方式可以更好地树立政府的形象，避免暗箱操作和滋生腐败，实施科学管理。

（4）消费者对政府的网络营销是指政府对个人的网络营销活动，例如，社会福利基金的发放以及个人报税等。随着企业对消费者以及企业对政府网络营销的发展，各国政府将会对个人实施更为完善的电子方式服务。

四、网络营销的基本功能

网络营销系统是电子商务系统的有机组成部分。一个完整的网络营销系统可以包括以下功能：

（一）市场调研

通过网络搜集市场情报，收集企业竞争对手的信息，了解企业合作伙伴的相关业务情况，向消费者征求对企业推销商品及服务的认知程度、评价与意见，为新产品开发作准备，为调整企业生产决策或营销策略提供依据。

（二）信息发布与咨询

进行广告宣传，发布商品与服务信息，设立 FAQ 回答顾客经常提出的问题，设立留言板与电子邮件信箱让顾客留下建议与提问，并及时回答相关问题。

（三）网上销售或网上采购招标

销售型站点要建立购物区及相关网络销售数据库，设立购物车方便顾客选购商品，发送商品订单。招标型站点要公布招标办法及要求，设计投标书，制订公正合理的招标评标程序。

（四）网上支付与结算

网上支付应支持多种支付方式，如银行卡、电子钱包、电子支票、电子转账、邮局汇款等。在银行卡支付中又涉及多种银行卡，需要和多家银行金融机构进行合作，确定认证和结算办法。

（五）订单处理

通过电子数据交换系统或网络数据库进行订单的自动处理与传输，再通过制造资源规划（MRP）系统将定单任务分解到各个生产环节及采购部门。

（六）物流配送

根据订单要求，在最短的时间内按照客户指定的时间及地点将商品发送至客户。

（七）客户关系管理

建立客户档案，加强与客户的联系，整理客户留下的订购资料，解决用户提出的问题，研究顾客提供的评价、意见及建议，为改善产品及服务质量提供参考。

（八）提供售后服务

解决产品使用中可能出现的问题，如退货、维修、技术支持和电子产品的升级。

五、网络营销的系统组成

网络营销系统是指企业进行网络营销活动所必备的由营销人员以及软硬件设施组成的整体。网络营销系统区别于传统营销系统之处在于它是由互联网支撑的，它的各个组成部分均通过网络相连，呈现网状结构。这一系统涵盖了企业、网络服务供应商、消费者、银行金融机构、物流配送公司、政府管理机构（税务、工商、海关）以及认证机构。由于网络营销是电子商务中最重要的组成部分，所以网络营销系统的构建要纳入企业电子商务系统的总体规划。

一个完备的网络营销系统一般由以下几个部分组成：

（一）网络营销平台

网络营销平台是指开展网络营销的有形界面，它由服务器、各种网络设施及软件系统和计算机终端所组成。网络营销平台一般是建立在互联网的平台上，网络营销平台包括信息发布系统、网上交易系统、网络营销服务系统和在线服务中心。

（二）内联网

内联网是一个分布在企业内较小地理范围内的计算机网络，它由一台或多台服务器及若干工作站组成。构建局域网的目的是为了更好地实现资源共享与内部信息的迅速传输、提高管理水平与企业经营的效率。在企业内部局域网上可以有效地实现企业资源计划（ERP），进行办公自动化操作、产品制造生产计划与生产流程管理、项目管理、人力资源管理、财务管理、客户关系管理、供应链管理及市场营销管理。

（三）外联网

外联网（Extranet）是借助于互联网，由协同企业内联网组成的一种虚拟专用网络。通过外联网，企业与供应商、合作关联企业、客户互相连通，实现信息资源的共享。

（四）电子支付结算系统

在网络营销中电子支付是一个重要环节，它不是企业可以独立完成的。网络营销企业必须与银行金融机构合作，构建电子支付结算系统。

（五）物流配送系统

物流配送系统是网络营销中的一个瓶颈环节，对大多数企业来说，企业可以自营物流，可以借助传统流通渠道，也可以委托第三方物流配送公司来完成商品的配送。

（六）认证系统

网上交易与支付环节通常要经过 CA 认证中心和金融认证系统来共同完成认证。

六、网络营销的竞争优势

（一）成本费用控制

开展网络营销给企业带来的最直接的竞争优势是企业成本费用的控制。网络营销采取的是新的营销管理模式。它通过互联网改造传统的企业营销管理组织结构与运作模式，并通过整合其他相关业务部门如生产部门、采购部门，降低营销及相关业务管理费，降低销售成本，实现企业成本费用最大限度的控制。

（二）创造市场机会

互联网上没有时间和空间限制，不需要增加额外的营销费用就可以每周 7 天，每天 24 小时运行。它的触角可以延伸到世界每一个地方，因此，利用互联网从事市场营销活动可以远及过去靠人工进行销售或者传统销售所不能达到的市场。例如，一个大型塑料生产厂的采购人员在网上就可以浏览和选择工业塑料供应商；一个只有少许销售人员的小供应商也可以找到一个大买主，它只要将公司的业务放到网上。同样，以前一个小商贩不可能接触到遍布全国的家庭用品经销商，但通过在网上设站点，营造一个为小公司服务的交易环境，就能在全国甚至在全世界范围内找到有钱可赚的新市场。因此，网络营销可以为企业创造更多新的市场机会。

（三）提高客户满意度

在激烈的市场竞争中，没有比让客户满意更重要的了。著名的80：20公式指出，企业80%的利润来自20%的客户；企业与新客户交易的费用是老客户的5倍。培养客户的忠诚度是企业最大的挑战。由于市场中客户需求千差万别，而且客户的情况又不相同，因此要想采取有效的营销策略来满足每个客户需求比登天还难。互联网出现后改变了这种情况，企业可以将产品介绍、技术支持和订货情况等信息放到网上，客户可以随时随地根据自己需求有选择性地了解有关信息，从而克服了在为客户提供服务的时间和空间限制，提高了客户满意度。

（四）满足消费者个性化需求

1. 网络营销是一种以消费者需求为导向，强调个性化的营销方式。为适应消费者的个性化需求，依靠计算机辅助设计、人工智能、遥感和遥控等技术，现代企业将具备以较低成本进行小批量多品种生产的能力。网络营销使信息以数字化形式存在，它的低成本发送，使庞大的促销费用得以节省。

2. 网络营销使企业和消费者有极强的互动性，是实现全过程营销的理想工具。互动性提高消费者的参与性和积极性，使企业营销决策有的放矢，从根本上提高消费者的满意度。

3. 网络营销能满足消费者对购物方便性的需求，提高消费者的购物效率，省去到商场购物的精力和时间的消耗，使购物成为一种休闲和娱乐。

4. 网络营销能满足价格重视型消费者的需求。由于网络营销能为企业节约巨额的促销和流通费用，使产品成本和价格的降低成为可能，可以实现以更低的价格购买。

（五）稳定与供应商的关系

供应商是向企业及其竞争者提供产品和服务的企业或个人。企业在选择供应商时，一方面考虑生产上的需要；另一方面考虑时间上的需要，即计划供应量要根据市场需求，将满足要求的供应品在恰当时机送到指定地点进行生产，以最大限度地节约成本和控制质量。企业如果实行网络营销，就可以对市场销售进行预测，确定合理的计划供应量，保证满足企业的目标市场需求。企业通过网络还可以了解竞争者的供应量，制定合理的采购计划，在供应紧缺时能预先订购，确保竞争优势。如Wall-Mart通过其网络系统了解其分布在世界各地超市的销售情况后，制定其商品补充和采购计划，通过网络将采购计划立即传送给供应商，供应商必须适时送货到指定零售店。供应商既不能送货过早，因为公司实行零库存管理，没有仓库进行储存；同时也不能送货过晚，否则影响零售店的正常销售。在零售业竞争日益白热化的情况下，Wall-Mart 凭借其与供应商稳定协调的关系，使其库存成本降到最低，供应商也因 Wall-Mart 销售额的稳定增长而获益匪浅，因此 Wall-Mart 与其供应商双方都愿意保持紧密的合作关系。

第二节　网络营销的基本理论及常用方法

一、网络营销的基本理论

网络营销是企业整体营销战略的一个组成部分，网络营销理论是传统营销理论在互联网环境中的应用和发展。

（一）直复营销理论

直复营销（Direct - Marketing）是指利用人员面对面推销、邮寄附有直接反馈的产品目录、电讯、电视、互联网、购物亭（比如自动售货机）等媒介向目标市场发出直接的销售信息，进行商品介绍、推广并寻求回应的市场营销活动。直复营销中的"直"指产品或服务不经过经销商而直接到达客户手中，"复"指客户和企业之间的沟通和交流，客户对企业实施的直复营销努力有明确的回复，企业可精确统计回复的数据并对结果进行评价。

传统的直复营销依靠产品目录、印刷品邮件和报纸杂志上带回复表的广告，而现代通信技术的发展使得互联网成为直复营销的最佳媒介。互联网具有方便快捷、双向沟通，内容篇幅不受限制，文字、声音、图像、动画共存的优良特性，它可以方便地在企业和顾客之间架起桥梁。顾客可以通过网络看货、下订单，企业通过网络接受订单、安排生产及发货，因此直复营销策略和技巧也可以在网络营销中采纳。

（二）关系营销理论

关系营销以系统论为基本思想，将企业置身于社会经济大环境中考察企业的市场营销活动，认为企业营销是一个与消费者、竞争者、供应商、分销商及政府管理机构发生互动作用的过程，正确处理与他们的关系是企业营销的核心。关系营销的基本立足点是建立、维持和促进与顾客和其他商业伙伴之间的关系，以实现参与各方的目标，从而形成一种兼顾各方利益的长期关系。关系营销将建立和发展与相关个人、企业组织的关系作为企业市场营销的关键变量，把握了现代市场竞争的时代特点，故被称为是对营销理念的又一次革命。关系营销的核心是争取与维持客户，为顾客提供满意的产品和服务，通过加强与客户的联系与沟通，维持与客户的长期关系，在此基础上开始营销活动，实现企业的营销目标。

关系营销理论在 20 世纪 90 年代后受到了广泛的重视，这一理论包含了两个基本点：一是在宏观上认识到市场营销会对范围很广的一系列领域产生影响，包括客户市场、劳动力市场、供应市场、内部市场、相关者市场、金融市场及政府管理部门。二是在微观上认识到企业与客户的关系是不断变化的，市场营销的核心应从过去的简单一次性交易关系转变到注重保持长期的关系上来。企业是社会经济大系统中的一个子系统，企业的营销目标要受到众多外在因素的影响，每个企业通过网络和外界紧密相连，因此必须要使企业融入到自己为之服务的社会之中。关系营销体现了电子商务时代的互动性、合作性和个性化发展趋势。

实施关系营销并不是以损害企业利益为代价的，一般来说，争取一个新顾客的营销费用是保持老顾客费用的 5 倍。所以加强与客户的联系，提高客户对企业的忠诚度是可以为企业带来长远利益的，它提供的是企业与顾客的双赢策略。顾客可以通过互联网向企业提出建议与个性化的需求，企业根据顾客的个性化需求利用柔性化的生产技术最大限度地满足顾客的要求，在为顾客提供服务的同时创造超额利润；另一方面企业也可以从顾客的需求中了解市场，细分市场和锁定市场，提高对市场变化的反应速度。

（三）"软营销"理论

"软营销"理论是针对工业化时代的"强势营销"提出的新理论。在传统营销中，最能体现强势营销特征的是两种促销手段：传统广告和人员推销。在传统广告中，消费者通常是被动地接收广告信息的"轰炸"，企业通过不断地灌输强势信息的方式在消费者心中留下深刻的印象，至于消费者是否愿意接受，是否需要这样的广告信息则不予考虑；在人员推销中，推销人员根本不考虑推销对象是否需要和愿意接受，只是根据推销人员自己的判断强行展开推销活动。所以这两种强势促销手段都试图以一种灌输的方式引导消费者，而不管消费者是否需要，因此这两种手段往往会引起消费者的反感和厌弃。如著名的美国在线公司（AOL.com）曾经对其用户强行发送 e-mail 广告，结果招到用户的一致反对，许多用户约定同时给 AOL 公司发送邮件进行报复，造成 AOL 的电子邮件服务器瘫痪，最终 AOL 不得不道歉以平息众怒。

"软营销"与"强势营销"的根本区别在于：软营销的主动方是消费者，

强势营销的主动方是企业。软营销强调企业进行市场营销活动的同时必须尊重消费者的感受和体验，让消费者舒服地主动接纳企业的营销活动。

由于在网络时代个性化消费需求的回归，使消费者在心理上希望自己成为主动方，而网络的互动特性又使他有成为主动方的可能。他们不欢迎不请自到的广告，但他们会在某种个性化需求的驱动下自己到网上寻找相关的信息和广告。网络软营销恰好是从消费者的体验和需求出发，采取拉动式策略吸引消费者的关注，从而达到营销效果。在互联网上开展网络营销活动必须要遵循网络礼仪（Netiquette），网络软营销就是在遵循网络礼仪的基础上，利用网络文化的微妙之处来营造潜在的销售氛围，从而获得一种独特的营销效果。

（四）整合营销理论

整合营销表示营销不再是单一的企业营销部门的活动，而是综合了与企业经营活动存在关联的各个内部企业单位与外部主体如供应商、顾客等的全局性活动。它要求企业整合各种可以利用的内部资源和外部资源，从而最大限度地获得竞争优势。

网络整合营销理论包含三层含义：

1. 把顾客整合到整个营销决策中来。企业必须意识到顾客对自己的重要性，并着手研究顾客的需要，生产相应的产品去满足顾客。企业的中心从生产转向市场，将顾客的需求作为企业营销活动的起点。满足消费者的个性化需求，让顾客参与产品的设计与定价可以激发他们对企业的信任感和参与意识，从而争取到新客户，拉住了老客户。

2. 把原料供应商、产品分销商、仓储及配送部门整合在一起，实行供应链管理，缩短产品的生产与供货周期，提高营销效率，降低产品成本。

3. 将传统营销手段与网络营销手段整合到一起，虽然网络具有其他传媒无法比拟的快速、廉价与互动的优越性，并不意味着网络营销手段可以完全取代传统营销手段。

二、常用的网络营销方法

网络营销职能的实现需要通过一种或多种网络营销手段，常用的网络营销方法除了搜索引擎注册之外还有关键词搜索、网络广告、交换链接、信息发布、邮件列表、许可 e-Mail 营销、个性化营销、会员制营销、病毒性营销等等。按照一个企业是否拥有自己的网站来划分，企业的网络营销可以分为两类：无站点网络营销和基于企业网站的网络营销。有些方法在两种情况下都适用，但更多方法需要以建立网站为基础，基于企业网站的网络营销显得更有优势，如图6-1所示。

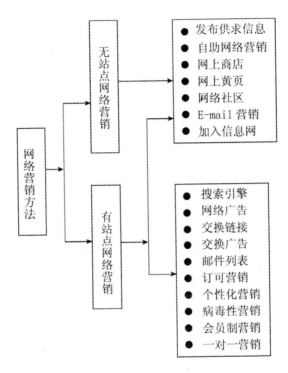

图6-1 网络营销的常用方法

网络营销的具体方法很多，其操作方式、功能和效果也有所区别，常用的网络营销方法有以下几种。

（一）搜索引擎注册与排名

这是最经典，也是最常用的网络营销方法之一。现在，虽然搜索引擎的效果已经不像几年前那样有效，但调查表明，搜索引擎仍然是人们发现新网站的基本方法。因此，在主要的搜索引擎上注册并获得最理想的排名，是网站设计过程中主要考虑的问题之一。网站正式发布后尽快提交到主要的搜索引擎，是网络营销的基本任务。目前主要的访问量较大的中文搜索引擎均已开始收费登录，只要适合网站登记的条件，交少量的费用就可以在适当的类别中登记自己的网站。

（二）交换链接

交换链接也称互惠链接，是具有一定互补优势的网站之间的简单合作形式，即分别在自己的网站上放置对方网站的 LOGO 或网站名称并设置对方网站的超级链接，使得用户可以从合作网站中发现自己的网站，达到互相推广的目的。交换链接的作用主要表现在：获得访问量，增加用户浏览时的印象，在搜索引擎排名中增加优势，通过合作网站的推荐增加访问者的可信度等。

（三）病毒性营销

病毒性营销并非真的以传播病毒的方式开展营销，而是通过用户的口碑宣传网络，信息像病毒一样传播和扩散，以快速复制的方式传向数以千计、百万计的受众。病毒性营销的经典范例是 Hotmail. com。Hotmail 是世界上最大的免费电子邮件服务提供商，在创建之后的一年半时间里就吸引了 1 200 万个注册用户，而且还在以每天超过 15 万个新用户的速度发展。令人不可思议的是，在网站创建的 12 个月内，Hotmail 只花费很少的营销费用，还不到其直接竞争者的 3%。Hotmail 之所以爆炸式的发展，就是由于利用了“病毒性营销”的巨大效力。其实，原理和操作方法很简单：Hotmail 在每一封免费发出的邮件信息底部附加一个简单提示：“Get your private，free e-mail at http：//www. hotmail. com”，接收邮件的人将看到邮件底部的信息，然后，收到邮件的人们继续利用免费 E－mail 向朋友或同事发送信息，会有更多的人使用 Hotmail 的免费邮件服务，于是，hotmail 提供免费邮件的信息不断在更大的范围扩散。现在几乎所有的免费电子邮件提供商都采用类似的推广方法。

（四）网络广告

几乎所有的网络营销活动都与品牌形象有关，在所有与品牌推广有关的网络营销手段中，网络广告的作用最为直接。标准标志广告（Banner）曾经是网上广告的主流（虽然不是唯一形式），尽管现在还出现在大部分网络媒体的页面上，但显然已经走过了自己的辉煌时期，Banner 广告的平均点击率从最初的 30% 降低到 0.4% 以下。2001 年以来，网络广告领域发起了一场轰轰烈烈的创新运动，新的广告形式不断出现，最具代表性的是 360×300 像素的巨型广告，由于克服了标准条幅广告条承载信息量有限的弱点，这种巨型广告目前获得了相对比较高的点击率。不过，有研究表明，网络广告的点击率并不能完全代表其效果，网络广告对那些已浏览而没有点击广告的、占浏览者总数 99% 以上的访问者同样产生作用，影响力甚至可以持续相当长一段时间，因此现在的广告客户已经不再单纯追求点击率，更加重视品牌形象展示和广告效果的转化率。除了投入预算发布网络广告之外，也可以采用交换广告的方式，通常与专业的广告交换网或者与合作伙伴相互交换广告。

（五）信息发布

信息发布既是网络营销的基本职能，又是一种实用的操作手段。通过互联网，不仅可以浏览到大量商业信息，同时还可以自己发布信息。在网上发布信息可以说是网络营销最简单的方式，有许多网站提供企业供求信息发布，并且多数为免费发布信息，有时这种简单的方式也会取得意想不到的效果。不过，最重要的是将有价值的信息及时发布在自己的网站上，以充分发挥网站的功能，比如新产品信息、优惠促销信息等。研究表明，大多数消费者访问制造商的网站是为了查找公司联系信息或产品基本信息，网站提供的有效信息越详细，用户的满意程度越高。如果一个网站的更新周期以季度为单位，甚至整年都是一个老面孔，自然不会受到用户欢迎，也很难取得好的网络营销效果。

（六）许可 e-mail 营销

基于用户许可的 e-mail 营销与滥发邮件（SPAM）不同，许可营销比传统的推广方式或未经许可的 e-mail 营销具有明显的优势，比如可以减少广告对用户的滋扰、增加潜在客户定位的准确度、增强与客户的关系、提高品牌忠诚度等。开展 e-mail 营销的前提是拥有潜在用户的 e-mail 地址，这些地址可以是企业从用户、潜在用户资料中自行收集整理，也可以利用第三方的潜在用户资源。

（七）邮件列表

邮件列表实际上也是一种 e-mail 营销。与 e-mail 营销一样，邮件列表也是基于用户许可的原则，用户自愿加入、自由退出，稍微不同的是，e-mail 营销直接向用户发送促销信息，而邮件列表是通过为用户提供有价值的信息，在邮件内容中加入适量促销信息，从而实现营销的目的。邮件列表的主要价值表现在四个方面：作为公司产品或服务的促销工具，方便和用户交流，获得赞助或者出售广告空间，收费信息服务。邮件列表的表现形式很多，常见的有新闻邮件、各种电子刊物、新产品通知、优惠促销信息、重要事件提醒服务等等。利用邮件列表的营销功能有两种基本方式：一种方式是建立自己的邮件列表；另一种方式是利用合作伙伴或第三方提供的邮件列表服务。

（八）个性化营销

个性化营销的主要内容包括：用户定制自己感兴趣的信息内容，选择自己喜欢的网页设计形式，根据自己的需要设置信息的接收方式和接受时间等等，如网易的个性化网页设计（my. 163. com）。个性化服务在改善客户关系、培养客户忠诚以及增加网上销售方面具有明显的效果，但个性化服务的前提是获得尽可能详尽的用户个人信息，这两者之间存在一定的矛盾。据研究，为了获得某些个性化服务，在个人信息可以得到保护的条件下，用户才愿意提供有限的个人信息，这正是开展个性化营销的前提保证。个性化服务是一个循序渐进的过程，需要在一定的基础条件下进行，比如完善的网站基本功能、良好的品牌形象等等。如创造营销佳绩、风靡西方的芭比娃娃在网上同样优秀。自1998年开始，女孩们就能登录www.barbie.com网站设计自己特有的芭比娃娃。她们可以选择娃娃的皮肤颜色、眼睛颜色、发型及头发颜色、衣服、配饰和名字。她们甚至能填写一份调查表，详述娃娃的好恶。当芭比娃娃通过邮寄的方式到达时，女孩们会在包装上看到娃娃的名字，并随带一份电脑生成的关于娃娃性格的描述。

（九）会员制营销

会员制营销是拓展网上销售渠道的一种有效方式，主要适用于有一定实力和品牌知名度的电子商务公司。会员制营销已经被证实为电子商务网站的有效营销手段。国外许多网上零售型网站都实施了会员制计划，几乎已经覆盖了所有行业。从2000年下半年开始，会员制营销方式开始被国内一些电子商务网站采用，如易趣、当当网上商店等，尽管还处于初级阶段，但已经看出电子商务企业对此表现出的浓厚兴趣和旺盛的发展势头。除了对网上销售具有直接的促进作用之外，会员制营销方法也可以产生良好的广告效果。

（十）网上商店

从根本上说，网络营销的目的直接或间接与销售有关，无论这种销售是网上的还是网下的。建立在第三方提供的电子商务平台上、由商家自行经营的网上商店，如同在大型商场中租用场地开设商家的专卖店一样，是一种比较简单的电子商务形式。网上商店除了通过网络直接销售产品这一基本功能之外，还是一种有效的网络营销手段。如果从企业整体营销策略和客户的角度考虑，网上商店的作用主要表现在两个方面：一方面，网上商店为企业扩展网上销售渠道提供了便利的条件；另一方面，建立在知名电子商务平台上的网上商店增加了客户的信任度，从功能上来说，对不具备电子商务功能的企业网站也是一种有效的补充，对提升企业形象并直接增加销售具有良好的促进作用，尤其是将企业网站与网上商店相结合，效果更为明显。

网络营销的方法并不限于上面所列举的内容，而且由于各网站内容、服务、网站设计水平等方面有很大差别，各种方法对不同的网站所发挥的作用也会有所差异，网络营销效果也受到很多因素的影响，有些网络营销手段甚至并不适用于某个具体的网站，需要根据企业的具体情况选择最有效的策略。

第三节 网上市场调研

一、网上市场调研的概念

市场调研是针对特定营销环境进行调查设计、收集资料和初步分析的活动。市场调研是企业营销前期工作中重要的环节之一，通过调查可以获得竞争对手的资料，摸清目标市场和营销环境，为经营者细分市场、识别受众需求、确定营销目标等提供相对准确的决策依据。互联网所具有的许多特性，为企业开展市场调研提供了一条便利途径。

利用互联网进行市场调研，有直接与间接两种方式。网上直接调查的途径主要有：问卷调查、设置留言板、论坛、新闻讨论组等。网上间接调查一般通过搜索引擎搜索有关站点的网址，然后访问所想查找信息的网站或网页。

网上市场调研具有以下优势：

（1）网上调研的及时性和客观性 由于网上信息的传输速度快，能够快速地传送到连接上网的网络用户中，这就保证了企业调查信息的准确性与及时性。同时，由于企业网络站点的访问者一般都对企业产品有一定的兴趣，对企业市场调研的内容作了认真的思考之后进行回复，而不像传统的调研方式下为了抽号中奖而被动地回答，所以网上市场调研的结果是比较客观和真实的，能够反映消费者的真实要求和市场发展的趋势。

（2）网上调研的便捷性和经济性 在网上进行市场调研，无论是调查者还是被调查者，只需拥有一台能上网的计算机就可以进行网络沟通交流。调查者在企业站点上发出电子调查问卷，提供相关的信息或者及时修改、充实相关信息，然后利用计算机对访问者反馈回来的信息进行整理和分析，这不仅十分便捷，而且会大大地减少企业市场调研的人力和物力耗费。

（3）网上调研的互动性 传统的市场营销强调4P（产品、价格、渠道和促销）组合，现代市场营销则追求4C（客户、成本、及时和沟通）。然而，无论哪种营销观念都必须基于这样一个前提：企业必须实行全程营销，必须由产品的设计阶段就开始充分考虑消费者的需求和欲望。遗憾的是在实际操作中这一点往往难以做到。原因在于消费者与企业之间缺乏合适的沟通渠道或沟通成本过高。消费者一般只能针对现有产品提出建议甚至是不满，而对尚处于概念阶段的产品则难以涉足。此外，大多数的中小企业也缺乏足够的资源和手段了解消费者的各种潜在需求，它们只能从自身能力或市场领导者的策略出发进行产品开发。而在网络环境下，这一状况将从根本上得以改变。即使是中小企业也可以通过电子布告栏、线上讨论广场和电子邮件等方式，以极低的成本在营销的全过程中对消费者进行及时的信息搜集。消费者也有机会对从产品设计到定价和服务等一系列问题发表意见。这种双向互动的信息沟通方式提高了消费者的参与性和积极性，更重要的是能使企业的营销决策有的放矢，从根本上提高消费者满意度。

（4）网上调研结果的客观性 由于企业站点的访问者一般都对公司产品有一定的兴趣，所以这种基于客户和潜在客户的市场调研结果是客观和真实的，它在很大程度上反映了消费者的消费心态和市场发展的趋势。但现在网上调研的普及还有一定的难度，消费者对这种新型市场调研方式尚不适应，现在网络的软、硬件方面的欠缺导致调研流程不畅，专业的网上调研人员欠缺。但随着互联网的普及、应用和人们传统思想观念的转变，网上市场调研将逐渐成为一种趋势。

二、网上市场调研可能存在的问题

（一）参与调查群体的代表性

被调查的网上样本对企业希望调查的群体是否有足够代表性是进行网上市场调研首先要考虑的问题。比如，目前在网上调查"空巢家庭"的情况可能就不合时宜，因为老年人中上网比例很低。网民的构成决定着预定的被调查者是否构成群体规模，如果被调查对象规模不够大，就意味着不适合在网上进行调查。因此，网上调研要看具体的调查项目和被调查者群体的定位。

（二）被调查者的参与性

与传统方式不同，网民可以在不面对调查者的情况下，在一种相对轻松和从容的气氛中填写问卷，达到面对面提问无法比拟的效果。但如被调查者不愿意回答问卷，即使他对所调查的问题感兴趣也可能不填写问卷，因为这会花费他的时间，特别是在调查内容较多的情况下。

（三）调查结果的可靠性

如果调查结果不涉及利益或情感冲突，调查结果可靠性可能较高，但如涉及利益冲突，调查的客观性就成问题了。现在有很多网上调查数据就存在调查舞弊问题。

（四）要遵循网上行为规范和文化准则

不能用轰炸式的邮件调查方式，因为不经受众允许就发给调查表是一种侵犯隐私权的行为。此外，网络是一种非正式场合，问卷应轻松诙谐一些，以增加调查的趣味性。

三、网上市场调研的方法

（一）数据库的应用

在网络环境下，数据库是沟通企业与消费者之间的重要内容与手段，是整个信息系统的基础，也是网络营销市场调研定量分析工作的基础。企业站点要充分利用这些数据库功能，分类保存有用的商务信息，为各种类型的经营分析提供支持。

1. 网络数据库类型

目前，企业商务站点上常设的数据库类型主要有以下三种：

（1）客户数据库。客户数据库是网络营销中最重要的数据库之一。它存储的主要内容除了传统营销所需建立的客户档案外，还包括客户的 e-mail 地址（或网址），客户历次购买产品或询问有关产品信息的情况，客户对产品的需求、建议和意见等信息。

（2）产品（或商品）数据库。产品数据库的内容，除通常产品数据库的内容外，还包括相关产品、配套产品、相关的企业网址信息。

（3）从网络上下载的相关产品供需信息数据库即将其他一些大型商务网站中与本企业产品或经营相关的供需信息保存到数据库中，以便供企业相关人员分析参考。

2. 数据库的建立和运用

网络市场调研人员建立和使用数据库一般有两种措施和途径，即利用互联网上已有的数据库和建立企业自己的数据库。

（1）充分利用网络上已有的数据库在互联网上，企业可以将网络服务商已有的数据库连接到企业的网页上，这样不论是谁访问过企业的主页，都能进入已连接的数据库。企业营销人员根据市场调研的目的、内容，选择适当的搜索引擎，查找所需要的数据库，并经常查看每个已连接的数据库以保证数据库信息的及时和准确。很多综合性的商务网站都免费提供某些产品的市场行情。另外，也可以免费订阅一些电子邮件列表，了解市场行情。

（2）建立企业自己的数据库。建立企业自己的数据库无疑要投入大量的人力和资金，但一个能及时提供有关信息，并使用户开阔眼界、娱乐身心、打破地域和交通局限的数据库必然会吸引更多的访问者，企业也会得到准确、客观、及时的市场信息。

建立企业自己的网络数据库，主要有以下几种形式：

①基于浏览器的数据库。基于浏览器的数据库，包括简单的文本文件字段和复杂的附有图表和格式化文本的主页。浏览器一般会下载整个数据库文件来搜索目标对象。为了网络用户使用方便，这种数据库文件应该有合理的大小。如果数据库超过100KB，就应该将其按照逻辑顺序分成几个组成部分，并在每个部分之开始附上内容提要，以便访问者选择自己感兴趣的有关内容。

②链接型数据库。这种数据库一般使用 HTML 编辑器来建立，像其他文本文件一样，数据库文件能被写入链接。通过往数据库中写入链接，提供 HTML 文本格式和运用逻辑方式组织数据库资料和信息，就可以建立高质量的数据库。

由于数据或资料会不断调整、随时改变，也可提供链接到非 HTML 文本文件中，这样只需删除旧的文本文件，再用包含最新信息数据的文本文件来代替之。除了在文件开始部分进行链接到其他章节中外，还可以从这些章节重新链接到文件开始部分或者链接到任何章节的开始部分。这种类型的数据库需要企业营销人员投入更多的时间和精力，但这种数据库对访问者而言是极其方便的，能够高效率地利用数据库资料信息。

③基于服务器的数据库。如果数据库需要提供的信息量巨大或者需要及时地更换、充实信息，则最好选择使用基于服务器的数据库。这种数据库使用 HTMI 表单，不仅能够显示日常的主页信息，而且其中的文本盒还允许使用者键入新信息，控制盒和按钮可使使用者作出自己的选择。例如，如果你在使用一个有关产品系列零售价格目录的数据库，你可以用控制盒引导访问者来查看每个产品目录，输入待查看日期的范围。当访问者进入本企业的数据库主页点击申请服务区时，网络服务器就会接收到访问者发出的请求信息，并会搜索访问者申请数据的区域，进而将搜索结果格式化传送到访问者所在的计算机上。为了安装、储存和保留这种数据库，企业需和有关的网络服务商达成相关的协议。

企业建立了自己的网络数据库，就能在全球便利地通信和交易，极大地提高其市场营销能力，并从根本上改变工业革命300多年来形成的生产关系和管理模式。

（二）网上市场调研的方式

1. 利用企业自己的网站调研

网站本身就是宣传媒体，如果企业网站已经拥有固定的访问者，完全可以利用自己的网站开展网上调研。如 Canon 公司在他自己的网站上做综合调查，Dell 在公司网站上做消费行为调查。

2. 借用别人的网站调研

如果企业自己的网站还没有建好，可以利用别人的网站进行调研。这里包括访问者众多的网络媒体提供商（1CP）网站或直接查询需要的信息。如HP 公司经常在一些 ICP 的站点上进行新产品调查。

（三）进行网上市场调研应注意的问题

1. 制定调研提纲。网上调研是企业在网上营销全过程的第一步。一个调研项目常包含高度精练的理念。这种理念是无法触及的"虚"，而调研提纲可以将其具体化、条理化。

调研提纲是将企业（调查者）与客户（被调查者）两者结合的工具。良好的沟通可以减少或消除将来出现的问题。例如，企业产品是医疗器械，他们的目标客户应该是医院里的医务人员。与医务人员沟通时，应围绕健康主题。调研提纲应当由企业的市场总监或产品经理来草拟，他们应当清楚调研的时间、框架、问题、格式要求、题目。一旦企业需要委托专业网上调研公司进行工作，他们就是直接负责人。

2. 寻找竞争对手。利用各种方式搜集竞争对手信息，如利用导航条、锁定具体区域、设定与自己产品相同或相似的关键词来寻找竞争对手；仔细查看竞争对手的网址，注意竞争对手的网站有哪些特色值得借鉴，有什么疏漏或错误需要避免；竞争对手是否做过类似的市场调研。

3. 了解市场需求。设想自己就是客户，从客户的角度来了解客户需求。调研对象可能是产品直接的购买者、提议者、使用者，要对他们进行具体的角色分析。例如关于某种时尚品牌休闲男装的调研，调查的目标对象应当是年轻男性，但实际的客户市场不仅仅是这部分人群，而是包括他们的母亲、妻子、女友等女性角色。这就要求调查时，将调研对象进行角色细分，充分了解市场需求，使调查结果更有针对性、准确性。

4. 适当样品、奖品激励。互联网毕竟是虚拟世界，一般的网络访问者可能担心个人站点被侵犯而发回不准确的信息。为此企业可根据实际情况给访问者一定的奖品或购买商品的折扣优惠，企业就可获得比较真实的访问者的姓名、住址和电子邮件地址。同时，当访问者按要求回复了调查问卷，企业应对其进行公告，访问者会在个人计算机上收到证实企业收到问卷的信息，被公告的访问者在一定期间内还可以进行抽奖。

5. 在网上建立情感的纽带。www. chinamineral. cn 是专门从事地质矿产领域交易的站点，这个站点提供大量免费的信息，并允许访问者查询与下载，同时要求并鼓励业内企业提供包括其所在单位名称、主要产品、联系方式等有关信息，这样就可掌握访问者的基本情况。行业市场调研人员同样可以采用这种策略，在企业站点上不仅仅展示产品的图片、文字等，而且有针对性地提供公众感兴趣的专业或消费（如时装、音乐、电影乃至幽默、科普）等有关话题，以大量有价值的与企业产品相辅相成的信息和免费软件吸引大量的访问者，促使访问者乐于告诉你有关企业与个人的真实情况。这样调研人员可以较方便地进入访问者主页，逐步与访问者在网上建立友谊和感情，达到网上市场调研的目的。

6. 尽量减少无效问卷。除了问题易于回答之外，大部分在线调查都利用 JavaScript 等电脑程序在问卷提交时给予检查，并提醒被调查者对遗漏的项目或者明显超出正常范围的内容进行完善。当然，这只能起到提醒作用，对刻意不配合的被调查者所填写的信息尚需综合分析，判断是否是有效问卷。

7. 公布保护个人信息。无论哪个国家，人们对个人信息都有不同程度的自我保护意识。要让用户了解调研目的并确信个人信息不会被公开或者用于其他任何场合，这一点不仅在市场调研中很重要，在网站推广、电子商务等各个方面都是非常关键的。

8. 采用多种网上调研手段相结合。在网站上设置在线调查问卷是最基本的调研方式，但并不限于这种方式，常用的网上调研手段除了在线调查表之外，还有电子邮件调查，以最小的投入取得尽可能多的有价值的信息。

（四）数量调研和质量调研策略

网上调研在面向广大网民群体时，如 Internet 使用情况调查，当然应当使用数量调研方式，调研结果都是有关"是什么"、"时间"、"地区"和"如何"等问题的信息。

如果调研有关具体产品时，往往采用质量调研的方式。质量调研针对小的客户群体，得到的信息更准确，调研结果包含的多是"为什么"的问题。

企业在进行市场调研时，应采用更有助于决策者做决断的质量调研方式。

企业如果在网上调研时充分运用经营头脑和互联网技术手段，必然会在网络营销中领先一步。

第四节　网络营销策略

一、网络营销的产品策略

网络营销一方面具有互动性、低成本、方便快捷等优势；另一方面在提供客户购买体验方面表现明显不足，越来越多的不知名小公司参加到与大企业竞争的行列中来，网上用户和网下用户的在购买行为方面也有一定的差异。所有这些，使网络营销的产品策略与传统营销的产品策略相比，具有较大的差异性。

（一）适合网络营销的产品类型

根据 CNNIC 的调查统计结果显示，适合网络销售的产品（服务）可分为以下 3 类：

1. 实体产品　如书刊、计算机、服装等。

2. 无形产品　如软件、游戏等。

3. 网上服务　如教育学习服务、票务服务、保险金融服务等。

（二）网络营销产品（服务）的特点

网上客户自身的某些特点及其在购买体验上的局限性，使网络营销的产品具有以下特点：

1. 标准型。这类产品的质量和性能由一些固定的数量指标来规定，产品之间没有多大差异，在购买前后都非常透明且稳定，因此，不需在购买时进行验证或比较。这类产品有：书刊、计算机、家电、通讯产品等。

2. 重购性。有些产品虽需要使用之后才能对产品好坏做出评价，但客户已经有这种产品的购买和使用体验，对产品的质量和性能非常熟悉。这类产品以日常生活用品居多，一般价值不大但需重复购买。这类产品有：生活家居用品或服务、食品、化妆用品、金融保险服务等。

3. 时尚性。随着人们生活质量的不断提高，对时髦、前卫型产品或特色服务的需求越来越多。但这类产品和服务在现实生活中往往"可遇不可求"或没有时间进行深入的了解，但在网上却很容易找到相关的讯息。由于网民中时尚新潮者居多，网友之间联系非常密切，根据客户反馈信息定制的时尚类产品在网上很容易售卖。这类产品主要有：服装、礼品、保健服务等。

4. 快捷性。有些产品或服务采用网上订购并送货上门的服务方式，大大节省人们的时间，比如票务服务、订餐、旅（酒）店预订服务等。

5. 廉价性。网上产品价格一般都比网下低，尽管这样，一些网民喜欢在网上不经意"漫游"，希望能"淘"到既价廉物美又称心如意的产品。这类产品一般属于耐用品，并非网民所必需，一些拍卖网站（如 www.ebay.com）和价格对比网站提供的类似服务，能更好地满足这些网民的需求。

（三）网络产品的营销策略

1. 产品标准化。由于客户无法亲眼见到网上产品实体，将产品标准化会大大增强其购买决心，促其尽快决策。

2. 产品认证。一些国际质量认证、行业认证、原产地认证将大大提高产品质量和性能的可信度，如 ISO9000、ISO14000 认证等。网上对产品认证和标准参数等要有突出、醒目的介绍。

3. 式样新颖、功能独特。网民收入和文化程度普遍较高，他们敢于标新立异，追求个性化。对此，应该在深入市场调研的基础上，有针对性地开发一些迎合市场潮流的产品或提供特色服务。

4. 量身定做。少数技术先进企业的内部生产系统高度柔性化和智能化，客户可在其设计系统引导下，按自己意愿自行设计产品，企业按客户的设计进行生产。戴尔公司允许客户通过网站输入某些配件和功能要求，按客户要求组装后，由联邦快递公司完成配送业务，客户可通过互联网对整个过程进行了解和监控。

5. 产品差异化。由于技术水平和生产能力的提高，产品同质化的趋势越来越明显，竞争也日趋激烈。要想在性能和价格都非常透明的网络营销中拔得头筹，就要和竞争者错位经营，提供差异化的产品和服务。

6. 技术开发。技术开发不仅指产品的生产、制造技术要处于领先地位，网络营销技术也要及时更新。例如通过三维动态展示或演示，能使客户获得更为直观的印象。国外已经设计一些网络营销软件，例如可"嗅"到产品气味；通过客户提供自己的腰围尺寸等，可以看到新款牛仔裤穿在身上的形象。这对满足客户对购买经验的需求、扩大销售无疑将起到促进作用。

7. 网上网下相结合。网络营销不能孤立地去开展，必须和网下其他销售策略结合起来才能发挥奇效。通过网下产品实体的展示功能，可有效地弥补网上营销的不足。

二、网络营销的价格策略

价格是营销策略中最活跃、最灵活、最具竞争力的因素。据调查表明，42.7％的消费者网上购物的主要动机是节约费用。营销价格的形成是极其复杂的，它受到成本、供求关系以及市场竞争等因素的影响。

网络营销中的价格是买、卖双方通过广泛调查比较并经过网上反复询盘、还盘、磋商后最终确定的成交价格。网络营销中价格的透明性和可比性，使得网络营销中的价格策略在传统营销的价格策略基础上有了新的特点。

（一）网络营销价格的特点

1. 相对统一性。网络营销面对的是全球开放的市场，网络的传播使价格信息打破了地区的封闭性，但由于各国（地区）的经济发展水平和购买力能力存在差异，加之关税、运输等因素，使全球很难实现统一定价。网络营销产品价格是在全球存在差异基础上的相对统一。

2. 可比性。价格的可比性指客户可以通过搜索引擎等方式，查询到世界各地同类产品比较准确的价格信息，通过比较，作出购买决策。客户不仅可以查询到其他厂商生产的同类产品或替代品的价格，还可以了解同一厂商在不同时期、不同地区的价格信息。

3. 低廉性。网络营销在生产、营销等管理方面的低成本，使网上价格与网下相比具有较大的价格优势。但是，由于同一类型的厂家和商家之间互相争夺市场，尤其是越来越多的价格对比网站、竞价网站的不断涌现，使网上价格战愈演愈烈，网上产品价格的下降空间越来越少。

4. 协商性。网络"一对一"的营销，客户一方面可在充分了解市场信息的基础上来选购或定制自己需要的产品或服务，网上的价格弹性比较大。客户可以议价甚至竞价。例如戴尔的电脑可以定制，不同的配置、不同的运输方式等定制方案上的差异会导致不同的价格，客户可以进行选择，自己决策价格方案。

网络价格的协商性，使客户在产品或服务定价方面处于主导地位，拥有较大的发言权。很显然，这种"讨价还价"的能力是在充分了解市场信息的过程中获得的，而网络技术使这种能力变为现实。

（二）网络营销中价格策略的运用

1. 折扣价格策略。网络营销可以帮助企业降低流通成本，因而一般商品网上定价都在网下价格的基础上进行打折。网络营销中的折扣策略是和竞争对手展开竞争的有力武器。卓越和当当的产品定位和客户群都非常相似，2003年卓越的销售收入不到两亿元，当当则不足亿元，两家的销售目标都是10亿元。为实现这个目标，两家都依靠低价和折扣策略来抢夺目标市场。

网站有时实行部分产品超低价，目的也是招揽"人气"，带动其他产品的销售。当当从光盘生产厂家那里低价定制10万张光盘，以市场价十分之一的价格售出，"赔本赚吆喝"的目的是为了制造轰动效应，促进其图书的销售。

2. 免费策略。免费策略就是将企业的产品或服务以免费形式供客户使用，试图吸引并留住客户。免费价格形式有以下几类：第一类是产品和服务完全免费，如免费的新闻信息报道，免费的软件下载，免费的电子邮件信箱、个人主页空间、贺卡等等。第二类是对产品或服务实行限次免费，即产品或服务可以被消费者有限次地免费使用，例如许多免费试用软件，当超过一定期限或者使用次数后，这种产品或服务就不能继续使用。第三类是对产品或服务的部分功能实行免费，让消费者试用，但要使用其全部功能则必须付款购买。

3. 个性化定价。网络营销的互动性使得企业可以为客户提供个性化的定制服务，即消费者对产品的形状、颜色、体积、性能、配件等方面提出个性化的需求，企业按订单进行生产。这时企业提供了高附加值的服务，可实行较高价格的个性化商品定价策略。客户登录海尔的网站后，可以自行设计自己满意的冰箱或其他产品，然后就价格和海尔进行协商，双方满意后即可成交。这种定价方式，客户很少与同类其他产品进行比较，因为他的产品是独一无二的，他愿意为此付出稍高的价格。

此外，一些新型奇特或处于导入期的产品，由于市场同类产品少，网络的穿透力会抓住一些客户的猎奇心理，使产品较快打入市场。这时可以采取较高的价格，以尽快收回成本，最大限度获取利润。一旦同类产品大量出现，立刻实行低价走货策略，以阻止对手进入。

4. 联合议价。又叫集体议价。近年来，海外一些跨国采购集团为降低采购成本，有时采取联合采购行动，统一价格口径，增强在采购中讨价还价的能力以争取最优惠的价格减让。供应商为了不失去如此大的大客户，往往在价格谈判中被迫让步。与此相对应，一些网站积聚大量某种产品的供应商，采购商要想"一站式"采购到位，减少交易成本，必须答应供应商的相对高价；否则，只有"化整为零"，延长采购周期和采购成本。提供集体议价的网站有酷必得（www. coolbid. com. cn）等。

5. 竞价。竞价分拍卖竞价和拍卖竞价两种形式。前者是指经过注册后，在网上拍卖商品。电子港湾（www. ebay. com）、易趣、网易等网站就提供此类服务。拍卖竞价一般指网上采购招标，比如国际商业采购招标和政府采购招标，八佰拜（www. 800buy. com. cn）等网站提供类似服务。拍卖一般奉行的是高价竞拍，与此相反，招标则一般是低价策略。

6. 捆绑定价策略。即购买某种商品或服务时赠送其他产品与服务。厂家在网上通过购物车或其他形式进行报价，其实质是一种变相折扣或价格减让，目的是销售更多的产品。运用此种策略要注意，一是让客户自己搭配商品，不可勉强搭售，以免招致客户反感；二是巧妙运用多种相关商品组合，让客户有更多的选择余地，客户甚至可以自行设计搭配方案，然后买卖双方在网上协商定价。

7. 比价策略。网站提供搜索引擎，收集同一类产品的零售价格信息，对价格进行比较，使客户可以在一家网站"货比三家"。例如当当网的智能比价系统，每天比一次，保证比其他网站价格低10%。

总之，网络营销的定价策略很多，一般都与网下定价相结合，并和其他网络营销策略组合使用。随着网络商务市场的不断发展，许多新型的网络价格策略必将不断涌现出来。

三、网络营销的促销策略

网络促销是指利用现代化的网络技术向虚拟市场发布有关产品和服务的信息，以激发消费者的需求欲望，刺激消费者购买产品和服务，扩大产品销售而进行的一系列宣传介绍、广告、信息刺激等活动。网络促销实际上是厂家利用网络技术和市场进行沟通的过程，其目的主要是树立企业形象、沟通信息和促进产品销售。

网络营销的促销手段主要有网络广告、网络销售促进、网络信息发布、网络公共关系等方式。其中，网络广告将在下一节系统介绍，本节主要讨论网络信息发布、网络销售促进和网络公共关系等策略。

（一）网络促销信息发布策略

信息发布是网络营销的基础和前提，也是网络促销的主要内容。只有认真研究促销对象、精心设计促销内容、科学搭配促销组合、审慎选择发布站点并掌握一定的发布技巧，才能取得理想的促销效果。

1. 盯准对象。促销要有针对性，网络促销对象主要是在网上寻求相关信息的产品或服务的使用者、购买者和决策影响者。网络促销要紧紧抓住这些人，提高产品或服务在目标群体中的影响力。

2. 优选站点。仅仅在自己的站点举行促销活动，促销效果会受到站点访问量的限制。

企业要针对目标促销对象的上网特点，将促销信息发布到相关的站点，扩大促销范围，提高促销效果。

3. 精炼内容。虽然网上信息量不受限制，但是上网者浏览信息的时间有限。因此，要想在网上吸引促销对象更多的注意，就要紧紧围绕产品或服务的亮点，把握产品的卖点，科学地提炼信息主题，艺术地设计所要发布的内容。不仅让促销对象对促销活动感兴趣，还要让他们浏览后留下印象，主动去购买产品或为企业做宣传。

4. 巧妙组合。由于促销产品的不同和促销对象的差异，企业应该设计不同的促销组合（包括网下促销）。只有促销形式多样化，密切与促销对象的感情沟通，才能加深促销给目标客户带来的影响，提高产品的知名度、美誉度以及忠诚度。

5. 掌握技巧。在将有关企业广告等宣传信息通过自己或他人的站点往外发布时，在发布的时间、发布方式、发布软件的选择等方面要掌握一定的知识和技巧。

6. 衡量效果。对网络促销的每一个阶段，都要对有关项目进行统计，及时评估促销效果，调整下一步的促销策略。

（二）网络促销策略

销售促进是利用短期性的刺激工具，刺激客户对某一商品的大量购买，巩固或提高市场占有率。

1. 有奖促销。奖品对许多客户有异乎寻常的吸引力，网上的抽奖活动可以带来比平时高出许多的访问流量，促进产品的销售。

2. 赠品促销。在新产品推出试用、产品更新、对抗竞争品牌、开辟新市场等情况下利用赠品促销可以达到较好的促销效果。网上赠品一般是可免费下载的游戏软件或与产品关系较密切的非卖品。

3. 积分促销。网上应用积分促销比传统营销方式要简单和容易得多，很容易通过编程和数据库等来实现。积分促销一般设置价值较高的奖品，消费者通过多次购买或多次参加活动来增加积分以获得奖品。

4. 虚拟货币。促销当客户申请成为会员或参加某种活动时可以获得网站发给的虚拟货币，用来购买本网站的商品或获赠免费的上网时间，如酷必得的"酷币"、东方网景的"网元"等，相当于传统促销的优惠卡。

5. 折扣促销。通过打折降价销售来吸引客户是不少网站常用的促销方式，如当当网最近推出的"30万图书5~7折，音像3~5折"活动等等。

6. 免费资源与服务促销。通过免费资源与服务促销是互联网上最有效的法宝，通过这种促销方式取得成功的站点很多，有的提供免费信息服务，有的提供免费贺卡、音乐、软件下载，从而扩大站点的吸引力。

（三）网络公共关系策略

网络公共关系指充分利用各种网络传媒技术，宣传产品特色，树立企业形象，唤起公众注意，培养人们对企业及其产品的好感、兴趣和信心，提升知名度和美誉度，为后续营销活动准备良好的感情铺垫。其基本的职能是利用网络来树立企业形象、建立信誉、协调各方面的关系和提高企业营销效率。据研究表明，在产品销售前期，良好的公共关系促销会比广告更为有效。

1. 网络新闻。互联网已经成为人们获得新闻的重要来源，甚至杂志编辑和报纸记者也都积极地从网上搜索时事新闻、争论等信息。企业除了在自己的站点发布新闻外，还应该到一些知名的网络新闻服务商的网站去发布企业或产品信息，发布之前可以用e-mail通知有关的新闻记者。

2. 网络礼仪。网络礼仪是在网络上人们相互之间交往的礼仪，其基本的原则是自由、公正和自律。例如在使用e-mail宣传时，开头要表示歉意，语言要客气、礼貌，格式要规范，要方便收件人删除。在网上论坛、公告栏等地，不刻意发布与讨论主题无关的商业广告。网页要易于导航和搜索信息、内容丰富、链接快捷等。

3. 网络社区。网络社区是在同一个网站按一定兴趣或利益形成的网民群体。由于社区成员是以虚拟身份加入，管理员要对社区成员之间的交流制定相应的规则。社区管理的目的首先是保证社区成员的安全感，树立网站良好的形象，吸引更多的成员加入进来，提高网站乃至企业的知名度；其次，要有意识地引导成员对企业及其产品展开讨论活动，培养一些活跃成员，了解他们的反馈意见，取得他们的信任和好感。

4. 危机处理。一旦企业或产品所涉及的地区和行业发生危机，企业要充分发挥网络传播速度快的特点，及时将处理结果或事件真相告白于公众，取得公众的谅解和信任。

5. 事件路演。刻意安排一些特殊的事件来吸引网上公众对新产品和该企业其他事件的注意。

6. 公益活动。这里的公益活动指网络企业向体育、文化、教育等公益事业捐赠一定数额的财物或频道，以提高其公众信誉的行为。

四、网络营销的广告策略

（一）网络广告概述

1. 网络广告的定义

广告是确定的广告主以付费方式运用大众传媒劝说公众的一种信息传播活动。网络广告就是广告主以付费方式运用互联网络劝说公众的一种信息传播活动。有人将其列在电视、报纸、广播、杂志后面，称为第五大广告媒体。在上述网络广告的定义中，蕴涵了网络广告的五大要素：

（1）广告主指发布网络广告的企业、单位或个人。任何人都可以自行上网或通过他人在网上发布各类广告，当然要在广告法律、法规许可的范围之内。

（2）广告费用指上网发布广告所需的资金投入。

（3）广告媒体就网络广告而言，广告媒体就是网络，由于 WWW 是建立在超文本传输协议上的，超文本传输协议允许通过网络传输图形、音频和视频文件，提供了彩色的多媒体界面。

（4）广告受众是网络广告指向的广告对象或称网络广告的接受者。所有在网上活动的人都是网络广告的广告对象。在世界范围内，网民人数迅猛增长，至今已高达 1.5 亿人。国内网民也已猛增至 3370 万人。网络广告的受众已经是相当大的群体了。在这个意义上讲，网络完全称得上是大众传媒。

（5）广告信息指网络广告的具体内容，即网络广告所传达的具体的商品或服务信息。它可能是很多文字，也可能只是一句话或一个横幅、一个图标。

网络广告发源于美国。1994 年 10 月 14 日，美国著名的 Wired 杂志推出了网络版的 Hotwired（www. hotwired. com），在其主页上第一次为 AT&T 等 14 个客户做了网络横幅广告（Banner），这是广告史上的一个里程碑。伴随着因特网的高速发展，网络广告也得到了较快的发展。上海智惟咨询有限公司的《2000 年度中国网络广告主行业分析报告》显示：2000 年中国前 10 大网络广告媒体依次是：新浪网、搜狐、网易、易龙、首都在线、中华网、21CN、Tom. com、和讯、天极网。新浪网获取了 323 家网络广告主；搜狐和网易则分别获取了 183 家和 121 家广告主。该报告还表明，最能接纳网络广告的三个行业是：网络媒体、IT 类产品及电子商务。这三者在网络广告主中所占比例分别为 32.88%、15.10% 及 9.57%，合计比例超过 50%。

2. 网络广告的形式

（1）文字链接广告。在万维网的网页上出现的文字广告，一般是企业或产品的名称，点击后链接到相关的页面上。

（2）图标广告（Button）。这种广告是出现在网页任何地方的一个图标。这个图标可能是企业的标志，也可能是一般的象形图标，点击它可链接到广告主的站点上。图标广告的尺寸一般为 120×90、120×60、125×125、88×31 像素。

（3）横幅广告（Banner）。横幅广告也称旗帜广告、网幅广告，是在页面的顶端或其他地方出现长条状广告。它可以是静态图片，也可以是动态的画面。点击它可链接到广告主的站点上。横幅广告的尺寸一般为 468×60 像素，但大的横幅广告可达 760×100 像素。

（4）弹出窗口式广告。在打开一个网页时，会自动弹出一个小窗口用于展现广告。这种新窗口可大可小，窗口内可展现文字、图片或动画。

（5）跑马灯式广告。跑马灯是在网页上出现的不断移动的小图片。运用跑马灯来进行广告宣传可以吸引浏览者的注意力，通过点击链接到广告主的站点上。

（6）电子邮件广告。电子邮件广告是根据搜集到的用户 e-mail 地址，通过电子邮件形式散发广告。电子邮件广告包含邮件列表广告以及新闻讨论组等。

（二）网络广告的特点

网络广告运用了互联网络新型载体，从而具有了一些新的特点。

（1）强烈的交互性与感官性。网络广告的载体基本上是多媒体、超文本格式文件，只要受众对某样产品感兴趣，仅需轻按鼠标就能链接到广告主的站点上，从而进一步了解更多，更为详细、生动的信息，它可以让消费者看到产品，通过双向交流了解其性能。在运用虚拟现实等新技术后，消费者还可以试看、试听（音像产品），当消费者产生兴趣后可立刻在网上订购、交易与结算，效率很高。

（2）广泛性。网络广告的传播范围广泛，不受时空限制。广告主可以通过国际互联网络把广告信息全天候、24 小时不间断地传播到世界各地。这是传统媒体所无法达到的。

（3）针对性。广告主可以有针对性地将广告放在目标受众喜欢浏览的网站的特定页面上。有些搜索引擎可以根据搜索关键词在网页上显示相关广告。目前已经出现了可以分析网站访问者的喜好、精确定位投放广告的技术。

（4）形式的多样性。网络广告在技术上还可以用动画、flash、游戏方式，在形式上可以集各种多媒体形式的精华，从而达到传统媒体无法具有的效果。

（5）一对一模式。大部分广告媒体采用的是面向大众的单向传播方式，即一对多模式，广告受众只是被动接受信息，很少有选择的余地和自由；网络广告传播采用的却是一对一的方式，即广告信息一次只涉及一个广告对象，广告受众可以自主选择和访问卖方站点，因此处于主动地位。网络是唯一一种能使消费者可以自主选择广告、要求和接受想要的产品信息的传播媒体。

（6）非强迫性。传送信息众所周知，电视广告、广播广告具有强迫性，将广告信息强行灌输到观众的头脑中；而网络广告则属于按需广告，具有报纸分类广告的性质却不需要观众彻底浏览，通过自由查询，将要找的信息集中呈现出来。

（7）受众数量可准确统计。利用传统媒体做广告，很难准确地知道有多少人接受到广告信息。以报纸为例，虽然报纸的读者是可以统计的，但是刊登在报纸上的广告有多少人阅读过却只能估计推测而不能精确统计。至于电视、广播等广告的受众人数就更难估计。而在互联网上可通过权威公正的访客流量统计系统精确统计出每个广告被多少个用户浏览过，以及这些用户查阅的时间分布和地域分布（IP 地址或域名），从而有助于广告主正确评估广告效果，审定广告投放策略。

根据选择广告媒体所参考的主要指标，如收视率、受众群体、影响力和成本等，可以将各种广告媒体的优缺点进行比较，见表 6 - 1 各种广告媒体的优缺点。

表6-1　各种广告媒体的优缺点

媒体	优　点	缺　点
报纸	灵活，快速，本地市场覆盖面大，广为接受，可信度高，成本低	寿命短，再现质量差，广告传播受报纸地理覆盖面的限制
电视	综合视听与动作，有感染力，受众注意力集中，收视率高	成本高，展露时间短，播出的时间段安排直接影响收视率
广播	地区和人口选择性强，成本低	只有声音效果，展露时间短，收费不标准
杂志	可信度高，有权威信，再现质量好，寿命长，受公众传阅多，地区和人口选择性强	广告前置时间长，版面位置无保证
邮寄	受众选择性好，灵活，同一媒体没有竞争，个性化	相对成本高，有滥寄邮件的形象
网络	受众不受时间和空间限制，受众选择好，形式生动活泼，制作速度快，方便修改，个性化，可以精确统计收看率，双向传播方式	被动传播多于主动传播，网络普及率低

（三）网络广告的计价方式

由于网络广告是近几年才发展起来的新型媒体广告，许多站点仍无统一收费模式，尤其是在我国。当国外厂商已在发展 CPA（每行动成本）、CPP（每购买成本）等计价模式时，国内网站的收费模式还处于比较混乱的状态。这里简单介绍一些常用的网络广告的收费模式。

（1）千人印象成本（Cost Per Mille，或者 Cost Per Thousand Impressions，CPM）。千人印象成本取决于"印象"尺度，通常理解为一个人的眼睛在一段时间内注视一个广告的次数。比如说一个横幅广告的单价是 10 元/CPM，意味着每一千个人次看到这个广告就收 10 元，如此类推。反过来，如果广告主花 300 元买了 30 个 CPM，这就意味着他所投放的广告可以被访问 30 × 1000 = 30000 次。

千人印象成本 = 广告购买成本/广告页面的访问次数 × 1 000

和其他形式的广告收费形式相比，采用 CPM 收费具有以下三个优点：首先，可以保证客户所付出的广告费用和浏览人数直接挂钩，它只按实际的访问人数收费；其次，可以鼓励网站尽量提高自己网页的浏览人数；第三，可以避免客户只愿意在主页上做广告的情况，因为按照 CPM 的计价方式，在主页做广告和在其他页面做广告的收益和付出比是一样的。一般来说，媒体提供商比较偏爱 CPM 这种计费方式。

（2）每次点击成本（Cost Per Click – Through，CPC）。它是以广告被点击并链接到相关网址 1 次为基准的网络广告收费模式。这种的方法加上点击率限制可以防止作弊，是广告主比较喜欢的方式。但是不少经营广告的网站觉得不公平，因为虽然浏览者没有点击，但是他已经看到了广告，对于这些看到广告却没有点击的流量来说，网站成了白忙，很多网站不愿意做这样的广告。

（3）每行动成本（Cost Per Action，CPA）。它是指按广告投放实际效果，即按回应的有效问卷或订单来计费，而不限广告投放量。CPA 的计价方式对于网站而言有一定的风险，但若广告投放成功，其收益也比 CPM 的计价方式要大得多。

（4）每购买成本（Cost Per Purchase，CPP）。它是广告主为规避广告费用风险，只有在网络用户点击广告并进行在线交易后，才按销售笔数付给广告站点费用。

（5）按业绩付费（Pay – For – Performance，PFP）。今后的趋势是从目前的广告收费模式—CPM 转变为按业绩收费的模式。基于业绩的定价计费基准有点击次数、销售业绩、导航情况等，不管是哪种，可以肯定的是，这种计价模式将被广泛采用。

（6）包月方式

很多国内网站的广告收费是不管效果好坏，不管访问量有多少，一律一个价，按照"一个月多少钱"这种固定收费模式来收费的，这对客户和网站都不公平，无法保障广告客户的利益。

无论是 CPA、CPP 还是 PFP，广告主都要求发生目标消费者的"点击"，甚至进一步形成购买后才肯付费；CPM 则只要求发生"目击"（或称"展露"、"印象"），就产生广告付费。相比而言，CPM 和包月方式对网站有利，而 CPC、CPA、CPP 或 PFP 则对广告主有利。

（四）网络广告的运作步骤

和传统的广告一样，网络广告也要明确目的、制定预算，精心设计广告，选择合适的投放站点并对效果进行评价。

（1）确定广告目标网络广告目标指特定时期内，针对特定目标受众所要完成的信息传播任务以及沟通效果。网络广告目标服从于企业的营销目标和有关市场、定位、营销组合等策略。

（2）制定广告预算计算为完成广告目标，所要投入的广告活动费用支出。制定广告预算时不仅要了解不同网站对各种形式广告的收费情况，还要结合产品特点、市场特点、销售额、竞争对手等相关情况。

（3）设计广告信息广告词要精炼、简单、明了、直接，让受众目光一瞥就能立即明白广告的意思；使用如免费、大奖之类具有震撼力的词汇，好的广告要能够唤起受众点击的欲望；协调文字与图形、色彩、动态，观众对于富有创意的动态广告都会禁不住看一眼；采用动态旗帜广告比静态旗帜广告更具优势，但要注意不影响下载速度。

（4）选择投放站点在界定目标受众的基础上，选择合适的广告服务商。首先对站点进行分析，了解该站点是否具有广告定向能力。其次，了解该站点对网络广告的评估、监测、收费情况。对投放的广告，还要监测其是否正常出现，广告的版本以及超链接是否正确等。

（5）评价广告效果网络广告评估的目的是通过检查广告投放后产生的效果和执行的质量来指导以后的作业。广告效果指广告发布后在经济、社会、心理方面产生的作用。衡量网络广告效果主要有浏览量、点击次数、交互次数、销售收入等指标。企业可以通过访问统计软件、客户反馈情况以及权威的第三方公告测评机构来对这些指标进行测评。

五、网络营销的渠道策略

营销渠道就是商品和服务由生产者向消费者或使用者转移的具体通道或路径。和传统营销一样，网络营销也面临着如何实现将产品或服务由生产者向消费者转移的问题。因此把促使产品或服务顺利地被使用或消费的有关网络中介组织或电子中间商定义为网络营销渠道。

（一）网络营销渠道的类型

网络营销渠道一般可分为直接营销渠道和间接营销渠道两种类型。许多企业同时利用直接和间接两种分销方式，即"双道法"来达到扩大销售、加强市场渗透的目的。

1. 网络直接营销渠道又称网上直销，指企业利用自己的网站直接实现产品或服务向消费者销售。在网上直销的情形下，企业和消费者直接沟通商品信息，也可在网上完成货款支付。绝大多数企业仍然通过不同区域、不同环节的物流企业来完成商品实体的配送。

2. 网络间接营销渠道，指在企业产品或服务销售过程中提高各种服务，起到一定促进作用的网络中介机构。这些中介机构由于在市场信息、规模、技术、知名度等方面的优势，能更有效地帮助单个企业实现销售。

（二）网络营销渠道的特点

1. 信息传递快。网络营销渠道成员之间通过互联网传递信息，能迅速反馈并适应市场变化。

2. 促销范围广。网络渠道面向全球营销，市场范围非常广阔。

3. 流通环节少。网络营销与传统营销相比，渠道长度大大缩短，渠道成员功能更加专一，有效提高了流通效率。

4. 商品种类多。借助计算机的管理，网络营销渠道要么专门提供贸易信息服务，要么提供专门的物流运送服务，实行专业化分工，不再像传统经销商那样受地理空间等因素约束，提供商品的品种和数量都大大增加。例如，亚马逊（www. amazon. com）提供的图书种类多达310万册，比目前全球最大的书店存书还要多15倍以上；国内当当网上书店的存书也达40万册。

5. 交易成本低。网络渠道通过互联网传递信息，用计算机实现信息化管理，节省传统渠道的差旅费以及办公费用。

6. 支付手续简便。网上购物手续非常简单，值得一提的是，继中国招商银行的"一网通"和中国工商银行"金融 e 家"之后，中国建设银行上海分行的"e路通"也宣布全国支付，实现了异地购物付款的功能。为确保网上银行的安全，一旦有人登录网上银行，其手机将在第一时间收到短信提示。

（三）网络营销渠道的功能

网络时代的渠道成员之间更多的是一种专业分工与合作的关系，不像传统渠道那样一个成员往往担负许多职能。一个典型的网络营销渠道，一般具备下列功能中的一种或几种。

1. 收集信息。电子中间商由于和本地区或本领域的市场联系密切，积累的相关信息也非常丰富，是企业收集市场信息的重要渠道。例如，要想收集化工市场信息，中国化工网、阿里巴巴的化工社区等电子中间商的网站就是收集该信息最好的来源渠道；进入中国价格信息网（www. cpic. gov. cn），可以了解国家定点监测的商品和服务的价格。

2. 促销宣传。每个网站都有自己相对固定的目标客户。对开展网络宣传来说，自己的网站只能作为主阵地，还要在其他网站开展宣传活动，以便将网络市场营销的范围扩大到最大的限度。

3. 关联营销。即使是拥有了一流网站平台的优秀品牌企业，也要借助其他网站，将产品销售出去。关联营销又叫会员制营销，即让别的网站为你销售商品。当客户访问会员网站时，点击被关联网站的链接并进入被关联网站购物，被关联网站就要付给会员网站一定的销售佣金。例如，亚马逊在全球范围征集合作伙伴（目前已拥有近20万家关联网站），无论销售多少数量的图书，都许以15%的介绍费。当当也明确表示，只要具有网络平台，就可以成为她的营销伙伴。

4. 结算支付。目前网上购物（BtoC）的支付方式主要有邮局汇款、银行汇款、银行卡支付以及货到付款等几种形式，企业支付还是以支票方式为主。因此，担负网上结算功能的中间商，只有银行和负责安全认证的机构。

5. 物流配送。网络营销虽然实现了网上订购和结算功能，但对实物商品却无法做到像单纯信息产品一样的"虚拟"传输。所以一些网络中介组织或电子中间商还担负起了提供物流配送的功能。例如，提供国内汽运信息的中运网（www. 2188. com），提供航运信息的中国航运网（www. shipping. com. cn）、亿通网（www. easipass. com）以及以提供贸易信息为主的中国国际电子商务网（www. ec. com. cn）、金贸网（www. ccec. com . cn）等。

六、网络营销的客户服务策略

网络营销服务的过程总是伴随着客户和企业产品接触的过程，分为售前服务、售中服务和售后服务。售前服务是利用互联网把企业产品和服务的有关信息发送给目标客户，包括产品技术指标、主要性能、使用方法和价格等；售中服务是为客户提供咨询、导购、订购、结算和送货等服务；售后服务的主要内容则是为用户安装、调试产品，解决产品在使用过程中的问题，排除技术故障，提供技术支持，寄发产品改进或升级信息以及获取客户对产品和服务的反馈。

（一）网上个性化服务概念

个性化服务也叫定制服务，就是按照客户，特别是一般消费者的要求提供特定服务，亦即满足消费者个别的需求。

个性化服务包括以下三个方面：

1. 服务时空的个性化在人们希望的时间和希望的地点得到服务。

2. 服务方式的个性化能根据个人爱好或特色来进行服务。

3. 服务内容个性化不再是千篇一律，千人一面，而是各取所需，各得其所。

互联网可以在上述三个方面给用户提供个性化的服务。例如：1998 年以来，李维牛仔裤（Levi Strauss，网址：www. 1evi. com）的售货员一直为购买牛仔裤的客户量尺寸，并且把数字输入电脑，以计算合身的尺码。订制的牛仔裤根据电脑产生的原样在工厂缝制。

海尔公司在网上电子商城推出用户个性化定制栏目，消费者可以随心所欲地装配自己喜欢的洗衣机组件，系统会进行自动报价。海尔会根据定制菜单组配消费者喜欢的洗衣机送上门。

（二）网上个性化的信息服务

目前网上提供的定制服务，一般是网站经营者根据受众在需求上存在的差异，将信息或服务化整为零或提供定时定量服务，让受众根据自己的喜好去选择和组配，从而使网站在为大多数受众服务的同时，变成能够一对一地满足受众特殊需求的市场营销工具。个性化服务，改变了传统信息服务"我提供什么，用户接受什么"的传统方式，变成了"用户需要什么，我提供什么"的个性化方式。

（三）网上个性化信息服务应注意的问题

网上个性化服务是一种非常有效的网络营销策略，但网上个性化服务是一种系统性工作，它需要从方式上、内容上、技术上和资金上进行系统规划和配合，否则个性化服务是很难实现的。对于一般网站，提供个性化服务要注意下面几个问题：

1. 个性化服务是众多网站经营手段中的一种，是否适合于您的网站应用，应用在网站的哪个环节上，是需要具体情况具体分析的。

2. 应用个性化服务首先要做的是细分市场，细分目标群体，同时准确地确定不同群体的需求特点。

3. 市场细分的程度越高，需要投入到个性化服务中的成本也会相应提高，而且对网站的技术要求也更高，网站经营者要量力而行。

4. 个性化服务，要重视个人隐私问题。大多数人不愿公开自己的"绝对隐私"，因此，企业在提供个性化服务时，必须注意保护用户的一些隐私信息，更不能将这些隐私信息进行公开或者出卖。侵犯用户的隐私信息，不但招致用户的反对，而且可能导致用户的抗诉甚至报复。

七、网络营销的品牌策略

（一）网上品牌的内涵

品牌是一种企业资产，是一种信誉，由产品品质、商标、企业标志、广告口号、公共关系等混合交织形成。

网上品牌与传统品牌有着很大不同，传统优势品牌不一定是网上优势品牌，网上优势品牌的创立需要重新进行规划和投资。在全球商业网站多如牛毛的情况下，消费者对品牌的忠诚度会越来越低，网站品牌形象的建立，也就比传统营销时代更加重要。

品牌是无形价值的保证形式。在网上购物品牌更为重要。消费者的购买行为是经由认知、信任进而产生行动的过程。传统品牌把大量预算花在品牌形象的塑造上，就是因为这种形象能够缩短购买的时间。如果把网站建设的最终目的界定为"销售"，那么，网络上的购买行为更需要品牌形象的支持，品牌带来的信誉和保证在某种程度上抵消了虚拟环境的不安全感。

（二）企业域名品牌的商业作用

域名是由个人、企业或组织申请的独占使用的互联网上的标识，并对提供的服务或产品的品质进行承诺和提供信息交换或交易的虚拟地址。域名是企业站点联系地址，是企业被识别和选择的对象，因此提高域名的知名度，就是提高企业站点知名度，也就是提高企业被识别和选择的概率。所以，必须将域名作为一种商业资源来管理和使用。

互联网上的明星企业雅虎公司（Yahoo），由于其提供的 WWW 浏览工具和检索工具享有极高的市场占有率和市场影响力，公司成为网上用户访问最多的站点之一，使其域名成为网上最著名的域名之一。由于域名和公司名称的一致性，公司的形象在用户中的定位和知名度是水到渠成，甚至超过公司的专门形象策略和计划。因此，域名的知名度和访问率就是公司形象在互联网商业环境中的具体体现，公司商标的知名度和域名知名度在互联网上是统一和一致的。域名从作为计算机网上通信的识别提升为从商业角度考虑的企业的商标资源，与企业商标一样，它的商业价值是不言而喻的。

1995 年微软公司为宣传其品牌 Windows95 曾投入巨额资金 50 亿美元，使其成为世界上家喻户晓的品牌；而同时期刚刚起步的网景公司借助互联网以放弃收费为代价使其 Netscape 浏览器不费吹灰之力就占领了 70% 的市场，由于公司品牌的知名度和潜在价值，公司股票上市当天就从 28 美元狂升到 75 美元，4 个月后达到 171 美元，公司的创始人也在短短时间内成为名义上的亿万富翁。可见由于互联网市场容量非常规增长，消费者群的聚集，域名商标的潜在价值是很难以往常的模式进行预测的。传统营销联系是基于一对多的模式，企业只是借助媒体提供信息、传播信息，消费者只能凭借片面宣传和消费尝试建立对企业的形象；而互联网的交互性和超文本链接、多媒体以及操作的简易性，使在网上进行宣传更具操作性和可信性，更易建立品牌形象和加强与客户沟通，加强品牌忠诚度。

（三）域名管理

域名的管理主要是针对域名对应站点内容的管理，因为消费者识别和使用域名是为了获取有用的信息和服务，站点的页面内容才是域名商标的真正内涵。站点必须有丰富的内涵和服务，否则再多的访问者可能都是过眼云烟，难以真正树立域名商标的形象。要保证域名使用和访问频度高，必须注意下面几点：

1. 信息服务定位域名作为商标资源，必须注意与企业整体形象保持一致，提供的信息服务必须和企业发展战略进行整合，避免提供的信息服务有损企业已建立的形象和定位。

2. 内容的多样性丰富的内容才能吸引更多用户，才有更大的潜在市场，一般可以提供一些与企业相关联的一些内容或站点地址，使企业页面具有开放性。还必须注意内容的多媒体表现形式，采取生动活泼的形式提供信息，如声音、文字和图像的配合使用。

3. 时间性页面内容应该是动态的经常变动的，因为固定页面访问一次即可，没有再次访问的必要，这一点非常重要，因为企业大部分收益是由少数固定消费者消费实现的。

4. 速度问题使用者的选择机会很多，因此对某站点的等待时间是极其有限的几秒钟，如果在短短时间内企业未能提供信息，消费者将毫不犹豫地选择另一域名站点。因此，企业的首页一般应设计简洁些，以便用户可以很快查看内容，不至感觉等待太久。

5. 国际性由于访问者可能来自国外，企业提供的信息必须兼顾国内外用户，一般对于非英语国家都提供两个版本，一个是母语，另一个是英语，供查询时选择使用。

6. 用户审计加强对域名访问者的调查分析，针对特定客户提供一对一的特殊服务，如采取 Cookie 技术对用户进行记录和分析，以提高与客户交互的质量，提高客户忠诚度。必须注意的是，不能强行记录客户有关个人隐私的信息，如姓名、住址和收入等，这是目前上网者最担心的问题。

（四）域名抢注问题

在互联网上日益深化的商业化过程中，域名作为企业组织的标识作用日显突出。互联网域名管理机构没有赋予域名以法律上的意义，域名与任何公司名、商标名没有直接关系，但由于域名的唯一性，任何一家公司注册在先，其他公司就无法再注册同样的域名，因此域名已具有商标、名称类似的意义。正因域名的潜在商业价值，有些人抢先注册一些著名域名，用一些著名公司的商标或名称作为自己的域名注册，并向这些公司索取高额转让费。域名抢注问题，一方面是一些谋取不当利益者利用这方面法律空白和规章制度不健全钻空子，更主要的是企业还未能认识到域名在未来的网上市场商业模式中的类似商标的作用。

随着互联网的广泛应用和电子商务的发展，域名所蕴涵的巨大商业价值导致了商家对相关域名的争夺。如何解决域名争议已成为全球关注的问题。近年来，我国域名注册管理已走向开放与规范，域名注册管理机构 CNNIC（中国互联网络信息中心）发布了《域名注册实施细则》《域名争议解决办法》《域名注册服务机构认证办法》等一系列文件。有关文件在简化域名注册程序的同时，又加强了域名注册的规范管理，显示了我国在域名注册管理方面的成熟。

第五节　基于电子商务用户需求的信息可信度

可信度是一种基于用户认知的结构，它是用户的主观判断和评价，因此易受影响和易变；可信度是一种具体情境中的现象，随评估对象、环境、情境等具体条件的变化而变化。

一、电子商务活动中的信息需求

所谓信息需求，简单地讲是对信息客体的需求，包括获取与利用信息的需求以及向外发布和传递信息的需求，其基点是实现对外的信息沟通与交流，达到社会职业活动和社会生活中的某种目标。在商务活动中，信息需求存在于各个环节、各个部门以及各种层面上，有的在获取信息的同时又在向外发布信息，只是特点各不相同。在电子商务的环境下，由于信息的电子化和网络化，信息传递速度快、数量大、准确率高，且无时空的限制，这时的信息需求又呈现出新特点，主要反映在产品生产、销售与服务的个性化及业务流程的重组、管理功能的拓展上。

从用户的角度分析，将一个用户接触网站到用户购买到商品、拿到商品，完成一次购买周期流程中所涉及的体验分为以下四个维度：（1）信任体验；（2）网站体验；（3）物流体验；（4）商品体验。

（一）我们分析产品的生产、销售及服务上的信息需求

伴随网络的普及，信息处理速度的加快，顾客对购买产品的要求也越来越高。具体表现为：在使用功能上，要求具有个性化特征，能符合消费者的个人嗜好。在交易时，要求得到更多的有关产品的质量、功能及价格方面的信息，以便尽量减少信息不对称的状况。在产品的使用过程中，需要得到进一步的技术支持等。与此同时，生产厂家在这一过程中可以获得顾客的许多信息，如对产品的偏好、功能的要求及产品的缺陷等信息。

尽管业务流程重组在电子商务之前已经存在，但随着电子商务的进一步发展，旧的业务流程已经不能适应新的形势，企业的业务流程重组变得非常迫切。按流程的规模与范围，佩帕德和罗兰将流程划分为三类：（1）战略流程，包括战略规划、产品/服务研发、新流程开发等；（2）经营流程，包括满足顾客、顾客支持、收付款等；（3）保障流程，包括人力资源管理、会计统

计、财务管理等。

这三类流程既可分开重组也可统一规划，无论如何重组，其基础是信息技术，业务核心是顾客满意。因此，重组后的流程有两个重要特征：（1）要面向顾客（2）要跨越各个职能部门的边界。

（二）分析再造后的流程中的信息需求

它与传统业务流程中的信息需求有着明显的不同。传统的业务是面向部门，如果我们仅仅是根据一个部门的信息需求来改造该部门，将是徒劳的。在电子商务环境下，信息需求不仅仅是信息的传递与接受，它要求更快、更准以及更加智能化。这时，再造的业务应该面向流程，使企业的各环节能直接地及时获取真实的反馈意见与新的需求信息，准确预测市场变化，及时调整经营决策，提高顾客的满意度。例如，福特汽车公司在对应收账款部的采购业务的流程重组中，采用数据库技术，将订单收货资料（品种、数量、供应商代码）由计算机进行电子数据匹配，匹配正确后自动按时付款。它消除了传统模式下信息传递的中间环节、协调及控制所带来的成本与风险，降低了人为因素的影响，除节约75%的人力资源外，还简化了物料管理工作，使财务信息更加准确，客户更加满意。

总之，业务流程重组将导致组织结构、管理决策等多方面的变革，而新的组织结构、管理决策引发新的信息需求。在电子商务环境下，组织结构形式发生较大的变化，由以前的金字塔形逐渐向扁平化演变。扁平化的结构倡导团队合作和以人为本的精神，它改变了企业内各种岗位的权利授予与制衡关系，也改变了组织内、外的信息需求格局。以信息管理为基础的虚拟组织的出现，在更大程度上冲击传统的管理模式，为电子商务提供了新的研究课题。

（三）用户信息需求的分析

一般情况下，用户的信息需求是基于用户解决某一问题的需要而产生的。用户提出信息需求仅是中间目标，利用获得的信息解决问题才是用户的终极目标。相应地，满足用户提出的信息需求只是信息服务的中间目标，而帮助用户解决其所面临的问题才是信息服务的最终目标。即用户所提出的信息需求与用户欲解决的问题之间必须高度匹配，用户能对其信息需求明确感知、准确定位和清楚描述。否则，即使信息机构服务提供的信息与用户提出的信息需求高度匹配，也很难说取得了好的服务效果。因为，虽然它满足了用户提出的表面信息需求，但实质上并未有效地解决用户的问题，用户也不会认为这种信息服务是高质量的服务。在信息采集或委托过程中，一方面用户尚不能正确认识、理解和准确描述、表达自己的信息需求，导致信息需求表达的不完全性、不彻底性，甚至会有很大的片面性和不确定性，另一方面由于信息服务人员与用户在信息能力、专业知识、理解水平等方面的差异，难以对用户需求进行准确定位，这直接会给信息服务造成障碍。

1. 用户需求的认知障碍

在现实的用户信息行为中，有时候，当用户自己都不知道他们究竟要找什么时，信息机构人员想要依据用户的需求来解决问题并不是容易的事。如果用户对信息需求的定位、表述与所需解决的问题相匹配，则满足信息需求的中间目标一旦达到，就会促成解决问题的终极目标的实现，中间目标则是有效的。反之，若不匹配，即使达到满足信息需求的中间目标，也无法实现解决问题的终极目标，中间目标就是无效的。但对于信息服务者来说，满足用户提出的信息需求这一中间目标是显性的，而满足用户解决其所面临问题的需求这一终极目标则是隐性的。

2. 用户需求的表达障碍

认识到的信息需求也存在着表达障碍。正确地表达自己的信息需求是用户成功地实施信息检索的前提。在实践中，用户能够正确地表达出来的信息需求与他的客观信息需要、甚至认识到的信息需求之间有时存在着相当大的差距。表达出来的信息需求仅仅是自己认识到的需求中的一部分。由于用户的信息需求客观上存在着不同程度的模糊性。在信息检索过程中，用户对特定信息的需求，必须建立在某一知识概念和相关知识概念的基础之上。用户在从事社会实践活动中，当自身所具有的知识和信息与涉及的知识概念能达成一致或基本一致时，用户对特定信息的需求就会产生意识感，并逐步被强化、外显，最终明确地提出这种需求。因此，用户信息需求所表现出的模糊性，其实质是一种对所需信息包含内容和涉及知识的理解与掌握程度不同而外化的结果。

3. 用户需求的差异化分析

从用户需求趋向的专深度和特殊性来看，即使同一课题的检索，需求完全相同的概率也极少，这是因为用户需求无论在数量和内容上都具易变性。作为信息服务客体，他们个体需求的自由空间加大；对信息需求的精确度越来越高，所需信息紧紧围绕专业的特点，内容具有相当的深度。

用户信息需求的多样性表现在不同用户之间信息需求不同，不同群体之间的信息需求存在差异；同一用户的不同发展阶段、不同时期有不同的信息需求。按照用户信息需求的规范分析法：不同职业用户有不同的信息需求，

职业的工作目标不同有不同的信息需求，如学生信息、企业信息、商业信息
政府信息等。

二、信息可信度的影响因素

影响信息可信度的因素极多，信息从对象客体到认知主体要经过一系列
复杂的转换和变化，只有当所有单元都发挥正常作用时，主体才能从本体论
意义的信息中提取认识论意义的信息，并从中形成有关客体对象的正确认识。
而当信息运动的任意一个环节出现偏差或错误都可能导致信息本身发生改变，
都会引起信息可信度的变化，从而误导认知主体。

（一）影响用户对信息可信度判断的因素

"没有一种媒介信息是绝对最可信的，某种媒介是否能被用户信赖，取决
于一系列的影响因素，包括用户的媒介偏好、兴趣、价值观念、理解能力、
个人和信息的相关程度、信源的特点等等。"这就说明，当我们在考察"可信
度"的概念和结构时，不能够仅仅停留于就事论事的层面，必须将之置于整
个传播情境和社会系统中予以考察。

如果从社会群体对信息整体的认知来考察，西方大量的研究文献表明
"可信度"是一种基于用户认知的结构，它是用户的主观判断和评价，因此易
受影响和易变；同时，"可信度"也是一种具体情境中的现象，随评估对象、
环境、情境等具体条件的变化而变化。

因此，在分析"可信度"的影响因素时，最需要探讨的是用户和情境两
方面的因素，这二者是"可信度"的决定性影响因素。换言之，"可信度"
是由用户的判断和具体的信息环境所决定的，自身并不是可信度问题的重心
所在。事实上，既有的关于"可信度"影响因素的研究，也正是在这两个方
向上展开的。

经过细致的文献梳理，我们发现，这些研究中所探讨的影响因素包括这
样一些变量：（1）用户的人口学变量（包括性别、年龄、种族、教育程度、
收入、社会经济地位、职业、婚姻状况、政党归属、宗教信仰、流动性等）；
（2）信息卷入程度；（3）信息使用（包括接触的频率/时长、传播渠道、接
触种类、媒介依赖/偏好、使用的动机与模式、媒介满足需求的程度、媒介使
用经验、参与性）；（4）信息类型/报道范围；（5）信息源类型。我们可以把
这些影响因素划分为用户的（前面3项）和传播情境的（后面2项）两类：
前者则是把用户视为信息积极主动的参与者，从而考察与用户相关的各种变

量将如何影响"可信度"的高低，而后者是属于传播渠道（性质、技术特点）、信息报道（类别、内容）、信息资源类别等方面的客观属性。

（二）低可信度信息类型

1. 失真信息

信息失真是由于环境信息在传输过程中受人为干扰而产生的，在现实环境中，许多信息在刚产生时是正确的，但信息在通过各种媒介传输过程中，不断受到人为因素的干扰，一些人往往根据主观臆断或是为达到某种目的对信息进行任意的增加、删除、修改，当其到达信宿时己面目全非，这种由人为因素造成的信息失真要比因技术原因造成的信息失真普遍的多。

信息失真的形式有：（1）语义改变；（2）语用衰减。信息失真的原因：（1）信息栈过多导致失真；（2）社会因素导致信息失真；（3）自然因素导致信息失真。

2. 虚假信息

虚假性，指环境中混杂着大量虚假的、错误的信息，这些信息不是由于传输过程中产生的，而是信息源本身就不正确。虚假信息的特点：（1）危害性；（2）主动性；（3）形式多样。虚假信息产生的原因：（1）恶意虚假信息；（2）竞争性虚假信息；（3）老化或过时信息。由于信息资源包含强烈的变动，具有迅速的衰变周期，许多信息对时间十分敏感，企业决策需要的环境信息是在特定的时间产生的，它只在较短的时间内有效，过了有效期限的正确信息可能会变成完全错误的信息。因此要求其开发者必须在很短的时间内完成对其的采集、分析、加工处理等一系列过程，尽快地进入传播过程。竞争也加剧了时间的稀缺，匆忙可能带来信息搜集的不完备、对信息的错误理解，并可能使所传播的信息中掺杂无用和谬误，当企业利用这些过时的、老化的正确信息进行决策必定产生错误。

3. 过载或饱和信息

信息过载也称信息饱和，是指在某一阶段或时间范围内，信息量超过了受众需要和接受的能力。信息也存在着"边际效应"，并不是越多越好，过多的冗余信息也会对信息的可信度造成伤害，这主要体现在信息"垃圾"和媒体的炒作上。

（三）引起信息不准确的原因

信息的基本规律是用事实说话。客观事实的发生、发展和结果都有其自身的规律，是不以人的主观意志为转移的。但客观事实一旦被作为信息传播出去，要经过作者、编辑或通讯员的搜集、选择、组合和加工甚至再创造等过程，其间的每一个环节的人为作用都有可能使最终的报道与事实本身产生偏差。

1. 由信息不完全性引起

由于知识的分散性存在状态，外部环境的不确定性、复杂性，任何人都不可能把握全部的信息，具有完美的理性，做出正确无误的判断；在不完全信息世界里，信息远不是理性预期状况下无成本和完全性。由于信息的不完全性可能带来主体对事物认识得不全面，人们所掌握的信息不可能预见一切，因此当存在着不确定性的时候，就可能使信息资源的开发者难以对信息的真实性做出判定。以企业决策信息为例，首先，企业决策需要经济、政治、文化、技术、竞争对手、客户、供应商等各个方面外部信息，这些信息隐藏在社会的各个角落，表现形式各种各样，往往难于被识别、利用；其次，企业决策需要的一些关键信息，比如竞争对手的生产、销售、技术状况等信息，由于受到严格的控制，基本上无法获得。环境信息的不完全性很容易使企业决策者对企业外部环境状况产生认识上的偏差，从而产生信息缺乏可信度，导致企业决策远远偏离最优决策。

2. 由信息主观性引起

信息总是和人的意识反映活动紧密相连的，人类的意识反映主要靠人脑通过实践来完成，离开了人的大脑信息将无法被感知，也就是说信息具有主观性，信息是客观性与主观性的统一体。信息的提供、评价和利用等环节都是由人来进行的，所以不可避免地会产生人为的或无意识的错误。这些错误出现的可能性是经常存在的。在所列出的各种原因导致的信息错误中，有的是不可避免的，只要稍一疏忽就可能发生。信息提供者与利用者要认识到达一点，从而力求不犯或少犯错误。

3. 由信息不确定性引起

不确定性可以通俗地理解为行为者对环境状态的无知程度。如果给定事件是孤立和静止的，行为结果是唯一的（已知的），那么不确定因素可以忽略不计，该事件为具有确定性。如果某一事件涉及未来的变化和多种相关因素，行为所对应的结果也不再是确定和唯一的，而是一个可能状态的集合。在现实的管理活动中，几乎所有行为都具有不确定性，因而必然面临某种程度的风险。行为者只能通过获取信息减少不确定性，或采取某种方式转移和分散风险。不确定性可以划分为两类，即内生不确定性和外生不确定性。对于某一特定事件，一切有助于行为者选择的知识和经验都是有用信息，获取信息可以减少行为的不确定性。如果人们能够得到全部有用信息，就可以完全消除风险，从而保证取得最佳效果。但是市场经济是一种精密而复杂的经济运行机制，事件之间存在着高度的相关性，影响某一行为后果的外生变量十分广泛。行为者的决策往往需要大量的信息支持，而且信息需求具有高度的选择性。因此，尽管人类正面临着信息爆炸的现状，但在具体到特定事件时，信息的供给仍然呈现出严重不足的局面。

4. 由信息转引引起

决策时利用的信息，应尽可能从原始信息路去直接获取．但实际上有许多信息却只能从间接渠道取得，此时就应查清间接的程度。一般地说，转换次数越少，可信度越高；转换次数越多，信息失真的可能性越大，可信度也就越低。

（四）引起信息不充分的因素

信息不充分是指决策所依赖的信息在量上不足。信息不充分是基于与决策信息总量相比较的一个概念，信息不准确则是基于对信息的质量评价而一个概念，信息不对称是基于各主体之间信息拥有量的比较的一个相对的概念。就其关系来说，信息不准确必然会导致信息不充分，信息不对称中的信息劣势主体的信息拥有肯定也是不充分的。但这种分类并不表明信息的不充分、不对称与不准确在现实中是绝对分离的；对信息劣势主体而言，处于信息不对称的态势之中，其信息拥有量也是不充分的，还有可能是不准确的。信息不充分、信息不准确都是信息失灵的主要表现。

（五）我国的信息环境因素

1. 信息体系不规范、不标准

没有统一、稳定和明确的标准体系，不仅使信息、统计的真实完整性鉴别工作更加困难，也影响其证据作用的发挥；没有统一、稳定和明确的标准体系，难以发现伪造的信息，而且可能导致决策失误或行政失效。

2. 客观信息环境不完善

目前，我国还不具备一个完善的信息环境。信息环境由四大要素组成包括：信息人、信息资源、信息基础设施、信息管理体制及法规。

我国目前由于经费不足而造成文献信息资源贫乏，由于信息资源分布不合理，图书、资料重复率高，又进一步加剧了经费不足。信息资源匮乏且利用率低下。

信息法规与管理体制的健全与统一，是信息环境良性发展的保证。我国在这方面的建设，基本上处于割据的局面。信息立法中存在相当多的空白，信息环境法、信息资源法、信息商品法、数据库保护法等都是空白。由于法规的不健全，信息市场竞争环境的建立、信息市场交易秩序的维护、信息产品质量的控制等活动都无法可依，一旦出现信息污染，就无法有效地控制其传播与蔓延。

3. 信息市场发展不完善

信息市场是信息商品流通、交易的场所，我国信息市场在迅速发展的同时，整体不完善的弊端也明显地存在。（1）就信息市场的主体而言，信息商品的供求双方、信息中介方、市场管理方都存在一定问题。（2）就信息市场的客体而言，信息的商品化还不够充分，开展信息有偿服务不规范，加上信息化商品的加工层次、加工深度没有统一标准，这也限制了信息商品的正常交易。（3）信息生产缺乏必要的协调监督和相应的利益约束制衡机制，又加上信息生产者对自身物质利益的过度追求，致使信息产品的生产处于混乱状态，许多虚假信息、冗余信息也就不断地被创造出来，新闻出版工作中存在着较大的自发性与盲目性，宏观调控力度不够，导致文献信息资料的重复劳动，从而加剧了信息污染的程度。

三、基于用户需求的信息可信度评价

我们在综合前人研究基础上，从三个层次设计出应用于该领域的一套可信度指标体系（图6-2），该指标体系可以作为一个初步的框架和进一步研究、细化和量化的基础。

（一）满足用户需求的可信度指标

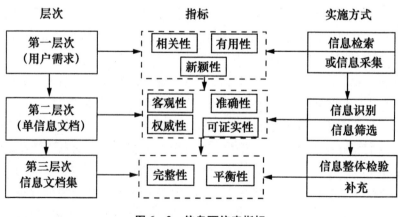

图6-2　信息可信度指标

1. 相关性

相关性是指当两个因素之间存在联系，一个典型的表现是：一个变量会随着另一个变量变化。相关性具有多维特征，但并非所有的影响因素都在相关性判断过程中起直接作用：（1）算法相关是系统以逻辑或统计原则对文档及查询进行相似性比较得出的，因此属系统角度相关。（2）主题性相关是在文档和查询各自的主题之间的比较结果。（3）认知相关基本思想是信息客体应当符合用户的认知需求。（4）情境相关判断的目的是相关性判断的依据。（5）动机相关性判断的直接意义是被检索出的文档是否满足用户需求，判断的结果往往以是否成功满足需要完成检索任务为标准。

2. 有用性

这个指标的概念也很直观，即只有用户认为有用的信息才是好的信息。信息的有用性体现了提供的信息内容对用户问题的解决程度，即用户面对问题不确定性的减少程度。为了确保信息的有效性，就必须在信息检索的开始阶段与用户进行密切联系，清楚地了解该信息的服务对象的信息需求，尽量使信息内容最大限度地满足用户需求。

3. 新颖性

新颖性是一切信息的最基本要求，有两层含义，一是新颖，二是及时。一个信息是否具有及时性可以用过时的时间长度来度量，一般有三层含义：一是指信息自发生到被利用的时间间隔，间隔越短就越及时，最快的是信息采集与信息发生同步；二是指在企业或组织执行某一任务急需某一信息时能够很快采集到该信息，谓之及时；三是指获取某一任务所需的全部信息所花去的时间，花的时间越少越及时。

（二）单信息文档的可信度指标

从信息服务角度在三个层次上建立基于用户需求的信息可信度评价指标，第一层次主要考察信息提供中每个信息文档自身具有的可信度。

1. 客观性

"客观性"包括公正平衡（反映正反双方观点）、公平（没有歧视或偏见）、真实、关注公共利益和社会福扯、客观/靠事实说话、准确无误等内容。客观性是要尊重客观事实，按照事物的本来面目来反映它，与一切个人感情、偏见或意见都无关。信息反映的事实总是某个客观事物（或系统）的某一方面的属性，其本身具有客观性。如果反映的不真实，那么，依据其所做出的决策、控制方法和管理措施就不能达到预期的目的。因而，客观性就成为评价信息可信度的首要指标，该指标在"可信度"指标中的可解释变异量最大，权重最高。

2. 准确性

准确性，是指信息内容符合被认为正确的道理或标准，比如不同的行业有不同的行业规范和标准等。如果符合则认为信息是正确的。它包含两层含义，一是信息符号所表达的信息是准确的，二是信息符号对信息的表达是准确的。第二层含义涉及信息符号的表达能力问题。但由于信息的准确性是通过信息符号的准确来体现的，因而，这两层含义都可归于信息符号的准确性问题。信息符号的准确性可以通过信息符号值与真实信息值相一致或相接近的程度来度量。

3. 权威性

权威性一般有两层含义，一是信息提供者具有权威性：在信息内容质量、有效维护和长期稳定等方面都有相当的保证的机构，著者与出版者都具有较高的知名度，其文章的有严格审查方式等。二是生产者权威性，是指在他传播的领域，具有令人信服的力量和威信。产生这种权威的力量来自于精通内容涉及的领域的专业知识。能够以专家的身份给受众提供信息、分析事实、揭示事物的发展趋势或者进行相当专业的、深入的对某个问题的探讨。

4. 可证实性

可证实性也有称作可实证性，其维度包括信息来源是第一手资料、图文/声像并茂、研究方法可重复检验等内容。对于用户而言，能够提供清晰的、可被证实的信息源的信息更值得信赖。信息来源是材料的原始来源或提供者，披露信息来源能有效地增强信息的准确性，同时可以通过交代来源的特定背景—包括政治倾向、性质等情况的介绍，让受众自己去判断信息来源的真实性、可靠性或倾向性。因此，无论在国内还是国外，研究结果都表明，"可证实性"是"信息可信度"的重要维度。可证实性是信息评价过程中一个重要的部分，尤其是当你阅读一个由不熟悉的机构或者是以非传统的方式所提供的不熟悉作者的作品时。

（三）信息文档集的可信度指标

信息集合，主要是指文档集，即包括相关内容的多篇文章的组合。信息集合可信度主要是从整体上、从联系中去把握事实，分析信息所反映事实可信程度。在范围上可以是一次信息提供或提供的内容，也可以是在一定时间内多次提供或提供的内容。因为信息的生产、传播都是有目的、有意图的，代表了生产和传播者的社会面貌、阶级地位和意识形态，信息内容在一定程度上反映了信息生产和传播者的倾向和意图，所以单条信息难已体现反映事件或事物的完整性、平衡性。因此，信息文档集可以将不同观点与视角的信息通过组合来反映件或事物的真实概貌从而提高信息的可信度。

1. 宏观真实与微观真实

真实，是指信息与事实的符合程度，要满足用户认知的需要，真正减少用户认识上的不确定性，就要求信息的真实，信息报道中的每个事实必须符合客观实际，并且以此为基础和前提，从事物总体的联系中通过连续、全面的报道，达到反映时代潮流、社会趋势、重大事件与发现的总体真实。可见，信息的真实性不仅是指具体、个别事实的报道符合客观事实本身，其细节之处、发生发展的过程经得起考验和推敲，而且也指媒介或信息机构要从总体上，从事物的联系发展中去把握真实，按照辩证唯物主义和历史唯物主义的眼光和方法去描绘、分析客观事物，反映整体的真实情况。这就是所谓的信息的微观真实和宏观真实。微观真实和宏观真实的关系是个别与一般、局部和全局、偶然和必然、支流与主流、点与面、现象与本质的关系。具体地说，就是微观真实是宏观真实的基础，但做到了微观真实并不意味着宏观上也真实，只有同时做到微观真实和宏观真实，才符合信息真实性的标准。

2. 完整性

完整性，世界的万事万物，既有千丝万缕的相互联系、相互制约的一面；又有相对独立，各具特色的一面。即使对于同一对象，不同的观察者在不同的时间从不同的角度进行观察，其结果也必然是各不相同的。只有采集输入的信息完整、系统，做出的决策才是科学的，否则就是不科学的，会带来极大的经济损失。对信息的完整性的理解，要从多方面思考。其中包括：（1）结构的完整；（2）内容的完整；（3）观点的完整；（4）背景的完整。

（四）信息可信度评价

不同的决策对信息的可信度要求也不尽相同。一般来说，战略性决策需要的信息内容比较概要，准确性要求不高，而相关性要求较高，如果信息采集尺度过严，则会导致不必要的资源浪费，还可能会延误决策时机，得不偿失。而相对微观问题的决策则需要具体详尽的、准确度较高的信息，否则就可能会造成"差之毫厘，失之千里"的后果。所以根据用户及其他们需求的差异，可以对各个指标赋予不同的权值。

表6－2 基于用户需求的信息可信度的指标与测量

一级指标	二级指标	三级指标	A	B	C	D	得分
Ui		Uik	1	0.7	0.4	0	
单信息的可信度	客观性	不存在歧视或偏见					
		立场与组织或个人关系不紧密					
		信资料正确且考虑周全					
		政政治味、商业味淡					
		事事实和意见分开					
	准确性	前提或基础完整准确					
		过程与结论完整准确					
		无语法及拼写错误					
		信息的逻辑性强					
		表格、图表、图示适当且明确表示					
	权威性	信息源的权威程度					
		信息生产者的权威程度					
		信息提供者声望					
		信息的引用情况					
	可实证性	数据或证据来源明确					
		研究方法可重复检验					
		能够查证背景资料					
用户需求的可信度	新颖性	个性化程度					
		新观点、新方法的数量					
		信息已传播范围的小					
		更新周期短					
		信息素材的时差短					
		信息的时差短					
	相关性	与主题性相关					
		与情境、动机相关					
		与领域范围相关					
		符合主题覆盖范围					
	有用性	符合实际需要程度					
		解决本课题能力的强					
		使用的方便、经济					

一级指标	二级指标	三级指标	A	B	C	D	得分
Ui		Uik	1	0.7	0.4	0	
信息集合的可信度	完整性	观点与内容完整					
		结构完整					
		背景材料完整					
		可以提供原始文献					
	平衡性	观点、内容基本平衡衡					
		形式基本平衡					
		来源渠道基本平衡					

练习六

1. 从营销角度分析一下网络营销的含义。

2. 网络营销的主要特点。

3. 网络营销的产品策略。

4. 网络营销的价格策略。

5. 网络广告的特点。

6. 网络广告受众定位。

7. 满足用户需求的可信度指标。

第七章　电子商务与物流

　　电子商务不仅指基于因特网上的交易，而且指所有利用电子信息技术（IT）来解决问题、降低成本、增加价值和创造商机的商务活动，实现从原材料查询、采购、产品展示、订购到生产、配送、储存以及电子支付等一系列的贸易活动。一个完整的商务活动，必然要涉及信息流、商流、资金流和物流等四个流动过程。在电子商务下，"四流"中的前三流均可通过计算机和网络通信设备实现，有人形象地称之为"鼠标"；而作为"四流"中最为特殊的物流，只有诸如电子出版物、信息咨询等少数商品和服务可以直接通过网络传输的方式进行，其他商品不可能在网上实现，需要借助一系列机械化、自动化工具传输，最多可以通过网络来优化，有人形象地称之为"车轮"。可以认为，"电子商务 = 鼠标 + 车轮"。所以在一定意义上物流是电子商务的重要组成部分，是信息流和资金流的基础与载体。

　　经济全球化为物资供应、材料加工、成品组装、产品包装、市场营销提供了更为广阔的拓展空间；世界经济一体化促使贸易的方式和技术快速更新，特别是近年来电子商务的飞速发展，使贸易活动更加频繁，交易数量急剧膨胀，迫切需要有与之相配套的物流服务。曾经制约电子商务发展的网上支付、网络安全等问题已基本得到解决，然而物流配送问题对电子商务发展的制约作用却越来越突出，特别是在物流体系尚不健全的我国，物流现已成为影响电子商务发展的"瓶颈"。电子商务的迅猛发展与传统的物流实现方式的矛盾已变得越来越尖锐，"成也物流，败也物流"已成为开展电子商务的企业首要把握的原则。

第一节 物流概述

一、物流的概念

物流（Physical Distribution，PD）一词最早出现在美国，汉语的意思是"实物分配"或"货物配送"。1915 年，阿奇·萧在《市场流通中的若干问题》一书中就提到物流一词。第二次世界大战中，美国军队围绕战争供应建立了"后勤"（Logistics）理论，并将其用于战争活动中，其中所提出的"后勤"是指战时的物资生产、采购、运输、配给等活动。1991 年的海湾战争在 1 个月左右的时间，用最经济的方案，将 50 多万兵力、50 多万吨的空运物资和 300 万吨的海运物资，从分布在世界各地的基地集结、发送到指定的地点。这项庞大的军事活动被视为后勤学应用的一大典范，并成为企业组织商品生产和流通的范例。后来"后勤"在商业活动中得到了广泛应用，包含了生产过程和流通过程的物流，形成了范围更广泛的概念。这里所说的后勤供应服务是一种以"供应链理论"、"虚拟工厂理论"等为背景的新型物流服务模式，是供应环节与运输环节有机结合的产物和物流理论的升华。现在欧美国家更多地把物流称作 Logistics 而不是 Physical Distribution。20 世纪 50 年代，日本派团考察美国的物流技术，引进了"物流"的概念。日本的物流概念是从英文的 Physical Distribution 翻译过去的，到了 70 年代日本已成为世界上物流最发达的国家之一。20 世纪 80 年代初，我国从日本直接引入"物流"概念至今。

物流的定义有很多，目前在国内、国际普遍采用的有以下几种：

1. 我国国家质量技术监督局对物流的定义

物流是指物品从供应地向接收地的实体流动过程，根据实际需要，将运输、储存、装卸、搬运、包装、流通加工、配送、信息处理等基本功能实施有机结合。

2. 美国物流管理协会对物流的定义

物流是供应链流程的一部分，是为满足消费者需求而进行的对货物、服务及相关信息从起始地到消费地的有效率与效益的流动与储存的计划、实施与控制的过程。

3. 联合国物流委员会对物流作了新的界定

物流是为了满足消费者需要而进行的从起点到终点的原材料、中间过程库存、最终产品和相关信息有效流动和储存计划、实现和控制管理的过程。

从物流的定义可知，物流过程一方面包含了运输、存货、管理、仓储、包装、物料搬运及其他相关活动；另一方面包含了效率与效益两方面，其最终目的是满足客户的需求与企业盈利目标。

现代物流是以系统理论为出发点，考虑各因素的互动影响，通过"物流八最原则"（最合适的运输工具、最便利的联合运输、最短的运输距离、最合理的包装、最少的仓储、最短的时间、最快的信息、最佳的服务）的策划，实现商品较低成本及较好效果并举的位移结果。

二、 物流的分类

社会经济领域中的物流活动无处不在，许多领域都有特征性的物流活动。尽管不同领域中的物流存在着相同的基本要素，但在不同的生产活动中物流的对象、目的、范围不同，就形成了不同的物流类型。按照物流系统中商品运动方式、空间范围、研究对象，可以从不同的角度对物流系统进行分类。

（一）按商品运动方式分类

1. 流通业物流。流通业物流是为了克服产品生产点与消费点之间存在的空间和时间上的间隔而产生的一种物品运动方式。它主要通过运输、储存、包装、流通加工、配送等物流运作手段，以最低的成本，把特定的产品和服务在特定的时间提交给特定的客户。流通业物流的运作对象一般是产成品，除了少量的流通加工对物品具有一定的生产性作用以外，流通业物流中，物品自身形态不发生变化，而只是发生空间上的转移和时间上的延迟。

2. 制造业物流。制造业物流是为了将各种物料、零件、配件等物品从原始形态转成特定的产品形态而产生的一种物品运动方式。制造业物流中，物品形态随着生产加工的进行而不断变化，直至最后成为特定形态的产成品。制造业物流中按其所发挥的职能可分为供应物流、生产物流、销售物流、回收物流、废弃物流等。

（二）按空间范围分类

1. 地区物流。指在地区内运动的物流。地区有不同的划分标准：可以按行政区域划分，如华东地区、华中地区等；可以按经济圈划分，如苏锡常地区、黑龙江边境贸易区等；也可以按地理区域位置划分，如长江三角洲地区、珠江三角洲地区等。

2. 国内物流。在一个国家的范围内所进行的物流。国内物流的运作应遵守国内物流管理部门所制定的行业标准。

3. 国际物流。是指原材料、在制品、半成品和产成品在国与国之间的流动和移动，即包括各种形式的物资在国与国之间的流人和流出，如进（出）口商品、转运物资、过境物资、邮件、捐赠物资、援助物资，加工装配所需物料、部件以及退货等在国与国之间的流动等。

（三）按研究对象分类

1. 社会物流。社会物流也称为大物流或宏观物流。它是指全社会物流的整体，是国民经济的重要组成部分。政府宏观经济政策和物流政策对宏观物流的发展具有重要作用。国家的基础设施建设，如港口、机场、码头、航道、铁路、公路以及重要物资的仓储基地等都会对宏观物流的发展产生重大的影响，决定着宏观物流的整体效益。

2. 行业物流。同一行业中的企业是市场上的竞争对手，但在物流领域中常常可以互相协作，共同促进行业物流系统的合理化。如日本的建设机械行业提出行业物流系统化的具体内容为：各种运输手段的有效利用；建设共同的零部件仓库，实行共同集中配送；建立新旧设备及零部件的共同流通中心；建立技术中心，共同培训操作人员和维修人员；统一建设机械的规格等。

3. 企业物流。企业内部范围内物品的实体流动。

三、物流系统的概念与组成

（一）物流系统的概念

物流系统是指在一定的时间和空间里，由所需输送的物料和包括有关设备、输送工具、仓储设备、人员以及通信联系等若干相互制约的动态要素构成的具有特定功能的有机整体。

物流系统是"有效地达成物流目的的一种机制"，物流的目的是"追求以最低物流成本向客户提供优质物流服务"。物流系统作为一个整体，内部因素是不可分割的。系统论的一个观点是：局部的最优不等于全局最优。所以只有将物流系统内部的各要素综合考虑，相互配合，服从物流系统整体的功能和目的，才能使作为整体的物流系统达到最优。整体优化的目的就是要使输入最少，即物流成本、消耗的资源最少，而作为输出的物流服务效果最佳。

（二）物流系统的构成

物流系统是一个复杂的系统工程，涉及通信系统、交通运输系统、资源管理系统以及信息管理系统等多种系统的综合功能。

1. 物流配送中心

物流配送中心是物流系统的核心。物流配送中心是集存储保管、集散转运、流通加工、商品配送、信息传递、代购代销、连带服务等多功能于一体的现代化物流管理中心，承担物资的集中和分发等多种功能。

2. 物流信息网络系统

物流信息网络系统是整个物流系统管理和调度的信息平台，是物流系统信息基础设施。所有的管理信息、物流信息和客户服务信息都是通过这个数据通信网络平台传输和管理的。同时，物流信息网络应该实现同上下游企业或其他合作伙伴物流企业之间的信息通信连接。这个网络的有无，反映了电子商务物流和传统物流的根本区别。物流信息系统还应该提供公共的信息服务平台，便于各种客户对系统的访问。这个系统的高效运行，是提高物流系统效益的基本条件。物流信息网络系统要使用各种现代网络通信技术，例如移动通信、卫星通信和数据安全等技术。

3. 物流运输网络

物流运输网络是由分布于不同地域，由各种运输工具和相应的管理系统和工作人员组成，主要完成货物运输的系统。物流运输系统是在物流中心管理系统的统一调度和控制下，实现物流运输资源的最佳配置和最佳运输线路的安排等管理功能。物流运输网络也可能是由多个物流企业结成联盟，共同实现物流效益的最大化。

4. 物流仓储

现代化的大型仓储场地和设备是物流系统存储、管理货物的墓地。也是现代物流的标志之一。现代物流仓储无论是设备还是管理方式都不同于传统的物资仓库管理。为了实现存储空间的高效利用和货物的快速分拣，现代物流仓储需要立体的存储货架、现代化存取货物的机械设备以及智能化仓储管理信息系统。

5. 客户服务系统

快速、便捷、透明的物流服务是使客户满意，从而获得更多忠诚客户的重要条件。因此一个功能完善的物流系统应该包括完善的客户服务系统，为客户提供全方位的物流信息服务，如客户物流跟踪信息、客户投诉和信息反馈以及客户查询信息功能等。

6. 物流管理系统

物流管理系统通过物流管理组织，对整个物流活动进行计划、实施、评价的工作，以不断提高物流的经济效益。物流管理包括规划、组织实施和协调控制的过程，其目的是以最低的物流成本达到客户所满意的服务水平。物流系统的组织和管理需要大量的各种类型的专业物流管理人才。

四、物流的基本功能

物流的基本功能包括运输、保管、装卸、包装、流通加工以及与其相联系的物流信息，它们相互联系，构成物流系统的功能组成要素。

1. 运输。用设备和工具，将物品从一地点向另一地点运送的物流活动。其中包括集货、分配、搬运、中转、装入、卸下、分散等一系列活动。

2. 保管。保管是对物品进行保存并对其数量、质量进行管理控制的活动。

3. 装卸搬运。装卸搬运是指在同一地域范围内进行的，以改变货物存放状态和空间位置为主要内容和目的的物流活动。

4. 包装。包装是指为在流通过程中保护产品、方便储运、促进销售，按一定的技术方法而采用的容器、材料及辅助物等的总体名称。也指为了达到上述目的而采用容器、材料及辅助物的过程中施加一定技术方法等的操作活动。也就是说，包装是包装物及包装操作的总称。

5. 流通加工。流通加工是指物品在从生产地到使用地的过程中，根据需要施加包装、分割、计量、分拣、刷标志、拴标签、组装等简单作业的总称。其作用是通过流通加工增加产品的附加价值，生产出新的产品来满足社会需要，在供应量不变的情况下能增加企业经济效益。

第二节 电子商务环境下的物流

电子商务发展的初期，人们对电子商务过程的注意力主要在信息流、商流和资金流的电子化、网络化的技术改进和应用方面，而忽视了物流的电子化过程，认为对于大多数商品和服务来说，物流仍然可以经由传统的经销渠道来实现。但随着电子商务的进一步推广与应用，物流的重要性对电子商务活动的影响日益明显。试想，在电子商务下消费者网上浏览后，通过轻松点击完成了网上购物，在填好订单后往往出现漫长的等待，所购货物迟迟不能送到手中或送错了货，其结果可想而知，这样电子商务跨越时空的优势会荡然无存，消费者只会远离电子商务，延用习惯的传统购物方式。

一、电子商务与物流的关系

(一) 物流是电子商务的重要组成部分

电子商务概念的提出首先是在物流已充分发展的美国。在电子商务的定义中，若考虑到物流在电子商务的重要性，电子商务也可定义为：电子商务就是引领客户、供应商和合作伙伴业务操作的流程联接，通过电子方式在网络上实现物资与人员流程的协调，以实现商业交换活动的过程。美国在发展电子商务技术之初，就有强大的现代化物流作为支持，只需将电子商务与其进行对接即可，而并非电子商务过程不需要物流的电子化。对美国来说，电子商务的提出最终是为了解决信息流、商流和资金流处理上的烦琐对现代化的物流过程的延缓，进一步提高现代化的物流速度。而物资运输业较差的一般发展中国家，物流业起步晚、水平低，在引进电子商务时，并不具备能够支持电子商务活动的现代化物流水平，所以，在引入时，一定要注意配备相应的支持技术—适合于本国的现代化的物流模式，否则电子商务活动难以推广。

因此，各国专家在定义电子商务时，注意将国外的定义与本国的现状相结合，扩大了起初电子商务定义的范围，提出了包括物流电子化过程的第二种电子商务概念：电子商务是一组电子工具和自动化工具替代商务活动中的各个操作环节，也可以说，电子商务是从售前服务到售后服务过程中实现的各个环节的电子化和自动化。在这个电子商务定义中，电子商务的对象是整个的交易过程，不仅包括信息流、商流、资金流，而且还包括物流；电子化的工具也不仅仅指计算机和网络通信技术，还包括叉车、自动导向车、机械手臂等自动化工具。这些是实现电子商务自动化和电子化的手段。

可见，从根本上来说，物流电子化和自动化应是电子商务范畴的组成部分，缺少了现代化的物流过程，电子商务过程就不完整。

(二) 物流是电子商务的基本要素

电子商务中的任何一笔交易，都包含着三种基本的"流"，即商务流、资金流、物流。电子商务环境下，三种流的处理都可以通过计算机和网络通信设备实现。对于少数商品和多数服务来说，可以直接通过网络传输的方式进行配送，如各种物流信息服务、电子出版物、信息咨询服务、有价信息软件等。而对于大多数商品和服务来说，配送仍要经由物理方式传输或实现。物流配送管理需要一系列计算机网络、机械化、自动化工具的配合，准确、及时的物流信息对本配送过程进行监控，才能使物品的移动速度加快、准确率提高，有效地减少库存，缩短运转周期，满足消费者的要求。

（三）物流是实现电子商务的保证

从图 7－1 可以看到其中"商品送货，商品接收"这一物流过是实现电子商务的重要环节和基本保证。

无论在传统的贸易方式下，还是在电子商务下，生产都是商品流通之本，整个生产过程实际上就是系列化的物流活动，物流是生产的保障。合理化、现代化的物流，只有通过降低流动费用从而降低成本、优化库存结构、减少资金占压、缩短生产周期，才能保障生产的高效进行。否则，缺少了现代化的物流，生产将难以顺利进行。电子商务交易模式将会先天不足，优势不复存在。

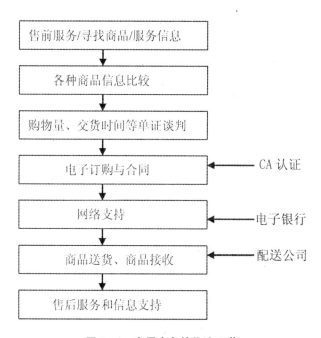

图 7－1　电子商务的物流环节

在电子商务环境下，消费者通过上网购物，完成了商品所有权的交割过程，即商流过程。但电子商务的活动并未结束，只有商品和服务真正转移到消费者手中，商务活动才算终结。物流是为商流服务的。也就是说，在整个电子商务的交易过程中，物流实际上是以商流的后续者和服务者的姿态出现的。没有现代化的物流，何种轻松的商流活动都是无意义的。

（四）物流配送又是制约电子商务发展的瓶颈

网络购物最需要完善的就是物流和配送。从企业供应链的角度来说，物流也是一个很大的制约。由于物流的高成本抵消了网络经济的低成本，物流的低速度使得电子商务的高速度变得毫无意义。

综合上述可见，物流是电子商务重要的组成部分。我们必须摒弃原有的"重信息流、商流和资金流的电子化，而忽视物流电子化"的现象，大力发展现代化物流，才能给电子商务注入活力。

二、电子商务物流系统的组成

物流系统由物流作业系统和物流信息系统两部分组成。

1. 物流作业系统：是指在商品的运输、保管、搬运、包装、流通加工等作业中使用各种先进的手段和技术，将商品的生产点、物流点、运输配送路线和运输手段组成一个合理有效的网络系统，并以此来提高物流活动的效率。

2. 物流信息系统：是指在保证商品的采购订货、进货、库存保管、出货和商品配送过程的信息通畅的基础上，使通信据点、通信线路、通信手段网络化，从而提高物流作业系统的效率。物流系统的目的在于以速度（Speed）、安全（Safety）、可靠（Surely）、低费用（Low）的3S1L原则，即以最少的费用，提供最好的物流服务，按交货期将所订货物适时而准确地交给用户。

第三节 电子商务下的物流模式

从现阶段的形势来看，现代物流模式一般有企业自营物流、第三方物流、物流企业联盟等模式。

一、企业自营物流

企业自身经营物流，称为自营物流。一般来说，企业自身组织物流，自己掌握经营的重要环节，有利于控制交易时间，更好地在市场中竞争更全面地了解其所属市场的情况与特点，保证企业的运作质量。从企业竞争战术的角度来考虑，物流系统最重要的决策变量有两个：一是看是否能够提高企业运营效率；二是看是否能够降低企业运营成本。前提是社会物流企业的 服务是否能够满足所要求的物流服务标准。很多跨国公司在拓展中国市场时，之所以要从本土带物流企业甚至是配套企业到我国来为其提供物流服务，主要就是因为我国的物流企业在服务理念和服务水平上无法达到客户所要求的服务标准。所以在我国也存在自营物流的合理性。

自营物流通常有两种方法：自行筹建或是依托原有局部区域单一业务的物流系统加以改造，其代表分别有亚马逊（www.amazon.com）和上海梅林正广和（www.85818.com.cn）。

（一）自营物流的优势

自营物流可以使企业对供应链有较强的控制能力，容易与其他业务环节紧密配合，即自营物流可以使企业的供应链更好地保持协调、简捷与稳定。

1. 保持协调。供应链的协调包括利益协调和管理协调。利益协调必须在供应链组织构建时将链中各企业之间的利益分配加以明确。管理协调则要求适应供应链组织结构要求的计划和控制管理以及信息技术的支持，协调物流、信息流的有效流动，降低整个供应链的运行成本，提高供应链对市场的响应速度。企业自营物流，企业内部的供应链是企业内部各个职能部门组成的网络，每个职能部门不是独立的利益个体，有共同的目标，比较容易协调。

2. 简化供应链。供应链中每一个环节都必须是价值增值的过程，非价值增值过程不仅增加了供应链管理的难度，增加了产品（服务）的成本而且降低了供应链的柔性，影响供应链中企业的竞争实力。由于一个企业的物流流程相对比较简单，因此自营物流在设计供应链的组织结构时，可以根据公司的具体情况，简化供应链。

3. 组织结构稳定。供应链是一种相对稳定的组织结构形式。从供应链的组织结构来看，供应链的环节过多，信息传导中就会存在信息扭曲，造成整个供应链的波动，稳定性就差。自营物流使企业对供应链有更多的监控与管理能力，可以更容易地保持供应链的稳定。还有一个信息安全问题，很多企业都有企业内部的秘密，自营物流可以使企业保证自己的信息安全，避免内部物流与外部物流交叉过多造成企业机密的流失。

（二）自营物流的劣势

1. 投入大。企业自营物流所需的投入非常大，建成后对规模的要求很高，大规模才能降低成本，否则将会长期处于不盈利的境地。

2. 缺乏物流管理能力。对于一个庞大的物流体系，建成之后需要管理人员具有专业化的物流管理能力，否则仅靠硬件是无法经营的。目前我国的物流理论与物流教育严重滞后，物流师的资格认证刚开始，这都导致了我国物流人才的严重短缺。企业内部从事物流管理的人员的综合素质也不高，面对复杂多样的物流问题，经常是凭经验来解决问题，这是企业自营物流一大亟待解决的问题。

（三）企业自营物流适合的条件

1. 业务集中在企业所在城市，送货方式比较单一。由于业务范围不广，企业独立组织配送所耗费的人力不是很大，所涉及的配送设备也仅仅限于汽车以及人力车而已，如果交由其他企业处理，反而浪费时间、增加配送成本。

2. 拥有覆盖面很广的代理、分销、连锁店，而企业业务又集中在其覆盖范围内的。这样的企业一般是从传统产业转型或者依然拥有传统产业经营业务的企业，如电脑生产商、家电企业等。

3. 对于一些规模比较大、资金比较雄厚、货物配送量巨大的企业来说，投入资金建立自己的配送系统以掌握物流配送的主动权也是一种战略选择。例如亚马逊网站已经斥巨资建立遍布美国重要城市的配送中心，准备将主动权牢牢地掌握在自己手中。

二、第三方物流

第三方物流（Third Party Logistics，3PL）是指由物流的实际需求方（第一方）和物流的实际供给方（第二方）之外的第三方部分地或全部地利用第二方的资源通过合约向第一方提供的物流服务，也称合同物流、契约物流。

（一）第三方物流的优势

第三方物流企业所追求的最高境界应该体现为物流企业对于其所面对的可控制资源与可利用资源进行最大限度的合理化开发与利用。这种合理化表现为物流企业对于自身物流能力的客观评估与正确定位，对外部环境与市场需求的深刻了解与合理预期，对企业自身发展方向与发展时机准确把握，使物流企业能够将可控制资源与可利用资源进行有机融合，并在市场运作中以各类有效方法与措施使上述两种资源始终处于相互协调、相互支持的动态平衡状态，使之成为推动和促进物流企业实现其总体发展战略目标的重要原动力。

1. 节约成本。对于企业来说，自营物流会有很多隐性成本，公司自行承担物流功能需要车辆、仓库、办公用房等固定资产占用，要负担相应的维修及折旧费用，要负担有关人员的工资、奖金费用。而将物流业务外包给第三方物流公司，就可以享受全套物流服务。如果把外包与自营物流的总成本加以对比的话，一般来说外包物流的成本是相对低廉的。物流外包可以使企业不必把大批资金投入到物流的基础设施上，而投入到能产生高效益的主营业务上去。

2. 提高服务质量。企业与第三方物流公司进行供应链的优化组合，可以使物流服务功能系列化，在传统的储存、运输、流通加工服务的基础上，增加了市场调查与预测、采购及订单处理、配送、物流咨询、物流解决方案的选择与规划、库存控制的策略建议、货款的回收与结算、教育培训等增值服务。这种快速、高质量的服务，必然会塑造企业的良好形象，提高企业的信誉，提高消费者的满意程度，使产品的市场占有率提高。

（二）第三方物流的劣势

在我国的具体情况下，把物流外包给第三方物流公司，有两点需要注意：

1. 所选择的第三方物流企业是否成熟　我国第三方物流企业大多尚未成熟，没有达到一定的规模化与专业化，成本节约、服务改进的优势在我国并不明显，而且常常会造成外包物流的失败。外包物流失败的原因有以下几个方面。

（1）物流公司缺乏合格的专业人员。物流公司既然得到报酬，理应聘任合格专家来管理物流的具体操作。在中国高素质的物流专家非常少，虽然一些物流商声称专门聘请专业顾问设计物流作业流程，但事实是将客户要求的物流规划交给了资质很差的人来做，导致物流效率较低。

（2）第三方物流商一旦获得客户，保质保量完成合同的动力就消失了，导致物流外包项目实施到后来，服务质量越来越差。

（3）合同不规范或双方都不知道怎样规定合同条款中的服务要求。缺少明确的服务要求的合同已经成为导致物流外包失败因素中的关键因素。在中国，企业对外包物流没有经验，而第三方物流企业也没有经验，双方签订的合同对很多条款的规定是模糊的，这就导致以后的纠纷，或者是物流商没能提供企业满意的服务。有过丰富物流外包操作经验的惠普公司要求供应商签署两份合同：第一个合同是一般性项目及一些非操作性的法律问题，如赔偿、保险、不可抗力、保密等。第二个合同是服务的具体内容，是服务要求的体现，使物流商非常清楚需要完成项目中规定的哪些具体的服务以及出现失误后应作出的赔偿。

2. 容易受制于人　如果合作的第三方物流不成熟，企业过分依赖供应链伙伴，容易受制于人。例如第三方物流公司送货不及时、送错货物、损坏货物，会使委托企业在供应链关系中处于被动地位。

（三）电子商务环境下第三方物流发展中存在的问题

物流业已成为电子商务发展的重要支柱。物流企业将成为代表所有生产企业及供应商向用户进行实物供应的最集中、最广泛的供应者。目前我国物流业的专业化、社会化程度较低，物流时间过长、物流成本过高。人们对物流业的认识中存在两大误区：一是没有认识到发展物流是一个对区域、部门、行业协作要求极高的社会系统工程，把整个社会由传统物流向现代物流转变的过程简单化，认为只要多建配送中心、营销网络就可以解决电子商务物流配送问题；二是仅强调发展第三方物流，忽视资源整合、结构优化等产业发展的全局性问题。

1. 物流业发展专业化、社会化程度低

从整个物流行业看，物流企业专业化、社会化程度较低，第三方物流发展缓慢，配送中心的发展刚刚起步，规模小而且分散，相互间配合协作性差；附属于企业的物流业务部门不愿意原有利益的丧失，即使存在物流自营水平低、成本高、资源浪费现象，仍对第三方物流采取排斥的态度；一些大型集团企业的物流战略在基层组织中尚未得到有效的贯彻与实施等。从整个区域看，全国性综合物流系统尚未建立，目前只有深圳、上海等几个大城市开展物流规划研究，区域物流规划远未广泛开展。

2. 传统物流存在条块分割和垄断问题

虽然对物流的研究早在20世纪80年代就已经开始，但我国企业对物流配送的认识还非常模糊。中国生产、销售企业与发达国家的企业在物流上的差距不仅体现在装备、技术和资金上，最突出的还是体现在观念和认识上。政出多门现象严重，部门企业协作性差，仓储、运输等传统物流企业条块分割严重，缺乏互联互通；物流系统发展缺乏综合规划，缺乏区域性的物流网络体系，物流基础设施建设各部门分别进行，布局不合理、重复建设现象严重，企业自建的仓储和运输队伍规模小且分散，难以实现规模经济，无法降低物流成本。

3. 企业信息化程度不高、基础设施落后

企业自建的仓储和运输队伍大多数规模较小，无力投入大量人力、资金开展信息化建设；大型的物流企业信息化建设起步较晚，信息化程度不高，物流技术及基础设施落后，如运输车辆技术（车型）结构不适应货源结构变化的需求，缺重少轻现象普遍；货运站、货运枢纽规模小、网点少，技术设备落后，缺少具有现代化装备的货运枢纽及其运行体系。

4. 物流业发展所处的制度环境有待改善

物流业发展所处的制度环境主要是指融资制度、产权转让制度、人才使用制度、市场准入或退出制度、社会保障制度等。物流系统是社会系统工程，涉及多个地区、部门、行业，必然涉及各种物流资源在企业内部和企业与市场之间的重新配置。由于上述制度改革尚未到位，企业根据经济合理原则对物流资源的再配置就会受到阻碍。

5. 人才短缺是我国物流业发展的巨大障碍

从国外物流发展经验来看，物流方面的从业人员应当具有一定的物流知识水平和实践经验。我国现有物流人才十分缺乏，数量严重不足，质量也不高。我国在物流方面的教育还非常落后，目前高等院校中设物流专业的学校还不是很多，许多高校这一两年中才开设了物流专业方向，研究生层次教育则刚刚起步；职业教育非常贫乏。

（四）电子商务环境下第三方物流企业发展对策

近几年将是中国物流业发展的黄金时期。从经济环境与市场条件来看，经过20多年的改革开放和经济的持续快速发展，我国目前已初步具备发展物流管理和配送技术的经济环境和市场条件；国内物流服务已有较快的发展，物流配送已经成为许多企业降低成本，提高竞争力的重要手段；政府对物流业发展提供了较多的政策支持，原国内贸易部早在1995年《全国连锁经营发展规划》中，就重点提出了发展配送中心的政策措施，在我国流通领域的对外开放政策中，鼓励国外资本投资于物流和配送设施；现代信息技术和现代商品物流技术的进步，为我国物流和配送的快速发展奠定了充分的技术基础。目前，已有相当多的物流和配送技术开始进入我国，并在企业中得到越来越广泛地应用。比如条形码技术、计算机支持的信息管理技术、EDI、MRP等。

为适应电子商务发展的需要，适应市场化、网络化、全球化的经济发展趋势，我国物流业发展应标本兼治，从全国、全行业角度出发，从硬件、软件两方面入手，建设开放、互联互通、经济有效的社会化物流配送体系。

1. 鼓励第三方物流向专业化、社会化发展

鼓励第三方物流发展，提高物流企业的专业化、社会化水平，延伸服务领域，建立功能齐全、布局合理、层次鲜明的综合物流体系已是全球物流业发展潮流所在，也是我国物流业发展的重要方向。

电子商务环境下的第三方物流企业应综合应用电子信息技术，从顾客需求出发，开展第三方物流流程重新设计，注重综合集成管理，重视联运代理的组织功能，为"全能"型企业提供电子商务环境下的物流流程再造，为供

应商、消费者提供灵活高效的物流服务；在物流服务项目、组织结构、运行机制、服务规范质量等方面进行技术创新，突出有吸引力的新物流服务项目。

发展第三方物流，缩短数字化差距，必然涉及多部门、行业的物流资源和整个物流组织管理体系的优化整合，比如物流企业与进出口公司、海关、报关行之间的整合，要优化这些整合，就必须加强政府、国际组织、社会民间组织以及私营部门之间的互动，搞好规划与协调，促进我国物流相关行业的配套发展。

2. 打破传统物流条块分割和垄断

物流活动跨地区、跨部门、跨行业，物流系统是一项庞大的社会系统工程，有必要从全国物流业整体发展、提高全社会物流效率的角度出发，打破传统物流业各自为政、条块分割的局面，实现物流业的空间优化整合，构筑全国范围内有效协作的综合现代物流系统。在全国范围内开展区域物流系统规划，建设多个国家级的现代物流节点、现代物流中心城市。规划重点应放在发展第三方物流网络：业务点、物流中心（配送中心、仓库）、区域运输站场、营业线路、控制中心及综合物流信息网等。

3. 提高企业信息化程度、加快基础设施建设

采用政府推动、市场运作的方式投资建设全国物流多媒体信息高速公路，将物流技术与数字化技术、网络技术嫁接，抢占该领域的全球制高点；建立多个全国性的物流信息平台，加强完善物流实物网和虚拟网，分发挥网络优势，组建网上物资贸易和物资配送服务市场，提高全国范围内物流信息的搜集、处理和服务能力，缩短物流信息交换与作业时间；推进 EDI 项目建设，建立全国交通通信服务专网系统，采用先进的数字编码、调制和时分多址技术，并集成现代数字蜂窝移动通信、计算机网络和数字通信技术，与智能应用系统互联；运用全程物流理念，完善大交通管理体制，充分发挥海、陆、空立体交通网络的功能，基本建成以现代综合交通体系为主的运输平台，以邮电通讯及网络技术为主的信息平台，形成以运输、商品配送和电子商务为支撑的现代物流业。

改造建设一批上规模、上水平的综合化、网络化大型骨干物流企业。一是建设物流企业内部网。利用电子数据交换技术和互联网络，加快物流企业自身的敏捷化改造，初步实现从商品订货、生产、销售、到售后服务所有步骤的"全程物流管理"；优化电子商务系统的配送中心、物流中心网络，重新设计适合电子商务的流通渠道，以此来减少物流环节、简化物流过程，提高物流系统的快速反应性能。二是实现物流企业对外联系的高度数字化、网络

化。通过与国外著名物流企业结成合作伙伴，形成较完善的全国物流网络并与全球物流网络无缝对接，运用基于互联网的信息平台进行实时管理，为品牌企业及 B2B 电子商务网站提供从物流系统规划、咨询、集成到第三方物流服务的全球一体化物流解决方案。

另外，物流技术及基础设施建设亦不容忽视，如配备技术结构适应货源结构变化的需求的运输车辆，控制缺重少轻现象；建立规模较大的货运站、货运枢纽、多设网点，购置一些先进的技术设备及具有现代化装备的货运枢纽及其运行体系等。

4. 改善物流业发展所处的制度环境

一方面，培养专业化、高素质的物流经营管理技术人才。职业教育是培养物流和配送人才的最重要和最经济的方式，许多国家的物流从业人员必须接受职业教育，获得从业资格后，才能从事物流和配送方面的工作。国外物流的发展实践表明，物流从业人员是否具有较高的物流知识和操作经验，直接影响到企业的生存与发展。国外的物流经过多年发展，已形成了一定规模的物流教育系统，许多高校设置了与物流相关的课程，为物流行业培养并输送了大批实用人才。相比之下，我国应建立完善的物流教育和培训体制，形成较合理的物流人才教育培训系统，在大学和学院设置物流管理专业，并广泛地为工商管理各专业的学生开设物流课程，形成一定规模的研究生教育系统。中国加入 WTO 以后，第三方物流的需求量大幅度增加，需求量的大幅度增加也带来许多物流行业的就业机会，这对面临越来越大的就业压力的在校大学生而言，未尝不是一条好的出路；另外，为适应物流业的发展，应多增加一些职业培训，如专业物流师培训机构等等；另一方面，物流系统的运作需要电子商务经营者的支持与理解，通过向电子商务经营者提供培训服务，可以培养它与物流中心经营管理者的认同感，可以提高电子商务经营者的物流管理水平，可以将物流中心经营管理者的要求传达给电子商务经营者，也便于确立物流作业标准，从而互相促进，共同提高。

电子商务环境下第三方物流企业已有了很大程度的发展，但仍存在着许多不足。要更好地发展我国第三方物流业，需要内外两方面力量的整合，要重构物流体系，对物流企业实行战略性重组，实现投资主体多元化，对物流体制进行重大改革，完善物流环节（节点），加强区域性配送中心的建设。要完全依靠物流业自身力量去完成这些任务显然是有困难的，必须借助电子商务这个外力的催发。因为现有物流企业本身相对封闭，缺乏活力、压力与动力，加上资金短缺和效益不好，很难靠自身的力量实现变革。电子商务的发展恰恰为物流业的发展提供了新的契机和新的发展空间，不但极大地拓展了物流空间，也缩短了物流业变革与重构的时间。因此，我们有理由相信，随着电子商务的不断发展，我国第三方物流企业一定会有一个灿烂的明天。

三、物流联盟

物流联盟是指企业在物流方面通过签署合同形成优势互补、要素双向或多向流动、相互信任、共担风险、共享收益的物流伙伴关系。一般来说，组成物流联盟的企业之间具有很强的依赖性，物流联盟的各个组成企业明确自身在整个物流联盟中的优势及担当的角色，内部的对抗和冲突减少，分工明晰，使物流商把注意力集中在提供客户指定的服务上，最终提高了企业的竞争能力和效率，满足企业跨地区、全方位物流服务的要求。

（一）物流联盟的形式

物流战略联盟有各种各样的形式，一个极端是正式的一体化组织；另一个极端则是在组织之间形成非常松散的协作关系，不涉及所有权的转移或股权的分配。

（二）联盟时应注意的问题

选择联盟伙伴时，要注意物流服务提供商的种类及其经营策略。多功能的服务企业其类型及其经营策略是多种多样的，故表现为市场主体也是多元化的。一般可根据企业物流服务的范围大小和物流功能的整合程度这两个标准，确定物流企业的类型。物流服务的范围主要是指业务服务区域的广度、运送方式的多样性、保管和流通加工等附加服务的广度；物流功能的整合程度是指企业自身所拥有的提供物流服务所必要的物流功能的多少，必要的物流功能是指包括基本的运输功能在内的经营管理、集配、配送、流通加工、信息、企划、战术、战略等各种功能。

第四节　电子商务物流配送

以计算机网络化为基础的电子商务推动着传统物流配送的改革。物流配送的发展历程经历了三次改革。初期阶段就是送物上门。为了改善经营效率和企业的竞争力，国内许多商家较广泛采用了把货送到买主手中，这是物流的第一次改革。第二次物流改革是伴随着电子商务的出现而产生的，这是一次脱胎换骨的变化，不仅影响到物流配送本身，也影响到上下游的各体系，包括生产商、供应商、消费者等。第三次物流改革就是物流配送的信息化及网络技术的广泛应用所带来的种种影响，这些影响将使物流配送更有效率。

一、电子商务物流配送的概念和特征

电子商务下物流配送，就是信息化、现代化、社会化的物流配送。它是指物流配送企业采用网络化的计算机技术和现代化的硬件设备、软件系统及先进的管理手段，针对社会需求，严格地、守信用地按用户的订货要求，进行一系列分类、编配、整理、分工、配货等过程，定时、定点、定量地交给各类用户，满足其对商品的需求。可以看出，这种新型的物流配送是以一种全新的模式和方法进行的。新型物流配送最终实现与全球的信息化、现代化和社会化相结合，自身不断向智能化、自动化、合理化以及简单化等方面发展，使货畅其流，物尽其用，既可以减少生产企业库存，又可以加速资金周转，提高物流效率，降低物流成本，满足社会需求，有利于整个社会的宏观调控和提高整个社会的经济效益。

新型物流配送除具备传统物流配送的特征外，还具备以下主要基本特征：

（一）信息化

物流信息化是当今电子商务发展的必然结果和趋势。物流信息化表现为物流信息的商品化、物流信息搜集的数据库化和代码化、物流信息处理的电子化和计算机化、物流信息传递的标准化和实时化、物流信息存储的数字化等。因此，条码技术、数据库技术（Database）、电子订货系统（EOS）、电子数据交换 EDI、快速反应 QR、有效的客户反映 ECR 及企业资源计划 ERP 等技术与观念在我国的物流中已经逐步在普及。信息化是一切的基础，没有物流的信息化，任何先进的技术设备都不可能应用于物流领域，信息技术及计算机技术在物流中的应用将会彻底改变世界物流的面貌。

（二）自动化

自动化的基础是信息化，任何自动化的核心是机电一体化，自动化的外在表现是无人化，自动化的效果是省力化，除此之外，自动化还可以扩大物流作业能力、提高劳动生产率、减少物流作业的差错等。物流自动化的设施非常多，如条码/语音/射频自动识别系统、自动分拣系统、自动存取系统、自动导向车、货物自动跟踪系统等。这些设施在发达国家已普遍用于物流作业流程中。物流自动化程度越高，电子商务活动的优势越明显。

（三）网络化

网络化的基础也是信息化。物流网络化有两层含义：

1. 物流配送系统需要运用计算机通讯网络化，包括物流配送中心与供应商或制造商的联系要通过计算机网络，另外与下游顾客之间的联系也要通过计算机网络通信，比如物流配送中心向供应商提出订单这个过程，就可以使用计算机通讯方式，借助于 VAN 上的 EOS 和 EDI 来自动实现，物流配送中心通过计算机网络收集下游客户的订货的过程也可以自动完成。

2. 物流组织的网络化，即建立的物流管理组织内部网（Intranet）。比如，台湾的电脑业在 20 世纪 90 年代创造出了"全球运筹式产销模式"，这种模式的基本点是按照客户订单组织生产，生产采取分散形式，例如将全世界的电脑资源都利用起来，采取外包的形式将一台电脑的所有零部件、元器件、芯片外包给世界各地的制造商去生产，然后通过全球的物流网络将这些零部件、元器件和芯片发往同一个物流配送中心进行组装，由该物流配送中心将组装的电脑迅速发给订户。这一过程需要有高效的物流网络支持，当然物流网络的基础是信息、电脑网络。

（四）智能化

这是物流自动化、信息化向更高层次发展的人工智能应用技术的体现，物流作业过程大量的运筹和决策，如库存水平的确定、运输（搬运）路径的选择、自动导向车的运行轨迹和作业控制、自动分拣机的运行、物流配送中心经营管理的决策支持等问题都需要借助于大量的知识才能解决，所以需建立相应的物流知识库和规则库。在物流自动化的进程中，物流智能化是不可回避的技术难题。专家系统、机器人等相关技术在国际上已经有比较成熟的研究成果。为了提高物流现代化的水平，物流的智能化已成为电子商务下物流发展的一个新趋势。

（五）柔性化

柔性化的物流系统是从以实现"以顾客为中心"理念过程中的生产领域提出的，也是适应现代化生产、网上交易与消费者的需求发展起来的一种新型物流模式。但需要真正做到柔性化，即真正地能根据消费者需求的变化来灵活调节生产工艺，没有配套的柔性化的物流系统是不可能达到目的的。20世纪 90 年代，国际生产领域纷纷推出弹性制系统 FMS、计算机集成制造系统 CIMS、制造资源系统 MRPⅡ、企业资源计划 ERP 以及供应链管理的概念和技术，这些概念和技术的实质是要将生产、流通进行集成，根据需求端的需求组织生产，安排柔性化的物流活动。因此，这种新型的柔性化的物流模式，要求物流配送中心要根据消费需求"多品种、小批量、多批次、短周期"的特色，灵活组织和实施柔性化的物流作业。

二、配送中心的分类

配送中心是指为了实现物流系统化、效率化，在社会物流中心下专门从事商业配送业务的物流基地，也称物流中心、流通中心、配送中心、集配中心等。

配送中心作为专门从事货物配送活动的经济实体，随着市场经济的不断发展，商品流通规模的日益扩大，其数量也在不断增加。根据配送中心的功能不同、服务范围不同、服务对象不同，对配送中心可以有几种不同的分类方法。

（一）按经济功能分类

1. 供应型配送中心。专门向某些用户供应货物、充当供应商角色的配送中心。

2. 销售型配送中心。以销售商品为主要目的，以开展配送为手段而组建的配送中心。

3. 储存型配送中心。有很强存储功能的配送中心。

（二）按物流设施的归属分类

1. 自用型配送中心。指包括原材料仓库和成品仓库在内的各种物流设施和设备归一家企业或企业集团所拥有，作为一种物流组织，该配送中心是企业或企业集团的一个有机组成部分，只服务于集团内部各企业，通常不对外提供配送服务。随着经济的发展，大多数自用型配送中心正在逐步转化成公用型配送中心。

2. 公用型配送中心。面向所有用户提供后勤服务的配送组织或物流设施。只要付费，任何人都可以使用。

3. 合作型配送中心。由几家企业合作兴建，共同管理的物流设施，多为区域性配送中心。

（三）按服务范围和服务对象分类

1. 城市型配送中心。向城市范围内的众多用户提供配送服务的物流组织。由于在城市范围，货物的运输距离较短，一般采用载货汽车。

2. 区域型配送中心。是一种辐射能力较强，活动范围较广，可以跨市、跨省进行配送活动的物流中心。

三、配送中心的功能

配送中心的主要功能有以下几种：

1. 商品储存功能。配送中心的基本功能是储存。由于配送中心同时担负多个客户的要求，它需要准确、及时地将各种货物送到客户手中。在这个强大功能需求的支配下，配送中心依靠简单地货仓管理显然不能满足实际需求，所以，配送中心必须配有现代化地仓储来储存大量的货物以满足多个客户的要求。

2. 商品有效分类功能。配送中心的服务对象少则通常有十几家，多则可以达到上百家甚至是数百家。而每个客户对货物的数量、质量、种类、搭配等各个方面都有诸多不同。因此，如何高效并有组织地完成每个客户的不同要求是对配送中心的一个基本考验。配送中心在客户允许的时间范围内，在客户配送要求的指导下，将货物按照一定的模式分装并配搭起来，即形成一些分类仓库，使配送中心能最经济、最及时、最高效的完成配送任务，满足客户需求。

3. 商品周转功能。商品流通是一个连续不断的过程，任何一个环节的延误，都将造成不可估量的后果和损失，这就要求配送中心要起到一个中介周转的功能。

4. 商品加工功能。配送中心在配送过程中，有时还根据客户的要求，对其所要求的货物进行一定的加工，这些配送组织能够按照用户的各个不同的要求将货物加工成不同规格、尺寸，或者简单包装等，这就在很大程度上减轻了生产商的负担，使生产商可以全心全意地将资金、人力等运用于生产商品中，从而提高商品的质量和竞争力。

5. 商品的信息功能。配送中心利用现代的信息技术，可形成一个较为完善的信息流的管理系统。例如，配送中心利用车载通信系统将本中心运行中的车辆与中心的计算机网络相联系，这样就可使配送中心能直接进行车辆的调度与相关物流作业。

四、配送中心的流程

物流配送流程是指物流配送中一系列物流配送作业，按照一定顺序排列而成的连贯环节的集合。这种集合具有交集的一些特征，但不仅仅是交集的那部分，还包含了原来的整个作业环节，如图7-2所示。

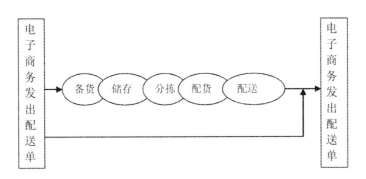

图7-2 物流配送流程

五、电子商务物流配送的设计原则

设计物流配送方案既要充分考虑有利因素，又要考虑操作上的可能性。物流配送方案是对将要进行的物流配送设计分配配送量的方法，有以下六条基本原则。

1. 适用性原则。适用性原则要求物流配送方案必须适合特定的商品和企业，也就是说要为不同的企业量身定做物流配送方案。

2. 最小费用原则。这是物流配送方案的最基本原则。物流配送优势之一就是节约成本，任何物流配送方案设计都应该降低企业的整体成本。

3. 最大配送量原则。在不增加物流配送成本的前提下，追求资源配置的最大化。最大配送量原则给车辆配载提出了更高的要求，一方面要将商品的物流属性，尤其是规格属性汇兑并计算出商品的总体积；另一方面，需要有空间设计能力，合理利用车厢体积。

4. 网络化原则。把各个配送中心、配送点连成一个物流配送的网络。多点配送的联网使物流配送实现了及时调拨，快速地将商品送达消费者手中，缩短了从电子商务订货到收到商品的时间。

5. 就近原则即就近配送。决定物流配送网络上哪个结点是最靠近配送目的地的，有无足够库存。配送完成后，通过其他结点的调拨来补充该结点的库存。

6. 短路化原则。考虑车辆调度的方便性、适用性以及配送成本的降低。一方面提高了时间效率，加快了商品配送速度；另一方面减少了车辆耗费，延长了车辆的使用寿命。

第五节　物流信息技术

物流技术一般是指与物流要素活动有关的所有专业技术的总称，可以包括各种操作方法、管理技能等，如流通加工技术、物品包装技术、物品标识技术、物品实时跟踪技术等；物流技术还包括物流规划、物流评价、物流设计、物流策略等；随着计算机网络技术的普及，物流技术中综合了许多现代信息技术，如条形码技术、EDI、GPS（全球定位系统）、GIS（地理信息系统）等。

物流信息技术是指现代信息技术在物流各个作业环节中的应用，是物流现代化的标志。随着物流信息技术的不断发展，产生了一系列新的物流理念和经营方式，推进了物流的改革。

一、条形码技术

条形码是将宽度不等的多个黑条和空白，按照一定的编码规则排列，用以表达一组信息的图形标识符。常见的条形码是由反射率相差很大的黑条（简称条）和白条（简称空）排成的平行线图案。条形码可以标出物品的生产国、制造厂家、商品名称、生产日期、图书分类号、邮件起止地点、类别、日期等许多信息，因而在商品流通、图书管理、邮政管理、银行系统等许多领域都得到了广泛的应用。

通用商品条形码一般由前缀部分、制造厂商代码、商品代码和校验码组成。商品条形码中的前缀码是用来标识国家或地区的代码，赋码权在国际物品编码协会，如00－09代表美国、加拿大。45－49代表日本。690－695代表中国大陆，471代表中国台湾地区，489代表香港特区。制造厂商代码的赋权在各个国家或地区的物品编码组织，中国由国家物品编码中心赋予制造厂商代码。商品代码是用来标识商品的代码，赋码权由产品生产企业自己行使，生产企业按照规定条件自己决定在自己的何种商品上使用哪些阿拉伯数字为商品条形码。商品条形码最后用1位校验码来校验商品条形码中左起第1－12数字代码的正确性。商品条形码是指由一组规则排列的条、空及其对应字符组成的标识，用以表示一定的商品信息的符号。其中条为深色、空为纳色，用于条形码识读设备的扫描识读。其对应字符由一组阿拉伯数字组成，供人们直接识读或通过键盘向计算机输入数据使用。这一组条空和相应的字符所表示的信息是相同的。

条形码技术是随着计算机与信息技术的发展和应用而诞生的，它是集编码、印刷、识别、数据采集和处理于一身的新型技术。

（一）条形码识别原理

要将按照一定规则编译出来的条形码转换成有意义的信息，需要经历扫描和译码两个过程。物体的颜色是由其反射光的类型决定的，白色物体能反射各种波长的可见光，黑色物体则吸收各种波长的可见光，所以当条形码扫描器光源发出的光在条形码上反射后，反射光照射到条码扫描器内部的光电转换器上，光电转换器根据强弱不同的反射光信号，转换成相应的电信号。根据原理的差异，扫描器可以分为光笔、CCD、激光三种。电信号输出到条码扫描器的放大电路增强信号之后，再送到整形电路将模拟信号转换成数字信号。白条、黑条的宽度不同，相应的电信号持续时间长短也不同。然后译码器通过测量脉冲数字电信号 0，1 的数目来判别条和空的数目。通过测量 0，1 信号持续的时间来判别条和空的宽度。此时所得到的数据仍然是杂乱无章的，要知道条形码所包含的信息，则需根据对应的编码规则（例如：EAN – 8 码），将条形符号换成相应的数字、字符信息。最后，由计算机系统进行数据处理与管理，物品的详细信息便被识别了。

（二）条形码的特点

可靠性强：条形码的读取准确率远远超过人工记录，平均每 15000 个字符才会出现一个错误。键盘输入数据出错率为三百分之一，利用光学字符识别技术出错率为万分之一，而采用条形码技术误码率低于百万分之一。

效率高：条形码的读取速度很快，相当于每秒 40 个字符。与键盘输入相比，条形码输入的速度是键盘输入的 5 倍，并且能实现"即时数据输入"。

成本低：与其他自动化识别技术相比较，条形码技术仅仅需要一小张贴纸和相对构造简单的光学扫描仪，成本相当低廉。

易于制作：条形码的编写很简单，制作也仅仅需要印刷，被称作为"可印刷的计算机语言"。

构造简单：条形码识别设备的构造简单，使用方便。

灵活实用：条形码符号可以手工键盘输入，也可以和有关设备组成识别系统实现自动化识别，还可和其他控制设备联系起来实现整个系统的自动化管理。

（三）条形码编码规则

唯一性：同种规格同种产品对应同一个产品代码，同种产品不同规格应对应不同的产品代码。根据产品的不同性质，如：重量、包装、规格、气味、颜色、形状等等，赋予不同的商品代码。

永久性：产品代码一经分配，就不再更改，并且是终身的。当此种产品不再生产时，其对应的产品代码只能搁置起来，不得重复起用再分配给其他的商品。

无含义：为了保证代码有足够的容量以适应产品频繁的更新换代的需要，最好采用无含义的顺序码。

（四）条形码校验码公式：

首先，把条形码从右往左依次编序号为"1，2，3，4……"从序号二开始把所有奇数序号位上的数相加求和，用求出的和乘3，再把所有偶数序号上的数相加求和，用求出的和加上刚才奇数序号上的数的和乘3的积，然后得出和。再用大于或等于这个和的最小的10的倍数减去这个和，就得出校验码。

举个例子：

此条形码为：977167121601X（X为校验码）。

（1）$1+6+2+7+1+7=24$

（2）$24 \times 3=72$

（3）$0+1+1+6+7+9=24$

（4）$72+24=96$

（5）$100-96=4$

所以最后校验码$X=4$。此条形码为9771671216014。

（五）应用范围

电子标签作为数据载体，能起到标识识别、物品跟踪、信息采集的作用。在国外，电子标签已经在广泛的领域内得以应用。电子标签、读写器、天线和应用软件构成的RFID系统直接与相应的管理信息系统相连。每一件物品都可以被准确地跟踪，这种全面的信息管理系统能为客户带来诸多的利益，包括实时数据的采集、安全的数据存取通道、离线状态下就可以获得所有产品信息等等。在国外，RFID技术已被广泛应用于诸如工业自动化、商业自动化等众多领域。

使用条形码扫描是今后市场流通的大趋势。为了使商品能够在全世界自由、广泛地流通，企业无论是设计制作，申请注册还是使用商品条形码，都必须遵循商品条形码管理的有关规定。

二、射频 RF 技术

（一）基本原理

RF（Radio Frequency）技术的基本原理是电磁理论。射频系统的优点是不局限于视线，识别距离比光学系统远，射频识别卡可具有读写能力，可携带大量数据，难以伪造，且有智能。近年来，便携式数据终端（PDT）的应用多了起来，PDT 可把那些采集到的有用数据存储起来或传送至一个管理信息系统。便携式数据终端一般包括一个扫描器、一个体积小但功能很强并带有存储器的计算机、一个显示器和供人工输入的键盘。在只读存储器中装有常驻内存的操作系统，用于控制数据的采集和传送。

PDT 存储器中的数据可随时通过射频通信技术传送到主计算机。操作时先扫描位置标签，货架号码、产品数量就都输入到 PDT，再通过 RF 技术把这些数据传送到计算机管理系统，可以得到客户产品清单、发票、发运标签、该地所存产品代码和数量等。

（二）射频技术在物流管理中的适用性

RF 技术适用于物料跟踪、运载工具和货架识别等要求非接触数据采集和交换的场合，由于 RF 标签具有可读写能力，对于需要频繁改变数据内容的场合尤为适用。

我国 RF 的应用也已经开始，一些高速公路的收费站口使用 RF 可以不停车收费，我国铁路系统使用 RF 记录货车车厢编号的试点已运行了一段时间，一些物流公司也正在准备将 RF 用于物流管理中。

三、全球定位系统 GPS

GPS 是结合了卫星及无线技术的导航系统，具备全天候、全球覆盖、高精度的特征，能够实时、全天候为全球范围内的陆地、海上、空中的各类的目标提供持续实时的三维定位、三维速度及精确时间信息。

（一）GPS 概述

GPS 是美国从 20 世纪 70 年代开始研制，历时 20 年，耗资 200 亿美元，于 1994 年全面建成，具有在海、陆、空进行全方位实时三维导航与定位能力的新一代卫星导航与定位系统。经近 10 年我国测绘等部门的使用表明，GPS

以全天候、高精度、自动化、高效益等显著特点，赢得广大测绘工作者的信赖，并成功地应用于大地测量、工程测量、航空摄影测量、运载工具导航和管制、地壳运动监测、工程变形监测、资源勘察、地球动力学等多种学科，从而给测绘领域带来一场深刻的技术革命。

随着 GPS 的不断改进，硬、软件的不断完善，应用领域正在不断地开拓，目前已遍及国民经济各种部门，并开始逐步深入人们的日常生活。

（二）GPS 的物流功能

1. 实时监控功能。在任意时刻通过发出指令查询运输工具所在的地理位置（经度、纬度、速度等信息）并在电子地图上直观地显示出来。

2. 双向通讯功能。GPS 的用户可使用 GSM 的话音功能，与司机进行通话或使用该系统安装在运输工具上的移动设备的汉字液晶显示终端进行汉字消息收发对话。

驾驶员通过按下相应的服务、动作键，将该信息反馈到网络 GPS，质量监督员可在网络 GPS 工作站的显示屏上确认其工作的正确性，了解并控制整个运输作业的准确性（发车时间、到货时间、卸货时间、返回时间等等）。

3. 动态调度功能。调度人员能在任意时刻通过调度中心发出文字调度指令，并得到确认信息。

可进行运输工具待命计划管理，操作人员通过在途信息的反馈，运输工具未返回车队前即做好待命计划，可提前下达运输任务，减少等待时间，加快运输工具周转速度。

可进行运能管理，将运输工具的运能信息、维修记录信息、车辆运行状况登记处、司机人员信息、运输工具的在途信息等到多种信息提供调度部门决策，以提高重车率，尽量减少空车时间和空车距离，充分利用运输工具的运能。

4. 数据存储、分析功能。实现路线规划及路线优化，事先规划车辆的运行路线、运行区域，何时应该到达什么地方等，并将该信息记录在数据库，以备以后查询、分析使用。

（三）GPS 在物流领域的应用

1. 用于汽车自定位、跟踪调度。

2. 用于铁路运输管理。

3. 用于军事物流。

四、地理信息系统 GIS

（一）GIS 的概念

GIS 是多种学科交叉的产物，它以地理空间数据为基础，采用地理模型分析方法，适时地提供多种空间的和动态的地理信息，是一种为地理研究和地理决策服务的计算机技术系统。其基本功能是将表格型数据（无论它来自数据库、电子表格文件或直接在程序中输入）转换为地理图形显示，然后对显示结果浏览、操作和分析。其显示范围可以从洲际地图到非常详细的街区地图，显示对象包括人口、销售情况、运输线路以及其他内容。

（二）GIS 技术的应用

GIS 应用于物流分析，主要是指利用 GIS 强大的地理数据功能来完善物流分析技术。完整的 GIS 物流分析软件集成了车辆路线模型、最短路径模型、网络物流模型、分配集合模型和设施定位模型等。

1. 车辆路线模型。用于解决一个起始点、多个终点的货物运输中如何降低物流作业费用，并保证服务质量的问题，包括决定使用多少辆车，每辆车的路线等。

2. 网络物流模型。用于解决寻求最有效的分配货物路径问题，也就是物流网点布局问题。如将货物从 N 个仓库运往到 M 个商店，每个商店都有固定的需求量，因此需要确定由哪个仓库提货送给那个商店，所耗的运输代价最小。

3. 分配集合模型。可以根据各个要素的相似点把同一层的所有或部分要素分为几个组，用以解决确定服务范围和销售市场范围等问题。如某一公司要设立多个分销点，要求这些分销点要覆盖某一地区，而且要使每个分销点的顾客数目大致相等。

4. 设施定位模型。用于确定一个或多个设施的位置。在物流系统中，仓库和运输线共同组成了物流网络，仓库处于网络的节点上，节点决定着线路，如何根据供求的实际需要并结合经济效益等原则，在既定区域内设立多少个仓库，每个仓库的位置，每个仓库的规模．以及仓库之间的物流关系等问题，运用此模型均能很容易地得到解决。

第六节　现代物流渠道—供应链管理

一、供应链的概念

供应链（Supply Chain）是指由原材料和零部件供应商、产品的制造商、分销商和零售商到最终用户组成的价值增值链，分成内部供应链和外部供应链两种。内部供应链由采购、制造、分销等部门组成；外部供应链包括原材料和零配件供应商、制造商、销售商和最终用户。

供应链意味着在上下游企业之间形成一条从供应商到制造商再到分销商的贯穿所有企业的"链"，把所有相邻企业依次连接起来，实现了管理的"纵向一体化"。这条链上的节点企业必须达到同步、协调运行，才有可能使链上的所有企业都能受益。供应链是围绕核心企业，通过对信息流、物流、资金流的控制，从采购原材料开始，制成中间产品以及最终产品，最后由销售网络把产品送到消费者手中的将供应商、制造商、分销商、零售商、直到最终用户连成一个整体的功能链状结构模式，如图 7-3 所示。

图 7-3　供应链中的链状结构模式

供应链包含所有加盟的节点企业，从原材料的供应开始，经过链中不同企业的制造加工、组装、分销等过程直到最终用户。节点企业在需求信息的驱动下，通过供应链的职能分工与合作，以资金流、物流为媒介实现整个供应链的不断增值。

供应链的运作方式有两种：推动式和牵引式。推动式的供应链运作方式以制造商为核心，产品生产出来后从分销商逐级推向用户。分销商和零售商处于被动接受地位，各个企业之间的集成度较低，通常采用提高安全库存量的办法应付需求变动，因此整个供应链上的库存量较高，对需求变动的响应能力较差。牵引式供应链的驱动力产生于最终用户，整个供应链的集成度较高，信息交换迅速，可以根据用户的需求实现定制化服务。采用这种运作方式的供应链系统库存量较低。如图 7-4 所示是两种不同性质的供应链。

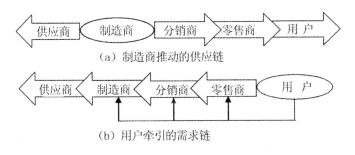

(a) 制造商推动的供应链

(b) 用户牵引的需求链

图 7 - 4　两种不同性质的供应链

二、供应链管理的概念

供应链管理（Supply Chain Management）就是对整个供应链中各参与组织、部门之间的物流、信息流与资金流进行计划、协调与控制等，其目的是通过整合，提高所有相关过程的速度和确定性，使所有相关过程的净增价值最大化，以提高组织的运作效率和效益。实行供应链管理可以使供应链中的各成员企业之间的业务关系得到强化，变过去企业与外部组织之间的相互独立关系为紧密合作关系，形成新的命运共同体。供应链管理可以显著提高物流的效率，降低物流成本，大幅度提高企业的劳动生产率。供应链管理实行的是一种集成的管理思想和方法，它执行供应链中从供应商到最终用户的物流计划、组织、协调和控制一体化等职能的管理过程。

供应链管理主要涉及 4 个主要领域：供应、生产计划、物流、需求。它是以同步化、集成化生产计划为指导，以各种技术为支持，尤其以 Internet/Intranet 为依托，围绕供应、生产作业、物流、满足需求来实施的。他把所有加盟的节点企业集成起来，使供应链上各个企业分担的采购、生产、销售职能成为一个协调发展的有机体，提高整个供应链的效益，共享供应链管理为企业带来的经济效益。在电子商务的环境下，最终形成集成化供应链管理体系，把供应商、生产商、分销商、零售商等一条链路上的所有环节都联系起来进行优化，使生产资料以最快的速度，通过生产、分销环节变成增值的产品，送到有消费需求的消费者手中。这不仅降低了成本，减少了社会库存，而且使社会资源达到优化配置，更重要的是通过信息网络，组织网络实现了生产及销售的有效连接和物流、信息流、资金流的合理流动，从而实现了供应链管理的最终目标：社会目标（满足社会就业需求）、经济目标（创造最佳利益）和环境目标（保持生态与环境平衡）的最佳融合。

物流管理是供应链管理中的重要环节。及时、准确、灵活多样的物流服务，是供应链协调运作的前提条件。供应链管理环境下，信息的流量大大增加，通过互联网可以将信息从用户需求一直传递到供应商，避免了信息的失真现象，降低了整个供应链的库存压力，为实现供应链的敏捷性、精细化运作提供了基础性保障。

三、供应链管理的策略

供应链中信息量庞大而复杂，如果处理不当或处理不及时，就有可能造成信息的失真，进而影响到供应链的稳定。而 JIT（准时制）、QR（快速反应）、ECR（有效客户反应）、EOS（电子订货系统）等先进的管理体系策略的应用可以解决供应链上出现的上述复杂问题，提高企业和整个供应链的弹性，能迅速对市场需求做出反应，保证企业及供应链的高效运行。

准时制（JIT）

（一）准时制的含义

准时制（just in time，JIT）指将必要的原材料、零部件以必要的数量在必要的时间送到特定的生产线生产必要的产品。简而言之，就是按必要的时间、必要的数量生产必要的产品。准时制是电子商务条件下对生产领域物流的新要求。其目的是使生产过程中的原材料、零部件以及制成品能高效率地在各个生产环节流动，缩短物质实体在生产过程中停留的时间，杜绝产品库存积压、短缺和浪费现象，也消除原材料库存的需要。

对定义中几个"必要"的解释如下。

1. 必要的原材料、零部件和必要的数量

这是准时生产的第一步，指的是既要按照生产商提出的品质标准、规格型号向生产商提供原材料和零部件，同时又要使生产商的订货数量得到完全满足。因为对生产商来说，衡量订货满足的标准要么是百分之百，要么是零。

2. 必要的时间

必要的时间是指完全按照生产商提出的时间条件，将货物准时送到生产商需要的地点。过早会增加生产商的负担，如占压存储空间、增加重复劳动等；太晚则会造成生产商缺货，甚至导致生产商停产。

3. 必要的产品

若生产商用必要的原材料、零部件却未生产出必要的产品，如出现次品等，必然会造成成本上升，导致企业竞争力削弱。

（二）准时制的作用

准时制虽然是企业内部的一种管理模式，但它作为一种管理思想，在提高整个供应链对客户的响应时间、实现零库存生产、降低供应链的物流成本等方面，仍然具有重要的作用。

1. 零库存生产

电子商务要求企业的物流运作必须符合零库存生产的需要。零库存生产要求企业的每个生产环节都必须从下一个环节的需求数量、时间、结构出发来组织好生产、供应和流通。

无论是供应商、生产商还是零售商都应对各自的下游客户做精确的需求预测。电子商务既给零库存生产创造了条件，又要求企业通过零库存生产为其自身带来效益。

2. 降低物流成本

从供应商到客户的物流成本中，制造成本和包装成本是在物流供应链的增值环节中发生的，其余成本如库存成本、采购成本、销售成本、运输成本和管理成本等都在非价值增值环节中发生。由于供应商、生产商与销售商之间已建立了战略伙伴关系，供应商可以将原料和配件直接运送给生产商，生产商也直接将产品运送给销售商，企业之间无需再进行采购和销售活动，因而，这两项成本就不存在了。管理成本和包装成本也随着交易的简化和物流环节的减少而大幅度降低。

（1）库存成本的降低

由于网络传输信息的速度几乎可使链中各企业"同时"获得客户的需求信息，企业根据传输的信息，及时做出计划安排，组织生产并把产品通过供应链传递。原来存在于供应商、生产商和销售商之间的因需求不确定而建立的缓冲库存则可以取消，从而降低传统渠道中分散在各个企业中单独仓库的库存成本，最终降低整个供应链的库存成本。

（2）在途制成品和运输成本的降低

要降低在途制成品的成本，就必须缩短物流周转时间。供应商、生产商和销售商在安排计划时，要按客户需要制成品的时间扣除运输时间作为备货和生产的最终时间，使供应商备货、生产商生产及销售商销售的活动并行完成，从而缩短物流周转周期，降低在途制成品的成本。

要降低运输成本，就必须组织好从供应商到生产商到销售商之间的运输。由于客户需求和需求量的多样化，以及各合作企业间地理位置的远近不同，需要统一组织运输，在供应商与生产商及生产商与销售商之间都建立配送中心，配送中心承担运输安排及库存中转，通过合理规划，降低整个供应链的运输成本，加快物流周转速度。

（三）实现准时制（零库存）的形式

JIT 要在无库存或最低库存的基础上实现生产或供应保障，可以采取的形式主要有以下几种。

1. 委托保管方式

委托保管方式指接受用户的委托，由受托方代存代管所有权属于用户的物质产品，从而使用户不再保有库存，甚至可不再保有保险储备库存，从而实现零库存。

2. 协作分包方式

协作分包方式是指企业以若干分包企业的柔性生产准时供应使本企业的供应库存为零，同时本企业采用委托集中配送方式使销售企业的销售库存为零。

3. 轮动方式

轮动方式也称同步方式，是在对系统进行周密设计的前提下，使各个环节速率完全协调，从而根本取消中间库存，使各环节之间实现零库存、零储备形式。

4. 准时供应方式

准时供应是指依靠有效地衔接和计划达到两个环节之间、供应与生产之间的完全协调，从而实现零库存。

5. 看板方式

看板方式是指企业的各工序之间，或在企业之间，或在生产企业与供应者之间，采用固定格式的卡片为凭证，由下一环节根据自己的节奏，逆生产流程方向，向上一环节指定供应，从而协调关系，做到准时同步。

6. "水龙头方式"

用户可以随时提出购入要求，采取需要多少就购入多少的方式，供货者以自己的库存和有效供应系统承担即时供应的责任，从而使用户实现零库存。

（四）实施准时制的条件

1. 供应链各企业必须建立自己的基础数据库

供应商的基础数据库内容包括供货品种、供应能力、供货计划等；配送中心的基础数据库内容包括配送计划、运输计划等；生产商的基础数据库内容包括生产能力和生产计划等；销售商的基础数据库内容包括库存状况和销售计划等。需求信息通过网络依次传递反映在每个企业的基础数据库中，企业根据数据库的变动所传递的信息合理调整供应、生产、销售，从而使物流在供应链中准时而顺畅。

2. 核心企业的生产和应变能力

核心企业应具备较高的生产能力和灵活的应变能力，以保证有意外事情发生时，能迅速采取有效应对措施，不会打乱整个计划。

3. 供应链上各企业通过网络整合咸一体

各企业必须齐心协力，合理配置供应链上的资源，才能最大限度地发挥供应链的优势。供应链上各成员应派代表组建协调委员会或类似协调机构，以及时协调解决可能发生的矛盾，以此减少交易成本。

快速反应

（一）快速反应的含义

快速反应（QR）是在准时制思想的影响下产生的，是为了在以时间为基础的竞争中占据优势，建立起来的一整套对环境反应敏捷和迅速的系统。因此，快速反应是信息系统和准时制物流系统结合起来实现"在合适的时间和合适的地点将合适的产品交给合适的消费者"的产物。

快速反应系统的目的在于减少原材料到消费者的时间和整个供应链上的库存，最大限度提高供应链的运作效率，对客户的需求做出最快反应。信息技术的发展特别是 EDI、条码及 POS 系统的应用，使之成为可能。

（二）快速反应系统的产生及发展

1. 快速反应系统产生的背景

快速反应系统最早是美国纺织品供应商、服装生产商以及销售商开发的整体业务概念。20 世纪 70 到 80 年代，面对国外进口商品的激烈竞争，美国纺织业和服装业在寻求法律保护的同时，也加大现代化设备的投资，到 80 年代中期，上述两个行业是通过进口配额系统保护最大的行业，纺织业也成为美国制造业生产率增长最快的行业。尽管上述措施获得了明显成效，但国外服装、纺织品对美国市场的渗透却继续增强。这些行业的企业家认识到必须寻找别的方法以重新取得在服装生产上的领先地位。

1984 年美国纺织、化纤及服装行业成立了一个委员会，该委员会的目标是研究如何保持美国纺织与服装行业的长期竞争力。1985 年 Kurt Salmon 委员会开始对供应链进行分析，分析的结果是，虽然系统的各部分运作效率高，但整个系统的效率十分低，进一步的调查表明，供应链长度是影响供应链效率的重要因素。整个服装行业的供应链系统不必要的费用每年可达 25 亿美元，具体构成如表 7 - 1：

表 7 - 1　服装行业供应链系统不必要的费用

成本因素	成本（亿美元）
降低处理成本	14.08
缺货成本	6.02
库存成本	5.03
合计	25.13

这项研究导致了快速反应思想的产生和发展，它使供应商、生产商和销售商能够密切合作，供应商和生产商等通过共享信息，共同预测未来需求对客户的要求做出快速反应。用 EDI 来加快信息的流动，将订货前置时间和成本极小化，在补货中应用快速反应系统可将交货前置时间减少 75%。

2. 快速反应系统的新发展

尽管快速反应的基本战略思想没有太大变化，但其战术和技术却今非昔比。以前，供应链上的各企业往往单独发挥作用，对其伙伴的业务不感兴趣，信息也不共享。随着竞争的加剧，经营者都认识到要改进自己的业务系统，提高服务质量，但很少考虑自身系统的改革会给相关伙伴带来什么影响。

20 世纪 90 年代前后，在强大的市场压力面前，一些优秀企业开始重新评估和重构其业务方式，从而引发供应链物流和信息的重组。人们对供应链的优化从单纯的技术解决方案转变为重组经营管理方式和与贸易伙伴的全面密切合作。

在欧美，快速反应系统的发展已跨入第三阶段：联合计划、预测和补货（CPFR）阶段。这一阶段应用的一系列技术模型具有开放、安全、适应于各行业及支持多种需求的特点。CPFR 研究的重点是供应商、生产商、承运商和销售商之间协调一致的伙伴关系，保证了供应链整体计划的可行性和先进性。通过实施 CPFR 可减少新产品开发的前置时间，防止缺货的发生，使库存周转率提高 1—2 倍。

快速反应系统发挥了显著功效，它作为一种全新的供应链管理理念，会不断向更高的阶段发展，为供应链上的各企业及消费者带来更大的利益。

（三）快速反应系统的作用

通过快速反应系统提高对业务信息的处理速度，缩短了前置时间、周转期及调整时间，降低物流成本，加快物流速度，满足客户的多方面需求。

1. 缩短前置期，降低物流成本

例如，一般的汽车制造从设计开始，然后把制好的工程图交给配件厂，最后将方案提交给流水线制成实体模型。这种方式因其低质量和前置期很长而引起消费者的不满，Rover 公司决定利用 Rover 800 将设计和制造结合在一起，以加快生产成品的速度，并在到达装配线前尽量减少错误。Rover 800 在 2 年内便设计并试制成功，而原来的车型则要 39 个月的前置时间。

2. 缩短周转期，加快物流速度

越来越多的公司发现加快物流速度可用较低的成本获得较多利益。北美最大医药产品分销商 McKesson 将其计算机系统与 1.5 万个药品零售商互联，将其订单直接传人订单管理系统中心，当需要时，系统会考虑到前置期，自动识别进货需要，并从供货商那里增加订货，结果该分销商不但为该行业提供了高水平的服务，其库存周转期之短也降到同行业最低水平。

3. 缩短调整时间，满足客户需求

所谓调整时间是指从一种数量水平变为另一种数量水平的时间间隔。如果调整时间能被缩短到接近于零，满足客户的多方面需求将不成为问题。在降低调整时间的技术上，日本已领先一大步。"一分钟调整"是日本许多厂家的目标，日本企业的管理部门和生产车间把大部分注意力放在降低调整时间的方法上，有时是采用新技术，但更多时候是对日常思维提出疑问来获得更快调整的思路和方法。

有效客户反应

（一）有效客户反应的含义

有效客户反应（ECR）是指在商品分销系统中，为消除不必要的成本和费用，给客户带来更大效益而进行密切合作的一种供应链管理策略。它的目标是降低供应链各个环节如生产、库存和运输等方面的成本。

实施有效客户反应策略就必须：

1. 联合供应链上各成员来改善供应链中业务流程，使其最合理有效；

2. 以较低成本使业务流程自动化，进一步降低供应链的成本和时间；

3. 将条码技术、扫描技术、EDI 和 POS 系统集成起来，在供应链企业之间建立一个无纸信息处理和业务运作系统，确保产品连续不断地由供应商流向最终客户，同时信息能在供应链中循环流动，这样，保证向客户提供优质的产品，给企业传递准确及时的信息。

有效客户反应是一种运用于工商业的策略，它改变了以往以单方面行动来促进生产力的发展。现在相关企业之间通过共同合作，节省由生产到最后销售的交易周期的成本，提高其在货物供应过程中的整体效率。

（二）有效客户反应的指导原则

1. 以较少的成本为供应链上的客户提供更好的产品、更好的库存服务和更多的便利服务。

2. 由相关的商业带头人启动有效客户需求。代表共同利益的商业联盟带头人必须使大家都获得利益。

3. 利用准确、及时的信息支持有效的市场生产及后勤政策，这些信息以 EDI 的方式在贸易伙伴间自由流动。

4. 采用标准的工作措施和回报系统，该系统标识出潜在的回报，促进公平分享回报，达到整个系统的有效性。

5. 确保客户能随时获得所需商品。

根据欧洲供应链管理系统的调查报告，在接受调查的 292 家公司中，生产商使用有效客户反应后，预期销售额增加 5.3%，总盈利增加 5.5%；销售商家销售额增加 5.4%，毛利增加 3.4%。由于在流通环节缩减了成本，批零价格差也随之降低，消费者从中获得了利益。

运用有效客户反应，除了上述有形的利益之外，还有着巨大的无形利益。对企业而言，减少无效存货现象，提高商业信誉，改善与贸易伙伴的关系，树立企业形象和产品形象；对消费者来说，增加购物选择余地和购物便利，食品更新鲜，到货更及时。

（三）如何实施有效客户反应

1. 谨慎选择合作伙伴

对于大多数要实施有效客户反应的公司而言，初期最好选择三个左右的同盟伙伴，共同制定有效客户反应计划，选择启动有效客户反应的时机和方式，成功的合作将大大增强伙伴之间的信任和合作信心，为进一步扩大合作范围奠定良好的基础。

2. 创造变革氛围

对大多数企业来说，将长期以来与供应商和消费者的对立态度改变为利益共享、风险共担的意识比其他步骤更难，花费的时间更长。创造有效客户反应的最佳氛围，一是需要进行内部教育及改善通信技术和设施；二是采取新的工作措施，改善业务流程和作业系统。

3. 增加信息技术投资

虽然在有限信息技术投资的情况下，也可从有效客户反应中获得许多好处，但具有较强信息技术能力的企业要比其他企业更具竞争力。一些有效客户反应应用较早的企业预测，数年之后，连接他们及其商业伙伴之间的将是完全整合的无纸商业信息系统，这种系统既可降低成本，又可使技术人员和管理人员专注于产品服务和系统的创造性开发，日常运行所需人力投入会大大减少。

（四）有效客户反应的策略

1. 计算机辅助订货（CAO）

计算机辅助订货系统是由零售商建立的有效客户反应的工具，它通过计算机对有关产品的销售点设备记录、影响需求的外因、实际库存、产品接收等信息进行汇总而实现订单的前期准备工作，其目的是使企业满足客户需求，控制货物的传递，达到最佳存货管理。

2. 连续补货程序（CRP）

连续补货程序是由供应商根据从客户那里得到的销售和库存信息，决定补充货物的数量，它改变了销售商向贸易伙伴发出订单的传统补货方式。为了有效降低库存，供应商通过与销售商缔结伙伴关系，积极主动向销售商多批次供货，缩短订货与交货之间的时间间隔，这样可降低货物补充过程的存货，尽量符合客户的要求，同时减轻生产的波动和存货。为确保信息能够通过 EDI 在供应链畅通无阻地流动，所有合作伙伴都必须使用标准编码系统来标识产品、服务等。国际物品编码协会制定的物品与位置编码是能保证连续补货程序顺利实施的有效手段。

3. 交接运输（CD）

交接运输是指将配送中心或仓库的货物不作为存货，而是为下一次货物发送做准备的一种分销系统，它要求所有的到货和出货运输尽可能同时进行，数量尽可能相等。交接运输实施成功的三个条件是：交付至仓库或配送中心的货物采取预先通知；仓库或配送中心要具备对所交付商品包装的识别能力；具备自动确认交货接收的能力。

4. 建立产品、价格和促销数据库

要想成功地提高供应链管理的效率，必须建立完善的产品、价格和促销数据库，将信息存取到该数据库里对有效客户反应系统的有效运作非常重要。没有这些数据库，无纸交易系统就不可能实现。这些数据库应对供应链上的所有信息结点都是可存取的，企业拥有的产品细目核准程序可减少在供应链上出现错误的几率。

电子订货系统

（一）电子订货系统的含义和流程

1. 电子订货系统的含义

电子订货系统（EOS）是指将批发、零售商场需要的订货数据输入计算机，通过商业增值网络中心将资料传递至总公司、批发商、商品供货商或生产商，后者根据收到的信息及时安排出货。电子订货系统涵盖了整个商流过程，它能处理从商品信息获取到会计结算等整个交易过程。在地价昂贵的地方，零售业没有太多空间用于存货，因此，采用电子订货系统可要求供应商及时补货，降低库存水平。电子订货系统因其包含很多先进管理手段而在国际上广泛运用，并且越来越受到商业界的重视。

2. 电子订货系统的流程

电子订货系统是由许多零售店和批发商组成的整体运作方式。零售店利用其终端条码阅读器获取已售出的商品条码，并在计算机上输入订货料，利用电话线或网卡传到批发商的计算机中，批发商开出提货传票及拣货单进行拣货，然后依据送货传票发货，零售商对送到的货物进行检验，据送货传票付款。

（1）传递采购指令；

（2）商业增值网络中心 MIS 核实传递者的身份和单证格式后，将标准订单传给供应商；

（3）商业增值网络中心传递发货信息；

（4）供应商备货、发货并核实传递者的身份和单证格式后，将确认单传给批发、零售商。

从流程图 7-5 中，我们可以清楚地了解批发、零售商场、商业增值网络及供应商在电子订货系统中扮演的角色和作用。

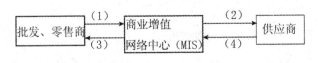

图 7-5　EOS 流程

批发、零售商场：管理人员利用商业增值网络系统功能，收集并汇总各分部的要货信息，如商品名称、商品数量等，然后根据手中所掌握的各供应商资料，如商品种类、价格、交货期限及供应商的资信等，向合适的供应商传递采购指令，采购指令按商业增值网络中心提供的标准格式填写，经商业增值网络转换成标准的 EDI 单证，发送给指定的供应商。

商业增值网络中心只提供用户连接界面，不参与交易双方的交易活动，当收到用户发来的 EDI 单证时，就进行电子订货系统交易伙伴关系的自动核查，只有结成伙伴关系的双方才能进行交易，确定有效交易关系后，再检查 EDI 单证格式，只有标准的单证格式才能传递给对方，商业增值网络中心可长期保存每一笔交易，保存的单证既可供用户查询，又可作为交易双方发生贸易纠纷时提供的司法证据。

商业增值网络中心的通信界面和 EDI 格式将 EDI 单证转换成一张标准的商品订单传给供应商，供应商根据订单内容，及时安排出货，并将发货信息通过商业增值网络中心传给相应的批发、零售商场，从而完成一次交易过程。交易双方交换的信息除了订单和交易通知外，还可能包括变价通知、订单更改、订单回复、对账通知和退换货等信息。

（二）电子订货系统中的物流作业和仓储作业

1. 物流作业

供应商发货作业过程中的业务往来如下：

（1）供应商通过商业增值网络中心将发货单传给仓储中心。

（2）仓储中心对发货单进行综合处理后，将仓库中的商品信息发送给供应商，让供应商补货或直接将货送至批发、零售商场。

（3）仓储中心将送货要求传递给供应商。

（4）供应商对传来的信息进行分析后，根据送货要求将货物送至正确的地点。

通过上述四个程序，完成了一个物流作业过程，在这一过程中，物流与信息流的传递是同步进行的。

2. 仓储作业

批发、零售商场向供应商发出订购单，供应商按订单上商品和数量组织货品，并送货至指定地点，既可向仓储中心送货，也可直接送到指定商场，若向仓储中心送货，则商品送到仓储中心，并卸在指定进货区，在进货区对进入的商品进行验收，合格的商品办理入库手续，然后放入指定的库位中，对不合格的商品，填写退货单，另行存放，并登录在册，用次品换回正品后，同样有收货、验货和入库的过程。

当仓库收到配货中心配货单后，按单上的要求备货，出库待送。发货后，发货信息应及时反馈给配货中心。商品交给客户时，客户也对商品进行验收，当客户发现商品有破损或商品已过保质期或其他不符合订购要求时，客户可退货。配货中心要及时补货给客户，对退回的商品暂时保存，待查验后再做处理。这一商品处理的过程影响到总库存量的变化，掌握商品的流转过程也就有效地控制了总库存量。

（三）电子订货系统的作用及发展前景

1. 电子订货系统的作用

对零售业来说：

（1）降低库存量 通过电子订货系统，零售商将商场储存的每种商品数量减少到最小限度，使有限的空间放置更多种类的商品，即便是销售量大的商品也不需要很大的库存，商场管理人员在某一定点时间查看陈列架，以最小数量订购需要补足的商品。

（2）减少交货失误 零售商根据商品的标准条码来订货，可以做到准确无误。批发商用计算机处理订货信息，减少了交货失误，迅速补充了库存。

（3）改善订货业务 任何人都可以通过电子订货系统正确迅速地完成订货业务，不仅操作方便，而且还可以从中获取大量的有用信息，如订货频率、季节性变化趋势和紧俏商品信息等。若电子订货系统与订货业务管理规范相结合，就可以更迅速准确地完成订货业务。

（4）完善交货体系 以电子订货系统为中心建立的商场综合管理系统，可以将所订购的商品资料存入计算机内，依据交货传票，修正偏差，分析进货管理状况和流程，从而确定应付账款管理系统，这样就进一步完善了交货体系。

对批发业来说：

（1）提高了服务质量 电子交货系统满足零售商对某种商品少量、多次的需求，缩短了交货时间。电子订货系统提供了准确的订货，减少了误交商品和退货次数，运用计算机的库存管理系统可以减少缺货现象，增加商品品种，为零售商提供咨询服务，使批发商和零售商建立良好的合作关系。

（2）建立了高效的物流体系 电子订货系统缩短了验货时间，大大提高了送货派车的效率，降低了物流成本。此外，可使批发业内部的管理系统化、规范化，进而降低了批发业的运营成本。

（3）提高了工作效率 运用电子订货系统可减轻体力劳动，减少事务性工作，以前 3—6 小时的手工工作量，现在仅 10 分钟就可完成。退货处理通常要比订货处理多花 5 倍成本，减少错误和退货可以降低费用水平。

2. 电子订货系统的前景

电子订货系统给合作伙伴带来了显著的经济效益。地区网络和专门网络在逐步扩大和完善，传递的信息内容和交换的服务项目都在不断增加。电子订货系统正向系统化、社会化、标准化和国际化迈进。计算机和网络通信技术是支持电子订货系统的硬件基础，而统一的企业代码和商品标识是支持电子订货系统的软件基础。建立电子订货系统，必须软件与硬件并重，同时注意企业间的协作和合作，才能取得事半功倍的效果，充分发挥电子订货系 统的优越性。

练习七

1. 什么是电子商务物流？

2. 电子商务对物流系统有哪些影响？

3. 电子商务物流有哪些特点？

4. 电子订货系统的含义？

5. 电子商务配送有哪些特点？

6. 第三方物流？

7. 解释电子商务物流技术的含义。

第八章　电子商务法律规范

第一节　电子商务法律概述

电子商务作为 21 世纪全球经济的宠儿，代表着未来贸易的发展方向，它会给我们带来无限商机。与此同时，电子商务的跨越式发展也给现行的法律体系带来了新的挑战。电子商务法律的完善与否将成为制约电子商务健康、有序、深入发展的关键因素。

世界各国都迫切需要制定一致认可的法律框架，以法律的同一性和确定性促进电子商务的健康、快速发展。电子商务法律体系涉及电子交易、知识产权、消费者权益保护、安全保护、税收等诸多方面。在中国，电子商务方兴未艾，电子商务法律体系的健全和发展，还面临着许多困惑和挑战。

一、电子商务发展需要新的法律保障

电子商务的交易是一个相当复杂的过程，它包括信息交换、销售、售前和售后服务。电子支付入网用户将自己的各类供求意见按照一定的格式输入电子商务系统，该系统根据用户要求，寻求相关信息提供给用户多种买卖选择，一旦用户确认，电子商务系统就会协助完成合同的签订、分类，这给交易管理增加了难度。同时对中国现行的合同法、税法、知识产权法、银行法、票据法、海关法、广告法、消费者权益保护法、刑法及工商行政法规等，提出了许多新问题，迫切需要建立电子商务法律机制，使中国的法制建设跟上信息时代的步伐。

电子商务的飞速发展，带来了诸如网络著作权、网络隐私权、网络信息

发布和保密等许多新的法律问题，过去的法律法规无法完全适应全球化的网络环境。一方面，电子商务所具有的无界性、虚拟性等特点使传统的民事权利在网络上具有了新的特点，在电子商务活动中出现了不能得到法律有效保障的"灰色地带"，这就要求，建立新的电子商务法律机制，来保护公民在网络上的合法权益不受侵犯；另一方面，高速的技术进步，使电子商务的发展速度远远超过了国家法律适时调整的能力，给立法和司法者提出了新的挑战，加速政策法规的改革成为政府在数字化时代的艰巨任务。

电子商务涉及的法律问题非常广泛，如知识产权保护、消费者权利保护、交易安全保护、税收问题、电子交易问题等都成为制约电子商务健康发展的关键问题，可以说，电子商务法律体系建立和完善的过程，将会是法律体系全面深刻变革的过程。

电子商务已经悄然来临，并将成为未来的主流贸易形式，当我们在参与电子商务时，除了冷静地思考电子商务的保密性、安全性外，还应考虑制定哪些法律和国际条约来确定电子商务的有效、合法，确立解决争端的部门、方式和所依据的法律准则等。

二、电子商务法的特征

电子商务法是调整电子商务活动的法律规范的总称。电子商务法有形式意义上的电子商务法和实质意义的电子商务法之分。形式意义上的电子商务法是指体系化的制定在文件内的电子商务法。1996 年 12 月，联合国大会通过的《电子商务示范法》就是这种意义上的电子商务法。；实质意义上的电子商务法则是指电子商务法律规范总称意义上的电子商务法，也就是部门意义上的电子商务法。

一般来说，电子商务法应具有以下几个方面的特征：

（一）程式性

电子商务法作为交易形式法，它是实体法中的程序性规范，主要解决交易的形式问题，一般不直接涉及交易的具体内容。电子交易的形式，是指当事人所使用的具体的电子通讯手段；而交易的内容，则是交易当事人所享有的利益，表现为一定的权利义务。在电子商务中以数据电文作为交易内容（即标的）的法律问题复杂多样，需要由许多不同的专门的法律规范予以调整，而不是一部电子商务法所能胜任的。比如，数据电文在电子商务交易中，既可能表示货币，又可代表享有著作权的作品，还可能是所提供的咨询信息。

一条电子讯息是否构成要约或承诺，应以合同法的标准去判断；能否构成电子货币依照金融法衡量；是否构成对名誉的损害，要以侵权法来界定，而电子商务法对交易中的电子讯息代表的是何种标的，在所不问。所以，电子商务法是商事交易上的程序法，它所调整的是当事人之间因交易形式的使用而引起的权利义务关系，即有关数据电文是否有效，是否归属于某人，电子签名是否有效，是否与交易的性质相适应，认证机构的资格如何，它在证书的颁发与管理中应承担何种责任等问题。

（二）技术性

电子商务是现代高科技的产物，它的发展与电子技术发展所产生的行业标准、技术规范密切相关。因此，在电子商务法中，许多法律规范都是直接或间接地由技术规范演变而成的。比如，一些国家将运用公开密钥体系生成的数字签名，规定为安全的电子签名。这样就将有关公开密钥的技术规范，转化成了法律要求，对当事人之间的交易形式和权利义务的行使，都有极其重要的影响。另外，关于网络协议的技术标准，当事人若不遵守，就不可能在开放环境下进行电子商务交易。所以，技术性是电子商务法的重要特点之一。倘若从时代背景上看，这正是21世纪知识经济在法律上的反映。技术规范的强制力，导源于其客观规律性，它是当代自然法的主要渊源，理想的实证法只能对之接受，而不能违抗。

（三）国际性

Internet 最早源于20世纪60年代的美国。20世纪90年代以后，Internet已经在全球范围内迅速扩延，它的应用已经具有了很强的国际性。世界上，几乎每个国家都与 Internet 有连接，虽然各国对 Internet 的利用程度有所不同，但电子商务是全球性的活动，在全球范围内建立统一明确的电子商务法律框架，才能更好地约束电子商务，也才会更有利于电子商务的发展。但是，在全球范围内使用统一的电子商务法之前，各国制定自己的电子商务法律也很有必要，只是在制定法律的同时，既要注意符合本国国情，又要注意与国际接轨。

（四）开放性

从民商法原理上讲，电子商务法是关于以数据电讯进行意思表示的法律制度，而数据电文在形式上是多样化的，并且还在不断发展之中。因此，必须以开放的态度对待任何技术手段与信息媒介，设立开放型的规范，让所有有利于电子商务发展的设想和技巧，都能容纳进来。目前，国际组织及各国在电子商务立法中，大量使用开放型条款和功能等价性条款，其目的就是为了开拓社会各方面的资源，促进科学技术及其社会应用的广泛发展。它具体表现在电子商务法的基本定义的开放、基本制度的开放，以及电子商务法律结构的开放三个方面。

三、电子商务法的立法原则

（一）中立原则

电子商务法的基本目标，归结起来就是要在电子商务活动中，建立公平的交易原则。这是商法的交易安全原则在电子商务法上的必然反映。而要达到各方利益的平衡，实现公平的目标，就有必要做到如下几点：其一，技术中立。电子商务法对传统的口令法与非法对称性公开密钥加密法，以及生物鉴别法等，都不可厚此薄彼，产生任何歧视性要求。同时，还要给未来技术的发展留下法律空间，而不能停止于现状以至闭塞贤路。当然，该原则在具体实施时会遇到许多困难。而克服这些具体困难的步骤，也就是技术中立原则实现的过程。其二，媒介中立。从传统的通讯行业划分来看，不同的媒体可能分属于不同的产业部门，如无线通讯、有线通讯、电视、广播、增值网络等。而电子商务法则应以中立的原则来对待这些媒体，允许各种媒介根据技术和市场的发展规律相互融合、互相促进。只有这样，才能使各种资源得到充分的利用，从而避免人为的行业垄断或媒介垄断。其三，实施中立。在电子商务法与其他相关法律的实施上不可偏废，在本国电子商务活动与国际性电子商务活动的法律待遇上应一视同仁。其四，同等保护。此点是实施中立原则在电子商务交易主体上的延伸。电子商务法对商家与消费者，国内当事人与国外当事人等，都应尽量做到同等保护。因为电子商务市场本身是国际性的，在现代通讯技术条件下，割裂的、封闭的电子商务市场是无法生存的。总之，电子商务法上的中立原则，着重反映了商事交易的公平理念。其具体实施将全面展现在依托开放性、兼容性、国际性的网络与协议而进行的商事交易之中。

（二）自治原则

允许当事人以协议方式订立相互之间的交易规则是交易法的基本属性。因而，在电子商务法的立法与司法过程中都要以自治原则为指导，为当事人全面表达与实现自己的意愿预留充分的空间，并提供确实的保障。电子商务主体有权决定自己是否进行交易，和谁交易，以及如何进行交易，这完全体现了电子商务主体意义的自治，任何单位和个人利用强迫、利诱等手段，进行违背当事人真实意思的交易活动都是无效的。

（三）开放、兼容原则

所谓开放是对国际范围而言的，是指对各地区、各种网络的开放。而兼容性，则是指各种技术手段、各种传输媒介的相互对接与融合。电子商务的开放性、兼容性、互操作性，是其技术先进性的表现。它是电子商务的主要运行平台——Internet 的基本特征在法律规范上的反映。舍弃了开放、兼容的特质，网络的资源共享与高效运作等优越性也就不复存在了。如果说中立原则旨在实现商法的公平价值，那么，开放、兼容反映的则是商法的效率价值。任何封闭的疆界或垄断的措施，均不利于电子商务的全球化发展，同时，也是对合理配置技术和信息资源的妨碍，以法律规范确定该原则是电子商务健康发展的基本要求。

（四）安全原则

保障电子商务的安全进行，既是电子商务法的重要任务，又是其基本原则之一。电子商务以其高效、快捷的特性，在各种商事交易形式中脱颖而出，具有强大的生命力。而这种高效、快捷的交易工具，必须以安全为其前提，它不仅需要技术上的安全措施，同时，也离不开法律上的安全规范。譬如，电子商务法确认强化电子签名的标准和规定认证机构的资格及其职责等具体的制度，都是为了在电子商务条件下，形成一个较为安全的环境，至少其安全程度应与传统纸面形式相同。电子商务法从对数据电讯效力的承认，到消除电子商务运行方式在法律上的不确定性，以及在依照现代电子技术方案应用的成熟经验，而建立起反映其特点的操作性规范等方面，都贯穿了安全的原则和理念这一原则表面上是对开放、兼容的制约，而实质上却是与之相辅相成，互为前提的。

四、加强电子商务法律体系的建设

电子商务是无纸贸易，涉及数字签名、电子发票、电子合同的法律地位和效力等问题，涉及信息安全、隐私权保护、交易程序规范、数据标准问题以及税收等问题。因此从 20 世纪 90 年代中期以来，国际组织和各国政府均十分关注电子商务领域的法律体系问题，纷纷制定法律、法规支持和引导全球电子商务的发展。

目前我国亟须制定的有关电子商务的法律法规主要有买卖双方身份认证办法、电子合同的合法性程序、电子支付系统安全措施、信息保密规定、知识产权侵权处理规定、税收征收办法、广告的管制、网络信息内容过滤等。

（一）买卖双方身份认证办法

参与电子商务的买卖双方互不相识，需要通过一定的手段相互认证。提供交易服务的网络服务中介机构也有一个认证问题。目前亟须成立类似于国家工商局一类的机构统一管理认证事务，为参与网络交易的各方提供法律认可的认证办法。而且，目前各网络服务中介机构成立的虚拟交易市场为提高自身的可信度，大都冠以"中国×××市场"的头衔。随着电子商务市场的急剧扩大，加强这方面的法律规范也迫在眉睫。

（二）电子合同的合法性程序

电子合同是在网络条件下当事人之间为了实现一定目的，明确相互权利义务关系的协议。它是电子商务安全交易的重要保证。其内容包括确立和认可通过电子手段形成的合同的规则和范式，规定约束电子合同履行的标准，定义构成有效电子书写文件和原始文件的条件，鼓励政府各部门、厂商认可和接收正式的电子合同、公证文件等；规定为法律和商业目的而做出的电子签名的可接受程度，鼓励国内和国际规则的协调一致，支持电子签名和其他身份认证手续的可接受性；推动建立其他形式的、适当的、高效率的、有效的合同纠纷调解机制，支持在法庭上和仲裁过程中使用计算机证据。

（三）电子支付

电子支付是金融电子化的必然趋势。美国现在80%以上的美元支付是通过电子方式进行的，2000年美国通过自动化票据交换网络处理的公司电子支付交易超过9亿笔，支付总金额超过11万亿美元。中国目前尚无有关电子支付的专门立法，仅有由中国人民银行出台的有关信用卡的业务管理办法。为了适应电子支付发展的需要，需要用法律的形式详细规定电子支付命令的签发与接受、接受银行对发送方支付命令的执行、电子支付的当事人的权利和义务以及责任的承担等。

（四）安全保障

电子商务的迅速发展，对交易安全提出了更高的要求。强化交易安全的法律保护是立法工作的一项紧迫任务。

1. 在民法基本法的立法上，应反映出交易安全的理念。为此，要大胆借鉴和移植发达国家电子商务保护交易安全的成功经验和制度，并结合中国的实际情况，建设一套强化交易安全保护的法律制度。

2. 在商事单行法的立法上，可以基于商法的特别法地位及其相对独立性，满足实现较高的交易安全的要求，在某些方面适当突破民法基本法中的某些制度，以期强化这方面的交易安全保护。

3. 在计算机及其网络安全管理的立法上，应针对电子商务交易在虚拟环境中运行的特点，明确提出电子商务交易安全保护的法律措施。

4. 在法律解释上，当务之急是全面清理最高人民法院所做出的司法解释，剔除不利于交易安全的条款，并在以后的解释中注重考虑交易安全的因素。

5. 在条件成熟的时候，制定保护电子商务交易安全的专门法规。

此外，对于保密法、知识产权保护法、税法、广告法等，也应制定相应条款。

第二节　电子商务交易的法律规范

一、电子合同

和传统的商务活动一样，电子商务也需要合同来约束交易双方的权利与义务。然而，网络数据传输和处理的特点，决定了电子商务合同在订立和履行的过程中都有独特之处。用传统合同法来调节电子商务交易合同所引发的法律问题，势必会遇到许多挑战。随着电子商务的发展，世界各国都开始通过修改完善：已有法律或是制定新的法律来解决电子交易中的种种问题，保障电子合同的效力，促进电子商务交易的高效、公平和安全。

1996 年 6 月 14 日，联合国国际贸易法委员会第 29 届年会通过了《电子商务示范法》。这项示范法允许贸易双方通过电子手段传递信息、签订买卖合同和转让货物所有权，以往不具法律效力的数据电文现在与书面文件一样得到法律的承认。该法律的通过为实现国际贸易的"无纸操作"提供了法律保障。我国 1999 年 10 月开始实施的新《合同法》也引入了数据电文形式，从而在法律上确认了电子合同的合法性。了解电子合同这一新的合同形式，对于依法开展电子商务具有重要意义。

（一）电子合同与传统合同的区别

传统的合同形式主要有两种，口头形式和书面形式。口头形式是指当事人采用口头或电话等直接表达的方式达成的协议，而书面形式是指当事人采用非直接表达方式即文字方式来表达协议的内容。在电子商务中，合同的意义和作用没有发生改变，但其形式却发生了极大变化。

1. 订立合同的双方往往是互不相识、互不见面的。所有的买方和卖方都是在虚拟市场中运作，其信用依靠密码辨认或认证机构的认证。

2. 传统合同的口头形式在贸易上常常表现为店堂交易，并将商家所开具的发票作为合同的依据。而在电子商务中标的额较小、关系简单的交易没有具体的合同形式，表现为直接通过网络订购、付款，例如网上直接购买视听软件，这种形式往往既没有合同，也没有电子发票。

3. 表示合同生效的传统签字盖章方式被电子签字所代替。

4. 传统合同的生效地点一般为合同成立的地点，而采用数据电文形式订立的合同，收件人的主营业地为合同成立的地点；没有主营业地的，其经常居住地为合同成立的地点。

电子商务这种新的交易方式和电子合同这种新的契约形式，给世界各国带来一些新的法律问题。比如，由于现代计算机技术、网络通信技术的发展，商人们可在任何地方，包括在飞机等移动交通工具上发出和接收信息，电子合同难以确定合同成立的确切地点，因而难以确定适用的法律。对于各国法律界来说，就有一个怎样修改现存合同法以适应新的贸易形式的问题。

（二）电子合同的形式

在电子技术引进之前，法律很少碰到文本在什么中介载体上呈现的问题。在电报、电传和传真产生之后，也没有出现不可克服的困难，尽管电报、电传和传真都包含电子脉冲的应用，但接收方从接收机中得到的一张通信记录纸就足以形成书面的证据了。电子商务所利用的电子邮件和电子数据交换与电报、电传、传真非常相似，都是通过一系列电子脉冲来传递信息的，但电子商务通常不是以原始纸张作为记录的凭证，而是将信息或数据记录在计算机中或记录在磁盘、软盘等中介载体中，这种方法具有以下特点。

1. 电子数据的易消失性

电子数据以计算机储存为条件，是无形物，一旦操作不当可能抹掉所有数据。

2. 电子数据作为证据的局限性

传统的书面合同只是受到当事人保护程度和自然侵蚀的限制，而电子数据不仅可能受到物理灾难的威胁，还有可能受到计算机病毒等计算机特有的无形灾难的攻击。

3. 电子数据的易改动性

传统的书面合同是纸质的，如有改动，容易留下痕迹。而电子数据是以键盘输入的，用磁性介质保存的，改动、伪造后可以不留痕迹。

根据联合国《电子商务示范法》第 6 条，"如法律要求信息须采用书面形式，则假若一项数据电文所含信息可以调取以备日后查用，即满足了该项要求"。这一概念提供了一种客观标准，即一项数据电文内所含的信息必须是可以随时查找到以备日后查阅。使用"可以调取"字样是指计算机数据形式的信息应当是可读和可解释的，使这种信息成为可读，其必需的软件应当保留；"以备"一词并非仅指人的使用，还包括计算机的处理；"日后查用"指的是耐久性。

我国新《合同法》也将传统的书面合同形式扩大到数据电文形式。第十一条规定："书面形式是指合同书、信件以及数据电文（包括电报、电传、传真、电子数据交换和电子邮件）等可以有形地表现所载内容的形式。"也就是说，不管合同采用什么载体。只要可以有形地表现所载内容，即视为符合法律对"书面"的要求。这些规定符合联合国国际贸易法委员会建议

采用的"功能等同法"的要求。

（三）收到和发出数据电文的时间和地点

收到和发出数据电文的时间和地点关系到双方合同关系成立的时间和法律管辖问题，需要有明确的界定。

1. 收到和发出数据电文的地点

关于发出和收到数据电文的地点，"示范法"规定，数据电文的发件地和收件地应分别为发端人和收件人的营业地。若任何一方拥有一个以上营业地，则与交易最密切地或主营业地为收、发件地。

关于数据电文的归属及无授权第三人发送电文的问题，《电子商务示范法》确立了一个前提性假设，在某些情况下，一项数据电文能被认为是发端人发出的，即：如果某数据电文是由发端人亲自发送的，或是由有权代表发端人行事的人发送的，则收件人有权将该数据电文视为发端人的数据电文，只要收件人为确定该数据电文是否为发端人的数据电文，正确地使用了一种事先经发端人同意的核对程序，或使用了一种在当时情况下合理的程序；当某人由于其与发端人或发端人的代理人间的关系，使其得以动用发端人用来确认数据电文确系出自发端人的某一确认方法发出电文时，收件人有权将该数据电文视为发端人的数据电文，并按之行事，即使该人实际上并无发端人

的授权。然而，以上认为数据电文发自发端人的假设在①收件人收到发端人发出的、确认数据电文并非发端人所发时，或②收件人根据以往发端人同意的程序或在当时情况下合理的程序得知或应该得知该数据电文并非发端人所发时，以上假设不再适用。

从以上规定可以看到，收件人要想说服法院其依照数据电文行事是合理的，首先必须证明在当时情况下其所采用的核对程序是合理的。这样，"示范法"给予收件人较重的举证责任，以此来平衡发端人可能承担的、其名义被人冒用的风险。

2. 收到和发出数据电文的时间

关于发出和收到数据电文的时间，"示范法"规定，除非发端人与收件人另有约定，一项数据电文的发出时间以其进入发端人或代表发端人发送数据电文的人控制范围之外的某一信息系统的时间为准。该信息系统可以是收件人的，也可以是某个中间人的信息系统。如果收件人为收件目的已经指定了一个信息系统，则数据电文进入该指定信息系统的时间为收件时间。如果数据电文进入非指定的、但属于收件人的另外的信息系统，则收件人收到该 数据电文的时间为收件时间。

（四）数据电文的法律有效性

根据《电子商务示范法》第2条：数据电文"系指经由电子手段、光学手段或类似手段生成、储存或传递的信息，这些手段包括但不限于电子数据交换、电子邮件、电报、电传或传真"；根据《电子商务示范法》，利用数据电文进行的各种信息传输是有效的，"不得仅仅以某项信息采用数据电文形式为理由而否定其法律效力、有效性或可执行性。"我国新《合同法》也已将数据电文列为"可以有形地表现所载内容的形式"。

《电子商务示范法》第9条规定，"在任何法律诉讼中，证据规则的适用在任何方面均不得以下述任何理由否定一项数据电文作为证据的可接受性：①仅仅以它是一项数据电文为由；②如果它是举证人按合理预期所能得到的最佳证据，以它并不是原样为由。对于以数据电文为形式的信息，应给予应有的证据力。在评估一项数据电文的证据力时，应考虑到生成、储存或传递该数据电文的办法的可靠性，保持信息完整性的办法的可靠性，用以鉴别发端人的办法，以及任何其他相关因素。"这一规定的目的是确立数据电文在法律诉讼中作为证据的可接受性，同时确立其证据价值。

《电子商务示范法》第11条进一步规定，"就合同的订立而言。除非当事各方另有协议，一项要约以及对要约的承诺均可通过数据电文的手段表示。

如使用了一项数据电文来订立合同，则不得仅仅以使用了数据电文为理由而否定该合同的有效性或可执行性"。第12条同时规定："就一项数据电文的发端人和收件人之间而言，不得仅仅以意旨的表示或其他陈述采用数据电文形式为理由而否定其法律效力、有效性或可执行性。"

电子数据作为合法证据在我国没有太大问题。根据《中华人民共和国民事诉讼法》第63条规定，有7种法定证据可以采纳，虽然没有明确提到电子数据能够作为证据，但如果对其中之一"视听资料"进行扩大解释，一般可以将电子数据资料划入此类，因为电子数据可显示为可读的形式，也就是"可视的"。此外，我国的证据法规明确规定，在提交原件确实有困难时，可以提交复制品或副本。可见我国法律在采纳电子数据证据方面没有根本性障碍，但仍要在司法实践中观察，不断改进和完善相关法律规定。

二、电子签名的法律规范

（一）电子签名的定义

电子签名是指通过一种特定的技术方案来鉴别当事人（主要指发件人和收件人）的身份及确保交易资料内容不被篡改的电子化安全保障措施。电子签名不仅包括数字签名，如通常讲的"非对称密钥加密"，也包括其他电子符号、标记、图形、计算机口令、生物笔迹和个人特征辨别法（如新近出现的眼虹膜透视辨别法）。数字签名是电子签名中最常见的形式之一，即以加密字符串作为签字手段。

在电子商务中，双方或多方可能远隔万里而互不相识，在整个交易过程中自始至终不见面，传统的签字方式很难应用于这种交易。因此，人们试探采用一种电子签字机制来相互证明自己的身份，这种电子签字是由符号及代码组成的，它具备了传统签字的身份识别特点和作用。对每一方来讲，具体采取什么电子符号或代码，将根据现有的技术、相关经验、可应用标准的要求及使用的安全程序来做出决定。任何一方的电子签字可以不时地改变，以保护其机密性。

公钥私钥加密法是数字签字常用的一项技术，这项技术使人们能以数字形式来标记文件和合同，而且接受者可以证实发送者的身份。组成数字签字的是发送者私钥加密信息的一个唯一信息数字指印，接收者的计算机运用同样方法对收到的信息解密，用发送者的公钥解开签字，并对指印进行核查。如果指印完全一致，接收者可以确认发送者的身份和信息的完整性，证实在传送过程中没有受到侵入和修改。初看起来会认为数字签字很容易伪造，而事实上，由于它所涉及的算法和数字签字对每一交易和信息都是唯一的，数字签字比手书签字更加安全可靠。

为了确保须经过核证的电文不会仅仅由于未按照纸张文件特有的方式加以核证而否认其法律效力，《电子商务示范法》第7条规定：如法律要求有一个人签字，则对于一项数据电文而言，下述情况即满足了该项要求。

1. 使用了一种方法鉴定了该人的身份，并且表明该人认可了数据电文内含的信息。

2. 从所有各种情况看来，包括根据任何相关协议，所用方法是可靠的，对生成或传递数据电文的目的来说也是适当的。

《电子商务示范法》第7条侧重于签字的两种基本功能：一是确定一份文件的作者，二是证实该作者同意该文件的内容。

联合国国际贸易法委员会电子商务工作组第35届会议通过的《电子商务统一规则草案》第2条规定："'电子签字'系指在数据电文中，以电子形式所含、所附或在逻辑上与数据电文有联系的数据和与数据电文有关的任何方法，和数据电文有关的签字持有人和表明此人认可数据电文所含信息。"

我国第十届全国人民代表大会常务委员会第十一次会议于2004年8月28日审议通过了《中华人民共和国电子签名法》（以下简称《电子签名法》），该法自2005年4月1日施行。这是我国第一部有关电子商务的全国性正式立法。根据《电子签名法》，当事人约定使用电子签名的文书，不得仅因为其采用电子签名的形式而否定其法律效力。可靠的电子签名与手写签名或者盖章具有同等的法律效力。

（二）电子签字的有效性

电子签字推行中存在的问题是，由于网络通信可能在中途被他人截获并篡改，接受方可能怀疑收到的附有电子签字的合同文本的真实性；数字形成的签字可能被模仿或破译；而利用所接收到的贸易合同约束对方也是一件十分困难的事。解决上述问题的技术方案已提出多种：比较可行的是通过电子商务认证中心建立起类似印鉴管理和登记制度，担当起对电子文书的真实性证明和鉴定的责任。在法律上，应当承认有相应技术保证的电子签字的合法性，并严厉禁止任何一方泄露他方的签字，以保护电子签字只代表签字者的意图。这样，电子商务中的签字就与传统签字的意义和作用相一致了。

对电子签名效力的认可与对电子合同有效性的认定是紧密相关的，多数国家通过专门立法（如颁布《电子签名法》）或扩大对签字的原有法律解释来保证电子签名的效力，双方也可以采用用户协议来明确电子签名的约束力。

（三）我国《合同法》关于电子签字的规定

我国新《合同法》第32条规定，"自双方当事人签字或者盖章时合同成立"。对于电子签字问题，新《合同法》采取了较为灵活的态度，第33条规定，"当事人采用信件、数据电文等形式订立合同的，可以在合同成立之前要求签订确认书，签订确认书时合同成立。"这就是说在实行合同签署时运用电子签字，可以不签订确认书，直接使用电子签字；也可以根据实际情况，首先签订使用这种方法的确认书。后一种做法可以提高合同的可靠性，防止电子签字的伪造。

三、电子认证的法律规范

（一）电子认证机构的设立

根据《电子签名法》，提供电子认证服务，应当具备下列条件：

1. 具有与提供电子认证服务相适应的专业技术人员和管理人员。

2. 具有与提供电子认证服务相适应的资金和经营场所。

3. 具有符合国家安全标准的技术和设备。

4. 具有国家密码管理机构同意使用密码的证明文件。

5. 法律、行政法规规定的其他条件。

设立电子认证机构，应当向国务院信息产业主管部门提出申请，并提交符合上述规定条件的相关材料。国务院信息产业主管部门接到申请后经依法审查，征求国务院商务主管部门等有关部门的意见后，自接到申请之日起45日内作出许可或者不予许可的决定。予以许可的，颁发电子认证许可证书；不予许可的，应当书面通知申请人并告知理由。申请人应当持电子认

证许可证书依法向工商行政管理部门办理企业登记手续。

（二）电子认证机构的权利和义务

认证机构的权利和义务除了由当事人在协议中约定，还被规定在与电子认证有关的法律中。认证机构的权利主要表现在对用户证书的管理上，包括发放证书、中止证书、撤销证书和保存证书。同时，认证机构有权利要求电子签名人向其提供真实、完整和准确的信息。

认证机构的主要义务如下：

1. 取得认证资格的电子认证服务提供者，应当按照国务院信息产业主管部门的规定在互联网上公布其名称、许可证号等信息。

2. 电子认证机构应当制定并公布符合规定的电子认证业务规则，并向主管部门备案。业务规则应当包括认证机构的责任范围、作业操作规范、信息安全保障措施等事项。

3. 电子认证机构收到电子签名认证申请后，应当对申请人的身份进行查验，并对有关材料进行审查。

4. 电子认证机构签发的电子签名认证证书应准确无误，并应当载明电子认证机构名称、证书持有人名称、证书序列号、证书有效期、证书持有人的电子签名验证数据、电子认证机构的电子签名以及主管部门规定的其他内容。

5. 电子认证机构应保证认证证书内容在有效期内完整、准确，并保证电子签名依赖方能够证实或者了解电子签名认证证书所载内容及其他有关事项。

6. 电子认证机构应当妥善保存与认证相关的信息，信息保存期限至少为电子签名认证证书失效后 5 年。

（三）认证机构的法律责任

依据合同约定或法律规定，认证机构承担与其义务相适应的法律责任。对于认证机构与证书持有人而言，认证机构承担的是基于认证服务合同的合同责任。而对于认证机构与证书信赖人而言，认证机构的责任基础则是保证其所颁证书及其所载信息真实可靠的法定义务。

《电子签名法》规定了电子认证机构的下列法律责任：

1. 电子签名人或者电子签名依赖方因依据电子认证机构提供的电子签名认证服务从事民事活动遭受损失，电子认证机构不能证明自己无过错的，承担赔偿责任。

2. 未经许可提供电子认证服务的，由国务院信息产业主管部门责令停止违法行为；有违法所得的，没收违法所得；违法所得 30 万元以上的，处违法所得 1 倍以上 3 倍以下的罚款；没有违法所得或者违法所得不足 30 万元的，处 10 万元以上 30 万元以上的罚款。

3. 电子认证机构暂停或者终止电子认证服务，未在暂停或者终止服务 60 日前向国务院信息产业主管部门报告的，由国务院信息产业主管部门对其直接负责的主管人员处 1 万元以上 5 万元以下的罚款。

4. 电子认证机构不遵守认证业务规则，未妥善保存与认证相关的信息，或者有其他违法行为的，由国务院信息产业主管部门责令限期改正；逾期未改正的，吊销电子认证许可证书，其直接负责的主管人员和其他直接责任人员 10 年内不得从事电子认证服务。吊销电子认证许可证书的，应当予以公告并通知工商行政管理部门。

因认证机构的过错导致当事人损失的，认证机构应承担赔偿责任。赔偿的范围和具体内容应通过合同来确立，也可参照相关的民商事立法及司法解释中的规定来确定。

四、网络交易客户与虚拟银行间的法律关系

在电子商务中，网络交易客户与虚拟银行的关系变得十分密切，除少数邮局汇款外，大多数交易要通过虚拟银行的电子资金划拨系统来完成。电子资金划拨的依据是虚拟银行与网络交易客户所订立的协议，这种协议属于标准合同，通常是由虚拟银行起草并作为开立账户的条件递交给网络交易客户的，网络交易客户与虚拟银行之间的关系仍然是以合同为基础的。

在电子商务中，虚拟银行同时扮演发送银行和接收银行的角色，其基本义务是依照客户的指示，准确、及时地完成电子资金划拨。作为发送银行，在整个资金划拨的传送链中，承担着如约执行资金划拨指示的责任，一旦资金划拨失误或失败，发送银行应向客户进行赔付，除非在免责范围内。如果能够查出是哪个环节的过失，则由过失单位向发送银行进行赔付，如不能查出差错的来源，则整个划拨系统分担损失。作为接收银行，其法律地位似乎较为模糊，一方面，接收银行与其客户的合同要求它妥当地接收所划拨来的资金，也就是说，他一接收发送银行传送来的资金划拨指示便应立即履行其义务，如有延误或失误，则应依接收银行自身与客户的合同处理；另一方面，资金划拨中发送银行与接收银行一般都是某一电子资金划拨系统的成员，相互负有合同义务，如果接收银行未能妥当执行资金划拨指示，则应同时对发送银行和受让人负责。

在实践中，电子资金划拨中常常出现因过失或欺诈而致使资金划拨失误或延误的现象。如系过失，自然适用于过错归责原则；如系欺诈所致，且虚拟银行安全程序在电子商务上是合理可靠的，则名义发送人须对支付命令承担责任。

银行承担赔偿责任的形式通常有以下三种。

（1）返回资金，支付利息。如果资金划拨未能及时完成，或者到位资金未能及时通知网络交易客户，虚拟银行有义务返还客户资金，并支付从原定支付日到返还日的利息。

（2）补足差额，偿还余额。如果接收银行到位的资金金额小于支付指示所载数额，则接收银行有义务补足差额；如果接收银行到位的资金金额大于支付指示所载数额，则接收银行有权依照法律提供的其他方式从受益人处得到偿还。

（3）偿还汇率波动导致的损失，对于国际贸易中由于虚拟银行的失误造成的汇率损失，网络交易客户有权就此向虚拟银行提出索赔，而且可以在本应进行汇兑之日和实际汇兑日之间选择对自己有利的汇率。

第三节　电子商务知识产权与隐私权保护

一、电子商务的版权问题

所谓版权，在我国又称为著作权，是基于特定作品精神权利以及全面支持该作品并享其利益的经济权利的合称。在电子商务领域中，由于新的复制和传播手段和技术的发展与应用，版权保护的主体、客体以及主要权利的保障都有了不同程度的变化。电子商务版权保护也成为新的法律热点。

（一）电子商务信息服务引来的版权冲突

在电子商务中，信息服务是非常重要的环节，在电子商务发展的初期，各网站为了吸引访问者，都利用网络的开放性提供诸如音乐、电影、图书、电视转播等免费的信息服务，这一度使网络具有了超出其他媒体的独特吸引力。然而，"节外生枝"的是，众多电影公司、唱片公司、甚至作家协会认为这种做法侵犯了他们的版权，因而纷纷诉诸法院，要求赔偿。面对网络这一新的媒体，传统的版权框架已经显得力不从心，由此引发了一系列难以解决的法律纠纷。

1. 网络音乐与版权。互联网上音乐资料丰富，许多乐曲可以很方便地下载到计算机硬盘上。另外，最新流行的 MF3 播放器，专门用于播放从网络上下载的音乐。这与从市场上购买磁带相比，不失为一种快速、廉价的方法。同时，各网站通过为访问者提供可以免费倾听、免费下载的音乐，以提高自己的"点击率"，广告收入与日俱增。这引发了传统音乐公司对其侵犯版权的起诉。

2. 网络电影与版权。随着计算机技术的发展，各种视频压缩技术也日渐成熟。特别是随着宽带技术的发展，在线观看电影成为一种新的时尚。然而，由于数字化信息极易复制，网络的虚拟性特点，使众多电影作品在网络上的版权很难保障，由此也产生了许多法律纠纷。

3. 网上书店与版权。一方面，许多网站给访问者提供各种文字作品，这些有的是一些爱好者专门为网上传播创作的数字化作品，有些则是作家在传统出版物上发表的作品，这些作品的复制传播很容易引发版权纠纷。另一方面，各种"电子书"、"速成书"的出现，也为以传统出版模式为基础的版权制度带来了新的挑战。

（二）数字化作品和网络作品也应受到著作权的保护与制约

根据我国法律的规定，作品是指文学、艺术和科学领域内，具有独创性并能以某种有形形式复制的智力创作成果。那么，通过网络媒体传播的数字化作品是不是原作品，作品的数字化过程是不是属于享有著作权的创作？事实上，数字化作品与传统作品的区别仅在于作品存在形式和载体的不同，作品的表现形式不会因为数字化而有丝毫改变，也不会因为数字化而丧失"独创性"和"可复制性"，因此，以数字化形式存于磁盘等介质上的网络信息，具备作品实质要件的，应当构成作品，受著作权法保护；同时，该数字化作品与著作权有关的链接权，也是中国著作权法保护的客体。对于《中华人民共和国著作权法》（以下简称《著作权法》）第3条列举的具体形式的作品，应当理解为已经涵盖了其数字化形式的作品：既包括已有的被数字化后的作品，也包括直接以数字化形式创作的作品。

同时，《著作权法》第10条规定了包括发表权、署名权、修改权、保护作品完整权、使用权和获得报酬权等的著作权各项权利内容。既然作品数字化后不产生新作品，所以著作权法关于一般作品著作权归属和各项权能的规定也同样适用于数字化作品。原作品被直接数字化，改变的只是作品的存在形式，数字化过程本身并不具有独创性，不产生新的作品，因此，数字化后作品的著作权仍由原作品的著作权人享有。对于直接以数字式创作的作品的著作权归属，也同传统作品一样，适用著作权法的有关规定。事实表明，网络作品的版权应该受到法律保护，同时利用网络侵犯他人版权的行为也要受到法律制裁。

在我国，司法机关已经先后受理了多起关于电子商务的版权纠纷案件，充分体现了法律对原创作品的保护。如王蒙等六位作家起诉世纪互联通讯技术有限公司未经作者许可擅自上载《坚硬的稀粥》、《漫长的路》、《黑骏马》、《北方的河》、《一地鸡毛》、《预约死亡》、《白罂粟》等作品，侵犯了原告对其作品享有的使用权和获得报酬权。法院依法判决被告赔偿原告经济损失，并停止侵权活动。上海榕树下计算机有限公司起诉中国社会出版社在其出版物中擅自引用四位作者在榕树下网站发表的原创作品，法院也依法给原告提供了保护。

二、电子商务的数据库与版权

数据库是电子商务的重要基础。电子商务从原料查询、采购、产品显示、订购到电子支付的所有网上贸易活动都离不开数据库的支持，由此引出的知识产权保护问题也日益尖锐。

目前，人们大量接触的数据库有两类：一类是数字化的电子数据库，它主要是在计算机和 Internet 中储存的数据库，例如，法律法规汇编、产品数据库、考试成绩数据库；另一类是非电子类数据库，它包括常见的手册以及以及时信息汇编等形式出版的出版物，例如，电话号码簿、股市信息汇编、列车时刻表、商品报价单、电视节目表等。

电子商务中的数据库主要指电子数据库，关于电子数据库版权的争议焦点是将数据库归入传统版权保护还是另辟蹊径，把数据库作为一种新的、独立的立法客体加以保护。争议的本质是对数据库的市场给予保护，使得数据库的投资商获利，还是仅给予数据库的开发者以知识产权保护。这个争议使得数据库的法律保护问题变得复杂化，各国也采取了不同的法律规定。

欧盟于 1998 年 1 月 1 日在各成员国当中开始实行《数据库法律保护指令》。这个法令是对数据实行版权保护和特别权利保护的双轨制。对数据库版权的规定包括对于权利主体、保护客体、不受保护客体、权利内容的规定。数据库特别权利是指数据库开发者有禁止他人调取或再利用数据库内容的全部或实质部分的权利。美国是世界上最大的数据库生产国和出口国，它在数据库立法方面经历了几个不同的阶段，对数据库保护从一开始用传统版权保护逐步发展成为用新的法律来保护。在美国众议院最新通过的 HR354 法案中，对数据库允许合理使用的范围进行了较为宽松的定义，并针对数据库和其他著作的不同之处，对它的版权保护进行了相应的调整。

我国目前还没有专门的法律法规来对数据库进行保护，各级司法机关应用现行的知识产权法律体系对电子数据库进行保护。首先，应用著作权法对数据库进行保护。虽然目前我国现行著作权法未明确提及数据库的版权保护，但可以应用关于编辑作品的有关规定，对数据库版权进行保护。不过，著作权法对独创性的要求只能对数据库提供有限的保护。其次，应用反不正当竞争法对数据库进行保护。反不正当竞争法通过制止竞争者采取违反诚实信用的手段利用或"盗用"数据库进行不正当竞争的行为，维护了数据库制作者的合法权利。再次，应用商标法进行保护。通过注册商标，使用户及 时分清不同的数据库制造商，以此判断数据的可信度和实效性。最后，应用合同法进行保护，合同保护是数据库制造商的一种自我保护手段，制造商可以将一些合同式的文书或者身份鉴别程序与软件产品结合在一起发布在网上，借此保护自己的权利。

三、域名注册与域名保护

（一）域名的注册管理

域名具有商业价值，有的域名甚至可以获得上千万美元的转让费，设计精巧的域名可以迅速提升企业的知名度和影响，是企业的重要无形资产。域名的命名规则是按照多级域名控制和构成的，分别由不同国家和地区的网络信息中心控制域名的注册登记。

1996 年 11 月由因特网协会、因特网结构委员会、国际电信联盟、国际商标协会、世界知识产权组织等发起成立了研究域名注册和管理办法的国际特别委员会（IAHC），该委员会于 1997 年 2 月发布了《通用顶级域名管理操作最终方案》。为缓解网络用户不断增加所带来的压力以及域名抢注问题，引进域名注册竞争机制，淡化原有的垄断特征，"方案"决定增设 28 个域名注册登记处，均匀地分布在世界各地；"方案"还针对电子商务的飞速发展可能带来的不可预测的影响，制定了几项对策以减少域名争议。

（二）域名的法律保护

在将域名作为一种新的知识产权客体或是作为商标加以保护时，知识产权与域名的冲突有时在所难免。美国政府提出一种"域名服从于商标"的基本法律定位，并将域名与商标的争议分为域名纠纷与网络盗用。

合法的域名，一经注册，就受到法律的保护。通常用于注册的域名为注册用户的商号名称或其缩写，或者是注册用户自己拥有的商标名称或其缩写。非正常注册他人商号、商标或其缩写（分纯属巧合和恶意抢注），商号或商标的合法持有人可提出异议，制止其注册。

由于域名是一种重要的无形资产，是企业开展电子商务活动必须掌握的资源，而网上注册域名的成本很低、手续简便，因此，有些机构和个人利用许多企业对域名保护的迟钝，恶意抢注大量知名企业的名称和商标作域名，以牟取暴利。例如瑞士一家公司就抢注了包括英国广播公司（BBC）、法国《世界报》、瑞士军刀等在内的数十个域名；我国的"红塔山"、"全聚德"等驰名商标也被海外机构恶意抢注。

有关域名抢注行为的法律对策，各国采取的法律行为主要依据商标法或者关于商业标志保护方面的法律以及反不正当竞争法等。在英国的一起抢注域名案件中，高等法院认定被告行为明显违反英国商标法关于"诈称"的规定，应该将域名返还给原告。我国的《中国互联网络域名注册暂行管理办法》规定，不得使用他人已经在中国注册过的企业名称或商标名称。1998 年 3 月，被广东某制衣厂抢注其英文商标"KELON"作为域名的科龙集团向法院提出诉讼，指控该抢注行为属于恶意侵权行为，法院裁定这一注册域名行为属于非法，判决注销域名，交回注册证书。

今后应当在有关贸易标志方面的各种法律规章如《商标法》、《企业名称登记管理规定》、《反不正当竞争法》等的相应内容上做出扩大解释和补充规定，从而为域名的保护提供充分的法律依据。

（三）我国的域名注册和保护

国务院信息化办公室及信息产业部是我国互联网络域名系统的管理机构，负责制定中国互联网络域名的设置、分配和管理的政策及办法；选择、授权或者撤销顶级和二级域名的管理单位；监督、检查各级域名注册服务情况。中国互联网络信息中心（CNNIC）工作委员会协助国务院信息办管理互联网络域名系统。1997 年 4 月，国务院发布《中国互联网络域名注册暂行管理办法》，CNNIC 据此制定出《中国互联网络域名注册实施细则》。

中国的顶级域名即一级域名是 CN，顶级域名下采用层次机构设置各级域名。中国的顶级域名 CN 由 CNNIC 负责管理和运行，采用逐级授权的方式确定三级以下（含三级）的管理单位。各级域名管理单位负责其下级域名注册。中国互联网络的二级域名采用各国通常的做法，设置"类别域名"和"行政区域名"两类："类别域名"包括商业（COM. CN）、教育（EDU. CN）、科研机构（AC. CN）、政府机构（GOV. CN）等国际通行的类别；"行政区域名"则由各省市区的缩写构成，如北京（BJ. CN）、上海（SH. CN）、江苏（JS. CN）等。

2000 年 1 月 18 日，CNNIC 开通中文域名试验系统，为避免恶意抢注，CNNIC 在正式开放注册之前，在"公司"和"网络"两个二级域名下对我国驰名商标、著名企业名称、行业名称、地理名称等几万个名词进行了保护性预留。为了适应中文域名注册快速发展的需要，2000年11月，信息产业部发布《关于互联网中文域名管理的通告》，规定中文域名注册体系分为三层，即注册管理机构、注册服务机构和注册代理机构。经信息产业部批准，CNNIC为我国中文域名注册管理机构。在中国境内从事中文域名注册服务和注册代理活动，须经信息产业部或其授权管理审批单位批准，否则视为违法行为。首批获得CNNIC认证和授权的中文域名注册服务机构有吉通、国政网、东方网景、东方通信、创联万网、信海科技、厦门精通、信诺立、中文域名（香港）有限公司等9家。到2001年，CNNIC中文通用域名系统注册的域名已超过100万个。

2001年2月14日，国家质量技术监督局开通《中文域名规范》标准试验系统，按照中文的地址书写习惯排列一级、二级、三级域名，如：中国．教育．北京大学。三级域名以下的子域名由其自己定义。

四、电子商务中隐私权保护问题

（一）隐私权保护

所谓隐私权是指公民享有的私人生活安宁与私人信息依法受到保护，不被他人非法侵犯、知悉、搜集、利用和公开的一种人格权。隐私权保护涉及三个问题：（1）个人数据过度收集；（2）个人数据二次开发利用；（3）个人数据交易。

（二）网上隐私权保护

网络与电子商务中的隐私权，从权利形态来分有隐私不被窥视的权利、不被侵入的权利、不被干扰的权利、不被非法收集利用的权利；从权利的内容分可以有个人特质的隐私权（姓名、身份、肖像，声音等）、个人资料的隐私权、个人行为的隐私权、通信内容的隐私权和匿名的隐私权等。其中，隐私不被窥视、侵入的权利主要体现在用户的个人信箱、网上账户、信用记录的保密性上；隐私不被干扰的权利主要体现在用户使用信箱、交流信息及从事交易活动的安全保密性上；不被非法收集利用的权利主要体现在用户的个人特质、个人资料等不得在未经许可的状态下被利用上。这些权利之中，受到威胁最大的恐怕要算个人资料、特质等不被非法利用的权利了。因为网络是一个虚拟的世界，人们在网上漫游访问感兴趣的网站，收集有价值的信息，在BBS上发表自己的看法，在网上玩游戏、购物，在网上交友、通信、谈情说爱，在网上加入各种团体，如果把人们从事这些活动的所有信息集中起来加以分析并公之于众，可能会比其本人对自己了解得更多。而在网上要达到这样的目的，显然比在现实生活中更容易。

多数网民不知道别人能监视他们的网上漫游习惯，这种监视是运用一种称为"Cookies"的技术来实现，它类似一种电子印记，用来记录网民在网上的活动情况，比如你查看了什么广告，你点击了什么按钮来查看信息等。这些数据均存储在你的浏览器中的 Cookie 文件内，下次你访问同一个 Web 网点时，服务器就会选出你的印记，搜集更多的可供广告公司使用的信息。网站经营者认为这并不侵犯隐私权，因为网上漫游者只要点击浏览器上的一个选项，便可停止 Cookie 功能，但主张保护隐私权的人反对使用 Cookie。

在电子商务环境下，客户与商家之间有必要建立一种相互信任的关系，商家有责任为客户提供的个人资料保密，未经客户的同意不得把这些资料泄露给第三方，以免顾客成为"广告轰炸"和"垃圾邮件"的牺牲品，双方在网上交易之前要就顾客隐私权保护和厂家知识产权保护达成一定共识。

（三）隐私权保护的立法原则

世界各地对隐私权的保护呈现出专门化和国际统一化的趋势，如英国颁布了《数据保护法》，规定联机服务提供商必须为诽谤性内容承担法律责任；加拿大政府制定《个人隐私法》，并于 1997 年开始在电子商贸管理中健全 PKI（公共钥匙基础设施）保密系统，加强对网上消费者个人信息合理使用的监督和管理；负责 Web 技术标准的 WWW 联盟也提出了一个隐私优先平台规范，对 Web 网点处理个人信息进行规范，用户有权决定向 Web 网点提交多少个人信息。

我国应参照国际组织以及一些国家的立法，确立一些个人资料保护的立法原则，比如（1）限制性原则：经本人同意以合法、公正的手段于适当场所收集；（2）内容正确性原则：收集的个人资料不能随意改动，要保持资料的正确、完整；（3）目的明确公开原则：进行个人资料收集的目的必须公开，符合特定使用目的，除本人明确同意外，不得作目的范围以外的利用；（4）安全保护的原则：对资料应采取合理的安全保护措施；（5）个人参与的原则：个人有权利向资料管理者查实是否保存有自己的资料，并知悉个人资料的内容，还可以请求删除改正。

五、网上消费者权益保护

（一）消费者信息知情权

我国《消费者权益保护法》第八条规定："消费者享有知悉其购买、使用的商品或者接受的服务的真实情况的权利。消费者有权根据商品或服务的不同情况，要求经营者提供商品的价格、产地、生产者、用途、性能、规格等级、主要成分、生产日期、有效期限、检验合格证明、使用方法说明书、售后服务，或者服务的内容、规格、费用等有关情况。"消费者知情权的实施是与传统购物方式中的看货、演示、试用、交易、送货等一系列环节配套的，而这些环节在电子商务中往往变成了虚拟方式，消费者与供应者不见面，通过网上广告了解商品信息，通过网络远距离订货及电子银行结算，由配送机构送货上门。在这样的情况下，必须保证消费者获得充分、真实的商品信息。

（二）消费者安全使用产品的权利

消费者网上购买商品或服务，与通过常规方式购买商品或服务一样，享有商品安全使用权，如果商家出售的商品给消费者造成人身或财产损害，商家要承担法律规定的责任。

（三）消费者退换货的权利

我国《消费者权益保护法》第23条规定："经营者提供商品或服务，按照国家规定或者与消费者的约定，承担包修、包换、包退或者其他责任的，应当按照国家规定或者约定履行，不得故意拖延或者无理拒绝。"在电子商务环境下，消费者退换货的权利也遇到一些新问题，其中，数字化商品的退换货问题就非常典型。数字化的音乐及影视产品、软件、电子书籍等，一般都通过网上传递的方式交易，并且消费者在购买这些数字化商品前，大多有浏览其内容的机会，若根据传统的消费者保护原则，消费者在通过线上传递的方式购买了数字化商品之后，又提出退货的要求，则很可能产生对商家不公平的情形，因为商家无法判断消费者在退还商品前，是否保留了复制件。所以，传统的消费者权益保护法中关于退换货的规定，在数字化商品的电子商务中，需要重新考虑。

（四）网上购物契约的效力问题

网上购物重要的一环就是要通过网络与商家签订相关的契约，这些契约内容一般是商家事先准备好的固定条款，称之为定型化契约。这些定型化契约，由于其条款完全由商家方面制定，难免会偏袒商家的利益，存在一些有违公平合理、等价有偿原则的条款，比如商品有瑕疵时，消费者只能请求免费修理，而不能退货或要求赔偿的条款。这会使消费者认为这些契约有违民法的基本原则而请求认定无效。要解决这类问题，需要对网上购物中定型化契约的效力及民法、合同法一些基本原则在网上购物如何具体认定等做出法律上的判断。

（五）电子商务中系统风险的责任承担问题

无论是网上支付、网上购物、网上炒股还是网上信息服务等，安全性、准确性和及时性是极为重要的。如果交易系统在安全性与准确性方面发生问题，不管原因是来自黑客袭击还是系统失误，责任应由商家承担呢？还是顾客自担风险？这一问题需要在考虑因特网和电子商务特点的基础上给予适当的解决。

第四节　电子商务安全的法律规范

一、互联网络行业的准入管理

（一）加强国际互联网出入信道的管理

《中华人民共和国计算机网络国际联网管理暂行规定》规定，我国境内的计算机因特网必须使用国家公用电信网提供的国际出入信道进行国际联网。任何单位和个人不得自行建立或者使用其他信道进行国际联网。除国际出入口局作为国家总关口外，信息产业部还将中国公用计算机因特网划分为全国骨干网和各省、市、自治区接入网进行分层管理，以便对入网信息进行有效的过滤、隔离和监测。

（二）市场准入制度

《中华人民共和国计算机网络国际联网管理暂行规定》规定了从事国际因特网经营活动和从事非经营活动的接入单位必须具备的条件：

1. 依法设立的企业法人或者事业单位；

2. 具备相应的计算机信息网络、装备以及相应的技术人员和管理人员；

3. 具备健全的安全保密管理制度和技术保护措施；

4. 符合法律和国务院规定的其他条件。

《中华人民共和国计算机信息系统安全保护条例》规定，进行国际联网的计算机信息系统，由计算机信息系统的使用单位报省级以上的人民政府公安机关备案。

二、互联网的内容管理

《计算机信息网络国际联网安全保护管理办法》规定，任何单位和个人不得利用国际互联网制作、复制、查阅和传播下列信息：

1. 煽动抗拒、破坏宪法和法律、行政法规实施的。
2. 煽动颠覆国家政权、推翻社会主义制度的。
3. 煽动分裂国家、破坏国家统一的。
4. 煽动民族仇恨、民族歧视，破坏民族团结的。
5. 捏造或者歪曲事实，散布谣言，扰乱社会秩序的。
6. 宣扬封建迷信、淫秽、色情、赌博、暴力、凶杀、恐怖及教唆犯罪的。
7. 公然侮辱他人或者捏造事实诽谤他人的。
8. 损害国家机关信誉的。
9. 其他违反宪法和法律、行政规定的。

根据《计算机信息网络国际联网管理暂行规定实施办法》第 18 条的规定，用户应当服从接人单位的管理，遵守用户守则；不得擅自进入未经许可的计算机系统，篡改他人信息；不得在网络上散发恶意信息，冒用他人名义发出信息，侵犯他人隐私；不得制造、传播计算机病毒及从事其他侵犯网络和他人合法权益的活动。用户在使用互联网业务时，还应当遵守互联网的国际惯例，不得向他人发送恶意的、挑衅性的文件和商业广告。

三、互联网安全的保护制度

《计算机信息网络国际联网安全保护管理办法》规定，任何单位和个人不得从事下列危害计算机信息网络安全的活动：

1. 未经允许，进入计算机信息网络或使用计算机信息网络资源的。
2. 未经允许，对计算机信息网络功能进行删除、修改或增加的。
3. 未经允许，对计算机信息网络中存储、处理或传输的数据和应用程序进行删除、修改或增加的。
4. 故意制作、传播计算机病毒等破坏性程序的。
5. 其他危害计算机网络安全的。

对于违反以上规定的单位和个人，公安机关可给予警告、没收违法所得、罚款等处罚；情节严重的，可并处 6 个月以内的停止联网、停机整顿的处罚，必要时可建议原发证、审批机构吊销经营许可证或取消联网资格等。对于以下情况，公安机关可责令其限期改正，给予警告，有违法所得的，没收违法所得，在规定期限内未改正的，公安机关可对单位的主管负责人员和其他 直接责任人员并处 5000 元以下的罚款，对单位可以处以 15 000 元以下的罚款；并可以给予 6 个月以内的停止联网、停机整顿的处罚，必要时还可建议原发证、审批机构吊销经营许可证或取消联网资格。未建立安全保护管理制度的；未采取安全技术保护措施的；未对网络用户进行安全教育和培训的；未提供安全保护措施管理所需信息、资料及数据文件，或者所提供内容不 真实的；对委托其发布的信息内容未进行审核或者对委托单位和个人未进行登记的；未建立电子公告系统的用户登记和信息管理制度的；未按照国家有关规定，删除网络地址、目录或者关闭服务器的；未建立公用账号使用登记制度的；转借、转让用户账号的。

四、互联网的信息保密管理

《计算机信息系统国际联网保密管理规定》指出，凡以提供网上信息服务为目的而采集的信息，除在其他新闻媒体上已公开发表的，组织者在上网发布前，应当征得提供信息单位的同意；凡对网上信息进行扩充或更新，应当认真执行信息保密审核制度；凡在网上开设电子公告系统、聊天室、网络新闻组的单位和用户，应由相应的保密工作机构审批，明确保密要求和责任。任何单位和个人不得在电子公告系统、聊天室、网络新闻组上发布、谈论和传播国家秘密信息。面向社会开放的电子公告系统、聊天室、网络新闻组，开办人或其上级主管部门应认真履行保密义务，建立完善的管理制度，加强监督检查；发现有涉密信息，应及时采取措施，并报告当地保密工作部门。

涉及国家秘密的信息，包括在对外交往与合作中经审查、批准与境外特定对象合法交换的国家秘密信息，不得在国际联网的计算机信息系统中存储、处理、传递。涉及国家秘密的计算机信息系统，不得直接或间接地与国际互联网或其他公共信息网络相连接，必须实行物理隔离。

练习八

1. 电子商务法的概念和特点是什么？
2. 电子商务法的基本原则有哪些？
3. 试述我国电子商务立法的现状？
4. 网络环境下如何保护个人隐私？

第九章　电子商务系统的管理与维护

第一节　网站运行管理工作

一个网站投入使用后，其主要工作就是管理工作，这里所说的管理工作，是指对网站本身的管理。所以就是运行管理，主要是技术上的，而不是指一个信息中心或计算中心，带行政性技术管理。

所谓运行管理工作或维护工作，就是对网站的运行进行控制。记录其运行状态，进行必要的修改与扩充，以便使网站真正发挥其作用。

从最广泛的意义上讲，任何机器设备以及工具都有一个运行与维护的问题。然而，对于网站来说，这一工作尤其具有特殊的意义。因为作为一个大型软件，它具有"样品即产品"的特点。不能像其他产品一样，先制造一个模型式样品，在试用中发现问题，然后再生产正式的产品，它只能在运行中，边用边改。再加上网站受外界因素影响很大。使它比其他软件面临更多的变化。因此对网站来说。维护的工作量很大。有人粗略的统计，世界上百分之九十的软件工作人员，是在修改或维护现存的系统，只有百分之十的人是研制新系统，在一个信息系统的生存的全部时间中，研制的费用要占到百分之八十。由此可见，运行管理和维护工作在信息系统中是处于十分重要地位的。

第一，维护系统的日常运行，这包括：数据收集工作，数据整理工作，数据录入工作及运行的操作工作，处理结果的整理分发工作。此外还应包括系统的管理工作及有关的辅助工作。（如硬件维护，机房管理，空调设备管理，用户服务及管理等等。）作为日常管理工作，网站工作并不等同于计算站或机房的工作，如果一个计算机站同时有多个系统运行，则网站应该有自己独立的管理工作。应该与机房工作分开。如果计算站或机房专门为一个网站服务，那么机房的管理工作应该作为电子商务管理工作的一个组成部分来考虑。

第二，记录网站的运行情况，这是科学管理的基础。数据的情况，处理的效率，意外的情况发生及处理，这都必须及时地、确切地、完整地记录下来。否则，就谈不上网站系统功能的评价与改进。

第三，有计划地，经常发布企业和商品信息，及时更换商品品种，去掉过期商品，商品价格变动时即时在网上变动，有组织地对系统进行必要的改动，以保证系统能正确地执行用户所要求的任务，同时适应不断变化的组织内外的环境条件。

第四，定期或不定期地对系统的运行情况进行回顾与评价，这一工作也叫审计。一般说来，半年或一年总要进行一次，以便确定系统发展改进的方向。

以上这些工作是由不同的人员来完成的，第一、二项是属于具体的工作，它们分别由信息收集整理人员、系统操作人员和负责整理，分析，处理结果的人员来完成。其中，网站信息管理人员，结果分析，整理、分发人员对系统，应该有较多的了解，如他对于系统功能，数据结构，数学模型等一无所知，显然，是不能完成这些任务的。除此之外就是这些工作人员必须经过训练有素的，具有高度责任心，具有严肃的工作态度，科学处理问题。操作人员应对系统所用的机器、设备就有深刻的了解。第三项应该是系统主管人员亲自掌握。对于数据库修改则要有数据库管理员，负责对数据库进行更新和修改。各级工作人员要积极努力工作，了解熟悉自己的工作，互相配合，密切协作。

这些工作人员和用户都可以而且应该对系统和系统运行工作提出修改建议。而具体的修改必须经过认真讨论，从全局出发由专业的程序员和系统分析人员来进行，必须慎重，不可只顾局部而不考虑全局。所以如何修改，何时修改，必须由系统的技术主管来掌握和决定。虽然系统的主管人员并不一定是当初研制时的系统分析和设计的负责人，但是他必须对系统的功能、结构有十分清楚和全面的了解。这样，他才能对每一修改的收益、代价及影响范围作出正确的判断，从而作出正确的决定。第四项工作——审计工作，有时是由系统主管人员自己组织进行的，有时是由上级派来的或组织外面来的专门的审计人员进行的。要进行这种工作，自然需要具有广泛的，更丰富的网站的知识和经验，因为，这时要求对系统作出正确的评价以及提出改进和发展方向。

日常运行工作是按系统规定的用户过程进行的。这里不再详细讨论。在以下二节中，我们分别对后三项任务进行一些较详细的讨论。

及时地、准确的、完整地记录系统运行情况，是修改与评价的基础。作好管理工作的第一步就是严格记录制度。

记录工作最好是由直接操作的人员随工作随记录，减少中间环节，避免失真。

记录工作中，一般容易忽视正常运行情况有关信息的收集。自然，当出现异常情况时，必须详细记录其原因、现场，采取的措施，以及处理的结果，必要时，还要尽可能完全地保留现场信息。然而，系统正常运行时的信息，反映系统在大多数情况下的状态和工作效率，对于评价和改进系统同样具有重要的参考价值，这一方面往往为人们所忽视。

记录的手段有两大类：手工的和自动的。手工的记载方式实行起来比较方便易行，也不用增加多少费用开支和资源要求。然而，如果要求不严，制度不紧，就很容易流于形式，不能被严格执行，从而降低了记录数据的价值。

用计算机来记载运行信息是比较可靠的，一般网管服务器上有网管软件。其作用就是记载系统中发生的所有各种事件。例如，什么时候，哪个用户进入系统，他的用户名是什么，用哪一个账号。网站上除了一般的全系统的网管软件之外，还可以根据服务器上的用户管理系统来记录与某一用户或某一文件的有关信息。客户档案、计数器、记录顾客访问次数、购物情况等等。利用这些信息可以除对肉站内部运行情况进行分析外，更重要的是对市场情况、销售情况进行分析、统计、作出销售、库存、产品质量、客户情况报表了，依此还可以进行有关预测。然而用机器记录信息就要多花资源；程序要编写，LOG 文件要占据存贮空间，另外，它只能记载进入机器的事情。

因此，需要把两种记录方式配合起来使用，以便保证完整地、准确地记下系统的特点运行中的各种事件及数据。

记录的内容要根据系统的特点及要求不同而不同，我们只列举一些最一般的项目。

在数据收集阶段，需要记载：收集的时间、来源、数据的数量、精确度、单位以及记录手段，交给网站的时间等等。

在商业数据整理阶段，需要记载：数据的到达时间，整理所用的时间。数据的错误和意外情况有多少，各属于哪些类型，处理的办法，处理的结果，以有综合地说明该数据的质量情况。

录完时间，装载时间。

机器运行阶段需要记网站访问率，高峰，故障出现时的情况，产品销售情况，用户反馈意见。在最后整理阶段，需要记录生成报表或其他结果的数量（种类数及份数）及质量，提供联机服务的数量。分发的部门单位（去向）、用户的评价，错误发生的情况，频率及原因分析。

运行情况的记录是一件较为麻烦且又细致的工作，但这一工作又是一件十分重要的工作。因而，网站都一定要从一开始就重视这一工作，做好这项工作，以保证资料的完整和可靠，这是管理工作中必不可少的一个环节。

第二节　网站维护工作

前面已粗略地提到了系统维护工作严密组织的必要性。系统是一个整体，各部分各种功能都是联系在一起的，牵一发而动全身。因此，对于系统的任何修改必须谨慎从事，必须把修改的批准权限掌握在对系统有全面了解，足以权衡利弊作出正确决断的人手中。与系统接触的所有人，包括用户，操作人员，数据整理人员数据录入人员、数据收集人员，都可以根据自己所了解的情况或直觉，提出修改的建议和要求。然而如果所有这些人都直接去找程序员。而程序员根据所有这些要求去修改系统，那就会带来极大的危险，系统很快就会用于各种互相矛盾的要求和互不一致的修改变得混乱不堪，以及完全瘫痪。因此，必须按照下面的步骤，按照一定的手续来组织这种修改工作（见图 9 - 1）

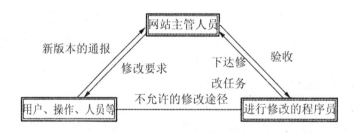

图 9 - 1　修改网站的手续

第一步，提出修改的要求。这一点可以由接触系统的全体人提出来。只是不能直接向程序员提出，必须以书面形式（经常是通过固定格式的修改申请书）向主管人员提出，说明要求修改的内容及原因。

第二步，由系统主管人员根据系统的情况（功能、目标、效率等）和工作的情况（人员、时间、经费等）、来考虑这种修改是否必要，是否可行、是否迫切，从而作出答复，是立即修改，还是以后修改。

第三步，系统主管人员把修改要求汇集成批，指明修改的内容要求，期限。由于修改要求是不断提出的，所以，系统不能随提随改，必须有计划地一批一批的修改。一般都用版本编号的办法来加以控制。

第四步，在指定的期限内，由系统主管人员验收程序员所修改的部分，并在一个统一的时间，把若干个新模块加入系统，以取代旧的模块，新的功能开始生效。

第五步，登记所作的修改，作为系统新的版本同用户及操作人员的报告，特别要指明新增加的功能和修改了的地方。

由上面的步骤可以看出，系统修改的工作类似于新系统的研制工作，也必须系统地去考虑及组织。当然，一般地说，规模要小得多。

系统的修改可能由不同的角度提出，例如：

系统主管人员或上级审计人员经过审计发现问题，提出修改的要求；

操作人员在工作中发现错误及缺点，提出修改的要求；

环境变化与商品品种、价格等所提出的改变要求（包括社会条件的变化及机器硬软件配置的变化）；

如前所述，这些改变可以归结为改错，改变及改进。

改变的内容常见的有以下这些：

要求提高效率（速度或吞吐量）；

要求增加控制功能（如计算某种统计量）；

要求改变数据结构（如每项的行数，某项计算中的比例等）；

要求增加某些安全保密措施等等。

这些要求对系统的影响是不相同的。增加控制功能及修改输出格式往往只牵扯到最底层的某些模块，影响比较小。增加新的加工功能和安全保密措施，牵涉到某算法和判断，略为复杂一点。但是，对系统结构的影响还不大。数据结构及某些环境参量的变化则会影响多个模块，而且影响模块向传输数据的格式，对系统影响则更大。最难考虑的是提高效率的要求，因为这不是一个因素造成的，这时必须通过审计，全面分析系统运行情况，找出问题之所在，才能谈到具体的修改办法，而且还会经常牵涉到系统结构的变化与设备的更新换代，因此是最为复杂的。

组织及管理修改工作是网站系统主管人员最主要的任务之一。

第三节　信息系统运行情况的分析

系统的运行分析与评价是在对系统平时进行认真科学管理工作的基础上，集中地对信息系统运行情况进行的。如果平时没有管理好，没有完整的运行记录、资料就无法进行这一工作。进行分析和评工作的主要目的是：

第一，检查网站系统是否达到了预期的目标，即对用户提出的要求满足了没有或者说满足到什么程序。为用户提供服务的质量如何。

第二，检查系统中各种资源的利用效率。这包括计算机，外部设备，软件力量以及人力。此外，还包括信息资源，即，目前已进入信息系统的数据是否已得到充分利用，还能用来对管理起什么样的帮助作用。

第三，系统改进和扩展的方向是什么。根据分析的结果，审计人员可以对系统的状况作为评价：是否对管理工作发挥了帮助的作用，有什么缺点或问题，应该从什么方面去改进，可以考虑进行哪一方面的功能扩展。

在进行审计工作时，主要是利用及分析记录的资料，同时也可以进行某些简单的现场观察及测试。例如：观察某一项典型交易的执行过程，用某些实际的或模拟的数据资料去测试系统的效率，用某些意外情况去测试系统的可靠性等等。

在审计中应该考虑的问题很多，一面是通常应该考虑的一些问题。

第一，系统的总的效率：

· 管理人员对系统效率的总的印象如何？如果不满意，原因何在？

· 输出报表是否确实为管理人员所用？精确度够不够？能否及时提供？其中有没有不正确的或管理人员不需要的信息？

· 操作手续是否方便？有没有常出问题影响工作效率的环节？

· 系统出故障的情况多吗？修复要用多长时间？各种设备的可靠性如何？数据量大小对系统效率影响如何？

· 对系统提出的修改要求多吗？都属于哪种修改？有多少改了？有多少还在挂着？

第二，费用考察：

· 计划外开支的情况：是否雇用了编制外人员？是否花费了不必要的开支？

· 外界环境的变化是否影响了开支？如社会影响，市场变化，物价变动，人事变动，组织的政策的变化，组织机构变动等等。

第三，系统的可靠性：

各种步骤上的检查校验措施是否完善？是否确实得到了执行？

·系统的修改工作是否有计划、有组织地进行的？

·对于各种意外情况，是否有预防措施？应急计划？有关的设备是否齐全？例如，重要文件的后备复制品，防火防病毒等是否都有？系统的定期转储是否认真执行了？

第四，输出输入工作的情况：

·人员和设备是不够用还是有富余？

·输入工作的准确程度如何？检验措施如何？

·输出手段是否满足要求？

·网络运转情况

第五，计算机主服务器的情况：

·是否存在经常出现存贮不够的问题。

第六，系统内信息反馈的情况：

·主管人员是否有技术手段和组织途径随时去检查系统的各个部分？

·运行情况的记录工作是否按要求严格执行了？

·主管人员是否经常查询运行日记等材料？

以上只是列了最一般的一些问题，实际上，审计人员需要大量的实践经验，只有在头脑中积累了相当多网站系统的情况之后，才能在对比中，发现本系统的缺点和弱。因此，对审计之后，才能在对比中，发现本系统的缺点和弱点。因此，在审计之后人员的要求是很高的。

作为审计的结果，审计人员应该向领导或者信息系统的主管人员提出，他对系统运行的评价与改进建议。当然，这种意见和建议还要由领导（或用户）来决定是否采纳。

作为分析和评价的结果，分析评审人员要报出评审报告中要提出改进意见（完全没有缺点，十全十美的信息系统是没有的）。这种意见可能是对现行系统作某些修改，修改后可以继续使用，也可能是由于无法修改，修改后可以继续使用，也可能是由于无法修改，或修改工作量不大而要放案现行系统，即要重新建造一个新的网站。

对于是在旧系统基础升级上改进，还是重新设计一个新系统，这是领导（或使用者）面临的一个重要决策。在这个问题上，必须顾及多方面的因素，费用多少，是否必须，研制力量是否具备，机器条件如何。一般地说，如果由于企业扩大、环境改变系统功能不够用，修改工作难做，那么，就不如废弃了旧系统，重新研制一个新系统。这样，我们就又回到了起点，审计人员提出的报告，就已经包含了新的用户需求一个新的研制工作周期就要从这里开始了。因此，我们可以说信息系统的功能就大大提高一步。

根据国外有关资料，一般来说，一个网站的寿命大约为五年左右。也就是说，一般地到五年前后，环境的变化就已经使得继续修改旧系统不合算了，不如重新设计一个新的系统。

旧系统的废弃并不是说完全无用了。它的系统分析与设计的全部资料。它的运行情况的全部记录，它的研制过程中工作方法、过程、经验、教训都是新系统在系统分析阶段的宝贵资料。在新系统进行分析、设计及实现的过程中，旧系统不但要继续运行，有时还要进行必要的较小的修改，以适应短期内的需要，直到新系统交付使用为止。

练习九

1. 网站运行管理主要有哪些工作？
2. 如你发现网站某处要更新？如何进行？
3. 进行系统分析和评价工作的主要目的和问题是什么？

参考书

1. 埃弗瑞姆·特伯恩（Efraim Turban）、戴维·金（David King）、朱迪·兰（Judy Lang）：《电子商务导论（英文版第 2 版)》，中国人民大学出版社2010 年版。

2. 李琪：《电子商务导论》，电子工业出版社 2010 年版。

3. 施奈德（Schneider. G. P.），成栋：《电子商务（原书第 7 版)》，机械工业出版社 2008 年版。

4. 陈德人：《网络零售》，阿里巴巴商学院、淘宝网淘宝大学，清华大学出版社 2011 年版。

5. 詹玉宣，卞保武编著：《电子商务系统设计》，东南大学出版社 2002年版。

6. 梅格·惠特曼（Meg Whitman），琼·汉密尔顿（Joan O'C Hamilton），吴振阳、麻勇爱：《价值观的力量：全球电子商务教母梅格·惠特曼自传》，机械工业出版社 2010 年版。

7. 戴夫·查菲，甄阜铭：《电子商务管理：战略、执行与实务》，东北财经大学出版社 2011 年版。

8. 罗辉林：《物流智联网：物流·电子商务·供应链的革命》，机械工业出版社 2011 年版。

9. 黄京华，闻中，陈国青：《电子商务教程》，清华大学出版社 2010年版。

10. 淘宝大学：《电商精英系列教程：数据化营销（全彩)》，电子工业出版社 2011 年版。

11. 黄敏学主编：《电子商务》，高等教育出版社 2007 年版。

12. 金错刀：《马云的创业逻辑：跟踪马云 12 年》，中信出版社 2011年版。

13. 刘英卓：《经济转型与创新发展论丛：电子商务数学建模》，南京大学出版社 2011 年版。

14. 乌跃良：《网络营销理论与实践》，机械工业出版社 2011 年版。

15. 沈凤池编著：《电子商务基础》，清华大学出版社 2005 年版。

16. 屈冠银主编：《电子商务物流管理》，机械工业出版社 2003 年版。

17. Electronic commerce / Ronald J. Mann, Jane K. Winn Citic Pubulishing House：2003. D971. 239. 9/M281

18. 中国电子商务协会编著：《国际电子商务概论》，人民邮电出版社 2004 年版。

19. 于鹏主编：《电子商务基础》，电子工业出版社 2004 年版。

20. 李晓燕等主编：《电子商务概论》，西安电子科技大学出版社 2004 年版。

21. 张润彤编著：《电子商务基础教程》，首都经济贸易大学出版社 2003 年版。

22. 陈国龙，林榕航，刘传才主编：《电子商务学概论》，厦门大学出版社 2002 年版。

23. 陈景艳，苟娟琼主编：《电子商务技术基础》，电子工业出版社 2003 年版。

24. ［美］加里 P. 施奈德（Gary P. Schneider）著：《电子商务》，机械工业出版社 2004 年版。

25. 姚国章主编：《电子商务案例》，北京大学出版社 2002 年版。

26. 张铎，林自葵编著：《电子商务与现代物流》，北京大学出版社 2002 年版。

27. 陈兵主编：《网络安全与电子商务》，北京大学出版社 2002 年版。

28. 司林胜，周宏主编：《电子商务案例分析》，重庆大学出版社 2004 年版。

29. 王曰芬，丁晟春主编：《电子商务网站设计与管理》，北京大学出版社 2002 年版。

30. 姚国章主编：《新编电子商务案例》，北京大学出版社 2004 年版。

31. 朱水林主编：《电子商务概论》，清华大学出版社 2004 年版。

32. 赵林度，李为相，付阶辉编著：《实用电子商务概论》，人民邮电出版社 2004 年版。

33. 李光亚，牛瑞瑞著：《电子商务基础》，立信会计出版社 2004 年版。

34. Internet Technologies and Business Alstair Davison, Data Publishing, 2003

35. 张耀辉主编：《电子商务实验系统》，重庆大学出版社 2004 年版。

36. 张宽海，梁成华等编著：《电子商务概论》，电子工业出版社 2003 年版。

37. 王忠诚主编：《电子商务物流》，大连理工大学出版社 2003 年版。

38. 汪晋宽，才书训主编：《电子商务实用技术》，东北大学出版社 2003 年版。

39. 张福德编著：《电子商务概论》，清华大学出版社 2004 年版。

40. 严冬梅主编：《电子商务物流与配送》，中国劳动社会保障出版社 2003 年版。

作者简介

卞保武 男，江苏东台人，盐城工学院电子商务专业教师，中国民主同盟成员。近十年来，主持《基于电子商务用户需求的信息可信度研究》等省级以上课题4项，主持《中小企业电子商务网站转化率问题的研究》等市厅级课题4项，指导省级大学生创新实践项目1项，指导学生创业团队参加中国雅虎和阿里巴巴的第五届"网商大会"获2008年度阿里巴巴十大中小网商称号。出版高等学校电子商务教材5部，发表《Public Key Cryptosystem for Mobile Electronic Business Secure》、《经济管理类专业电子商务五位一体教学模式研究》等论文39篇（其中EI检索4篇，核心期刊20篇）。2006年被原劳动和社会保障部聘请为"中国电子商务大赛"专家工作委员会委员，2009年被科技部聘为科技型中小企业技术创新基金评审专家。长期担任盐城电视台经济频道特邀嘉宾，已录制30多期电视专题节目。2009年获第五届(2004-2008)中国教育学会科研成果奖二等奖，四次获盐城市人民政府哲学社会科学奖、自然科学奖。